STAMPE:
REPETITORIUM FACHDIDAKTIK MATHEMATIK

FACHDIDAKTISCHE REPETITORIEN

Herausgegeben von
Jörg Willer

REPETITORIUM
FACHDIDAKTIK MATHEMATIK

von

Eckart Stampe

KLINKHARDT

1984

VERLAG JULIUS KLINKHARDT · BAD HEILBRUNN/OBB.

CIP-Kurztitelaufnahme der Deutschen Bibliothek

Stampe, Eckart:
Repetitorium Fachdidaktik Mathematik / von
Eckart Stampe. – Bad Heilbrunn/Obb. :
Klinkhardt, 1984.
(Fachdidaktische Repetitorien)
ISBN 3-7815-0538-3

Gesamtherstellung: Graphischer Großbetrieb Friedrich Pustet, Regensburg
Printed in Germany 1984
ISBN 3-7815-0538-3

Inhalt

Vorwort des Herausgebers

Der Band Repetitorium Fachdidaktik Mathematik setzt die Reihe der fachdidaktischen Repetitorien fort; in ihm finden insbesondere die den naturwissenschaftlichen Fächern gewidmeten Bände eine wertvolle Ergänzung.
Das Repetitorium Fachdidaktik Mathematik wendet sich an alle, die Mathematik mit dem Ziel studieren, im Lehramt tätig zu werden. Es dient der Vorbereitung auf beide Lehramtsprüfungen. Man kann sich damit in Einzelarbeit das während des Studiums Erlernte und Erfahrene ins Gedächtnis zurückrufen; man kann darin auch Anregungen für gemeinsame Diskussionen in der Gruppe finden. »Studieren« heißt ja nicht nur, sich die Lehren anderer einzuprägen; es bedeutet vielmehr, diese Lehren in ihrem Problemgehalt zu prüfen und mit anders gerichteten Meinungen zu vergleichen, um schließlich Stellung zu nehmen und die Stellungnahme im Gespräch darlegen und verteidigen zu können. Besonders für Lehrerstudenten ist diese Arbeitsform wertvoll; denn erst die persönliche Stellungnahme befähigt zu den Entscheidungen, welche eine sinnvolle Unterrichtsplanung und -durchführung begründen. Insofern ist die Arbeit mit dem Repetitorium mehr als Prüfungsvorbereitung. Sie ist Hinführung zu einer durchdachten Unterrichtsgestaltung. Sie kann deshalb auch jenen nützen, die bereits Mathematik unterrichten und für ihren Unterricht weitere fachdidaktische Anregungen suchen.
Allen, die sich um einen erfolgreichen Mathematikunterricht bemühen, wünschen wir, daß ihnen die Arbeit mit diesem Repetitorium eine willkommene Hilfe bietet.

Berlin, im Januar 1984 Jörg Willer

Vorwort des Herausgebers

1. Zur Zielsetzung und zum Gebrauch des Repetitoriums

1.1 Zielsetzung

Sie werden mehrfach in diesem Buch Kritik an einer Form von Lehre finden, die sich darauf beschränkt, »fixiertes« Wissen zu präsentieren. Ist dann nicht ein Repetitorium, das auf begrenztem Raum über zentrale Themen der Fachdidaktik referiert, von vornherein ein Verstoß gegen eins der wichtigsten Postulate, die in ihm vertreten werden? Keineswegs! Die Frage führt uns vielmehr zu dem Unterschied zwischen ›Einführung‹ und ›Repetitorium‹.

Das erwähnte Postulat entdeckenden Lernens bezieht sich in erster Linie auf den Neuerwerb von Wissen, auf das Einarbeiten in ein neues Gebiet. Es schließt keineswegs aus, daß für andere Phasen des Lernens andere – darbietende – Formen der Lehre zulässig und nützlich sein können. Es ist ein Kennzeichen aller Postulate und Prinzipien, die dieses Buch aufführt und für so wichtig hält, ihnen ein eigenes Kapitel zu widmen, daß sie an situative Bedingungen gebunden sind; wie es überhaupt ein Ziel und Ergebnis didaktischer Reflexion ist, Lernprozesse in ihrer Bindung an Kontexte zu verstehen.

Das Repetitorium wendet sich, wie sein Name andeutet, an Leser, die durch Studium oder Praxis in fachdidaktische Probleme eingeführt oder mit ihnen konfrontiert worden sind und denen bewußt wird, daß sie über die exemplarische Berührung mit solchen Themen hinaus eine kurze Übersichtsdarstellung benötigen.

Dieses Bedürfnis mag Studenten bei Eintritt in ein fachdidaktisches Seminar oder ein Praktikum deutlich werden oder in der Examensvorbereitung, um einen Überblick über Bereiche neben ihren Spezialgebieten zu gewinnen.

Referendare oder auch ›fertige‹ Lehrer empfinden die Diskrepanz zwischen dem fachwissenschaftlichen und dem fachdidaktischen Niveau infolge der Einseitigkeit des Studiums vielleicht als so störend, daß sie den Voraussetzungen der Mathematiklehrertätigkeit einen zweiten Blick gönnen wollen.

Für den Prüfer, Seminarleiter oder Mentor kann das Repetitorium einen Hinweis geben, was er über lokale Besonderheiten hinaus als Überblickswissen ansehen kann.

Die aufgezählten Anlässe lassen erkennen, daß Lücken eher im Bereich der Grundlagen vermutet werden als in den fachlichen Gegenstandsbereichen. Deshalb bleibt der beschränkte Raum dieses Bändchens den Grundlagen der Fachdidaktik vorbehalten. Die Gegenstandsdidaktik – didaktische Analysen mathematischer Themen, Themenkreise oder traditioneller Teilgebiete – wird hier nur durch Verweise auf Literatur berücksichtigt; eine Lücke, die noch zu schließen ist.

1.2 Zum Gebrauch des Repetitoriums

Mitunter werden Begriffe hier schon vor ihrer ausführlicheren Behandlung in einem späteren Kapitel verwendet; in einem Repetitorium scheint das zumutbar. Sie sind an dieser Stelle ja nicht der Lehrgegenstand, sondern Werkzeuge, die wir üblicherweise freudig benutzen, bevor wir uns in die Bedingungen ihrer Herstellung vertiefen konnten.

Die Ziffergliederung, die das Repetitorium benutzt, ist dem Leser jetzt schon vertraut. Neben Inhalts- und Stichwortverzeichnis wird ein Orientierungsangebot durch Fragen im Seitenkopf gemacht. Diese Stichworte in Frageform sollen zur Mitarbeit anregen, die im Falle der Prüfungsvorbereitung unerläßlich ist.

Der Leser (die Leserin) sollte versuchen,

- den Inhalt des Abschnitts kurz wiederzugeben
- die in dem Abschnitt gegebenenfalls enthaltenen Thesen durch weitere, bessere, eigene Begründungen zu stützen
- Gründe gegen diese Thesen anzugeben
- abweichende Thesen zu formulieren
- eigene Beispiele und Erfahrungen einzubringen, an denen sich die vorgestellten Thesen oder Theorien zu bewähren haben, vielleicht verankern lassen.

Eine wesentliche Verbesserung dieser individuellen Form der Prüfungsvorbereitung kann durch Gruppenarbeit erreicht werden, z. B.:

Vorbereitung: Häusliche Lektüre eines Kapitels. Ein ›Spezialist‹ beschäftigt sich mit vertiefender Literatur zu dem Kapitel.

Prüfungssimulation: Der Spezialist stellt Fragen auf der Basis der Darstellung im Repetitorium.

Vertiefende Diskussion: Wechselnde Rollenverteilung bei der Diskussion von Thesen, damit sich keine Stabilisierung in (vermeintlich stets unkritische) Befürworter und (vermeintlich stets kritische) Gegner einer ›etablierten‹ Meinung einstellt. Der Spezialist sollte seine Aufgabe darin sehen, zu zeigen, wie sich die jeweiligen Argumentationen verbessern lassen.

Unter Lehrbuchautoren beginnt sich die Sitte zu etablieren, Quellen zu verehren ohne sie zu nennen. Wenn ich mich ihr hier nicht anschließe, liegt das weniger an einem fehlenden Hang zur Bequemlichkeit, als an der Erfahrung, daß einige Prüfer den Kandidaten die Quellen ihrer Argumente abverlangen; deshalb möchte ich sie Ihnen nach Möglichkeit zur Verfügung stellen.

Wer sich mit *strategischen* Fragen der Prüfungsvorbereitung und der Prüfung näher beschäftigen will, der findet einen ersten Zugang in:

Paffrath, H.: Repertorium Pädagogik
Klinkhardt, Bad Heilbrunn 1974 und
Geiling, H.: Prüfungsstrategien: Fachdidaktik
Wolf, Regensburg 1979

2. Zum Begriff Fachdidaktik Mathematik

2.1 Begriffsbestimmung

Definition? Vielleicht ein vorgezogener Prüfstein für die Methoden der Begriffsdefinition (siehe Abschnitt 4.2.3.1)?
1. Versuch: Für eine Realdefinition braucht man einen geeigneten Oberbegriff, den wir hier aber nicht finden. ›Mathematik‹ oder ›Didaktik‹ kommen beide nicht in Frage, weil sie einen großen Teil der Untersuchungsgegenstände der Fachdidaktik Mathematik nicht als die ihren betrachten.
›Wissenschaft‹ wäre ohnehin zu weit; überdies sollte nach Freudenthals Ausführungen die Mathematikdidaktik – der er immerhin die beste Startposition unter den Kandidaten einräumt – mit dem Anspruch auf diese Bezeichnung zurückhaltend sein.
›Unterrichtswissenschaft‹ wäre noch am passendsten, wenn sie selbst ein allgemein akzeptierter Begriff wäre.
2. Versuch: Induktiv abstrahierend oder paradigmatisch kommt man hier noch schlechter zum Ziel. Immerhin könnte man vielleicht versuchen, so den Begriff ›Mathematikdidaktiker‹ zu fassen?
3. Versuch: Bleibt die genetische Definition. Das trifft einen Gedanken von Freudenthals »Vorrede zu einer Wissenschaft vom Mathematikunterricht«: Mathematikdidaktik entsteht, wenn wir in den folgenden Jahrzehnten dies und jenes tun – Fassung des Begriffs Mathematikdidaktik durch Beschreibung ihrer Aufgaben:

2.2 Aufgaben der Fachdidaktik Mathematik

Für Wittmann[1] ist Didaktik der Mathematik »die Wissenschaft von der Entwicklung praktikabler Kurse für das Lernen im Bereich Mathematik sowie der praktischen Durchführung und empirischen Überprüfung der Kurse einschließlich der Überlegungen zur Zielsetzung der Kurse und der Stoffauswahl.« Sie hat sich – als »Berufswissenschaft« des Mathematiklehrers – um dessen Tätigkeitsfeld zu kümmern, »das folgende Dimensionen aufweist:
(a) fachliche Dimension
(Lernprozesse beziehen sich auf Lerninhalte, deren fachliche Struktur von der Mathematik bestimmt ist);

(b) pädagogische (einschließlich gesellschaftswissenschaftliche) Dimension
(Lernprozesse intendieren übergeordnete Lernziele an Lerninhalten);
(c) psychologische (einschließlich soziologische) Dimension
(Lernprozesse müssen die Disposition der Lernenden berücksichtigen);
(d) konstruktive Dimension (Planung und praktischer Vollzug des Unterrichts erfordern mündige und handwerklich gekonnte Entscheidungen, in die mathematische, pädagogische und psychologische Faktoren eingehen).«[2]

Ebenfalls mit Bezug auf das Tätigkeitsfeld des Lehrers könnte man von dem Interdependenzmodell von Heimann-Schulz (siehe Abschnitt 6.1) ausgehen, nach dem Unterricht durch sechs sämtlichst interdependente Dimensionen bestimmt ist, – die anthropogene, die sozial-kulturelle, die inhaltliche, die intentionale, die mediale und die methodische Dimension[3] – und diese Dimensionen auf den Mathematikunterricht konkretisieren.

Bigalke und Griesel[4] definieren in fast wörtlicher Übereinstimmung Didaktik der Mathematik als die Wissenschaft vom Lehren und Lernen von Mathematik, wobei schulisches Lernen zwar im Zentrum steht, aber nicht explizit als Einschränkung genannt wird. Bigalkes Beschreibung der Aufgaben der Fachdidaktik Mathematik[5] fasse ich zusammen:

- Analyse von Bildungsvoraussetzungen
- Entwicklung von Kriterien für bildungspolitische Entscheidungen
- Entwicklung, Erprobung und Revision von Curricula
- Analyse und Entwicklung von Zielsetzungen des Mathematikunterrichts
- Analyse und Entwicklung von Unterrichtskonzeptionen
- Anregungen zu erkenntnistheoretischen Vertiefungen und interdisziplinären Ausweitungen von Mathematikunterricht
- Analyse von Lernprozessen und Möglichkeiten ihrer Förderung im Mathematikunterricht

Neben Gegenstandsbereich und Methodologie sind es nach Bigalke vor allem die Fragestellungen, die eine Wissenschaft kennzeichnen. Aus der Fülle der Fragen, die er aufführt – sie sind meist Konkretisierungen zu den oben genannten Aufgaben – greife ich einige heraus:

»Eine der wichtigsten Fragen, die die Mathematikdidaktik endlich einmal ernsthaft stellen und beantworten muß, ist die folgende: ›Inwieweit ist Mathematikunterricht überhaupt notwendig und wie und mit welchen Argumenten kann diese Notwendigkeit so begründet werden, daß auch der letzte Skeptiker überzeugt wird?‹«[6]

»Wie kommt ein forschender Mathematiker, wie kommt ein lernendes Kind zu mathematischen Erkenntnissen, Fähigkeiten und Einstellungen?«

(Freudenthal hält die Beobachtung von Lernprozessen für die wichtigste Erkenntnisquelle und damit Aufgabe der Mathematikdidaktik.)

»Wie können Öffentlichkeit, Lehrer und Schüler hinsichtlich neuer Entwicklungen zutreffend informiert, betreut und gefördert werden?«

»Das Problem der Motivation. Ist es nur eine Frage der Präsentation?«

Kirsch[7] postuliert unter anderem als eine Aufgabe der Mathematikdidaktik, »die Repräsentationsweisen mathematischer Begriffe gezielt und systematisch zu analysieren«.

Steiner[8] bemerkt 1978, daß sich nach »teilweise negativen Erfahrungen mit einer vorwiegend materialorientierten Entwicklungsarbeit« seit etwa 1974 eine bifokale Ausrichtung der Mathematikdidaktik auf Anwendungen und Grundlagen vollziehe.

»Mathematikdidaktik wird dabei in einem erweiterten Sinne verstanden, wonach sowohl die den mathematischen Unterricht und seine Veränderbarkeit bestimmenden Bedingungen und Faktoren als auch die komplexen sozialen Interaktionsprozesse im Unterricht in ihrem Zusammenhang mit der Vermittlung und dem Erwerb von Inhalten und Verhaltensweisen wesentliche Bestandteile bzw. Dimensionen der Untersuchungsgegenstände sind. Das bedeutet, daß Innovationsforschung, Forschungen zur Berufswelt und zur Professionalisierung der Lehrertätigkeit, Sozialisationsforschung, Wissenschafts- und Wissenssoziologie, Soziolinguistik usw. in die fachdidaktischen Theoriebildungen und Problembehandlungen eingehen.«

Die Entwicklung der Mathematikdidaktik von vorwiegend materialorientierter Auffassung (»konkrete Didaktik«) zu der erweiterten Sicht Steiners ist besonders deutlich illustriert in den Artikeln von Zeitler, »Gedanken zur Mathematikdidaktik«, und Steiner »Eine Entgegnung zu Herbert Zeitlers ›Gedanken zur Mathematikdidaktik‹«[9].

3. Ziele des Mathematikunterrichts

3.1 Allgemeine Erziehungsziele

Als »Erziehungsziele« bezeichnet Meyers Lexikon »die dem erzieher. Handeln zugrunde liegenden Vorstellungen von einer anzustrebenden menschl. Haltung, die den Wertvorstellungen bzw. Normen einer Gesellschaft oder auch Gesellschaftsschicht entspricht.«[1]

Pädagogen sind zu allen Zeiten – großenteils unkritisch[2] – von der Erziehbarkeit und Erziehungsbedürftigkeit des Menschen und von der Veränderbarkeit der Gesellschaft durch bewußte Handlungen von Menschen ausgegangen. Weiter geht jedes Erziehungskonzept zukunftsorientiert von einem Bild des Menschen und einem Bild der Gesellschaft aus.[3]

Auf der Basis eines Konsenses über solche Grundannahmen und Zielvorstellungen könnte man versucht sein, die Pädagogik in ihrem curricularen Bereich axiomatisch aufzubauen – an derartigen Versuchen hat es nicht gefehlt –, wenn hier nicht das Ziel eines axiomatischen Aufbaus, die Deduzierbarkeit sinnvoller Sätze, bei näherem Hinsehen illusionär erscheinen müßte. Die Axiome (hier: pädagogischen Normen) müßten, um äußeren Parametern – wie politischem und kulturellem Umfeld, wirtschaftlichen Bedingungen, Einstellungen und Traditionen von Einzelnen und Gruppen sowie deren örtlichen und zeitlichen Schwankungen[4] – gegenüber genügend elastisch zu sein, derart weit in formaler und neutral in inhaltlicher Hinsicht gefaßt werden, daß sich aus ihnen fast Beliebiges, auch inhaltlich Widersprüchliches deduzieren ließe[5], wodurch das Normen-System ad absurdum geführt würde[6].

Dies heißt nicht die pädagogischen Normen ablehnen, geringachten oder auf die Formulierung von Zielvorstellungen verzichten; man darf ihnen jedoch nicht den Rang von Axiomen einräumen – sie sind »nur« ein Orientierungsrahmen für Erziehungshandlungen.

Die erwähnten Annahmen der Erziehbarkeit und Erziehungsbedürftigkeit des Menschen und der Veränderbarkeit der Gesellschaft durch den Menschen führen zu der pädagogischen These, daß Erziehungsmaßnahmen mindestens mittelbar auch gesellschaftlich wirksam werden können[7]. Für die praktische Tätigkeit ist dies als Prämisse noch essentieller als für theoretische Erwägungen:

Der Lehrer bedarf zur Entwicklung eines positiven Selbstkonzepts einer konstruktiven, von Hoffnung geprägten pädagogischen Grundhaltung, die ihn bestimmt, die Einfluß- und Steuerungsmöglichkeiten seines Arbeitsfeldes zu nutzen, mögen sie ihm auch nur schwach oder langsam wirkend erscheinen.

3.1.1 Hartmut von Hentig

Wenn von Hentig als Zielbereich der schulischen Erziehungstätigkeit drei gesellschaftliche Prozesse nennt – den der sich beschleunigenden Veränderung, den der Verwissenschaftlichung, den der zunehmenden Vergesellschaftung – so unterstellt er die Interdependenz dieser Prozesse und ihre tendenzielle Beeinflußbarkeit durch pädagogische Bemühungen[8]. Er nennt 13 Lernziele, die er weniger als fixierte Endzustände oder Zielmarken versteht denn als Möglichkeiten und Erfahrungen, die die Schule bereitzustellen habe:

1. Kenntnis der Veränderungsprozesse der Gegenwart aus ihrer Geschichte; Bewußtsein von der Veränderbarkeit; Techniken der Innovation
2. Fähigkeit, die Spezialtätigkeit in ihrem Funktionszusammenhang zu sehen und zu kritisieren; Kooperation und Kommunikation
3. Kenntnis und Verstehen der Prinzipien der Wissenschaft, ihrer grundlegenden Verfahren und ihrer Grenzen; Umgang mit Abstraktionen; Technik als Entlastung und als rationales System
4. Allgemeine Berufsvorbildung; Ansätze zur Berufspraxis; Fähigkeit zur Berufswahl; Bewußtsein von der Gesellschaftlichkeit des Berufs
5. Die Fähigkeit, auszuwählen, Ziele zu setzen, Spielraum zu nutzen; Toleranz und Kritik der anderen Positionen
6. Fähigkeit, die Wahrnehmung und Gestaltung der eigenen Umwelt zu genießen, zu kritisieren, zu verändern; Verständnis der gesellschaftlichen Bedingungen und Wirkungen ästhetischer Phänomene; Ich-Stärkung durch Sensibilisierung der Perzeption
7. Die Fähigkeit zur Identifizierung und Wahrnehmung der eigenen Interessen; Konflikt und Konsens; Abwehr falscher Verantwortung; öffentliche Neugier; Einübung in die sozialpsychologische Selbstkritik und Selbstbestimmung
8. Selbstbestimmung und Fremdbestimmung des eigenen Konsums; Gebrauch der Massenmedien; Der Zusammenhang von Produktion, Konsum und gesellschaftlicher Güterverteilung; Kunstgenuß und Selbstgenuß; Aufhebung der sexuellen Angst; Creativity im Denken, Wahrnehmen und Verhalten
9. Kontinuierlicher Übergang von den magischen und mythischen Vorstellungsweisen zu den rational-kausalen Erklärungen; Anhaltendes Bewußtsein von irrationalen Momenten unserer Erfahrung
10. Systematischer Gebrauch von Nachschlagewerken, Bibliotheken, Indices, Statistiken, grafischen Anschauungsmitteln, Rechenapparaten, Vervielfältigungsverfahren; Die Beherrschung von Maschinenschreiben und Autofahren
11. Ökonomie der Gesundheit in der Stadtkultur; Kenntnis der Trieblehre und Befreundung mit der eigenen Triebstruktur, Verstehen der Entwicklung, der Wirkungen, der Veränderbarkeit der eigenen Person
12. Kenntnis von und bewußte Erfahrung mit den allgemeinen psychologischen, sozialpsychologischen und tiefenpsychologischen Gesetzen; allgemeine Grund-

lagen einer pädagogischen Kinder- und Jugendkunde; praktische Hilfen zur vorschulischen Erziehung der eigenen Kinder

13. Beherrschung einer Fremdsprache: Englisch; »Fernere« Fremdsprachen; Verfremdung und Relativierung der eigenen Kulturerfahrung; Sprachliche Ideologiekritik[9]

In einer sich historisch und philosophisch orientierenden, sehr fundierten Arbeit über die Stellung des Mathematikunterrichts in unserem Bildungswesen, die für den Mathematiklehrer auch insofern besonders aufschlußreich ist, als sie die Verbindung allgemeiner zu speziellen fachunterrichtlichen Zielen herzustellen sucht, hat sich H.-G. Bigalke[10] mit Zielen des Unterrichts auseinandergesetzt.

3.1.2 Hans-Günther Bigalke

Neben dem Aspekt der Vorbereitung der Schüler auf zukünftige Lebenssituationen durch Erziehung betont er den der gesellschaftlichen Zukunftsorientierung. Die beiden polaren Modelle »computer- und kybernetisch gesteuerte Gesellschaft« und »persönlichkeitsorientierte Gesellschaft« wägend, bekennt sich Bigalke zum zweiten: »Während in der erstgenannten Gesellschaft der Einzelne dem industriellen System zu dienen hat und insbesondere auch das Ausbildungswesen stark zentralisiert ist und einer intensiven gesellschaftlichen Kontrolle unterliegt, hat in der zweitgenannten Gesellschaft das industrielle System den individuellen Zielsetzungen zu dienen. ... Gerade wegen dieser Anzeichen einer Entwicklung aber müßte für uns die persönlichkeitsorientierte Gesellschaft die wünschenswerte Zukunft sein. ...
Wir nehmen jetzt an, daß diese Entscheidung zugunsten der persönlichkeitsorientierten Gesellschaft gefallen ist.
Ringt man sich zu dieser Einsicht durch – und die Erkenntnisse aus den vorliegenden Zukunftsmodellen müßten trotz aller Ungewißheiten dazu führen –, müssen aus ihnen für unsere heutige Gesellschaft relevante Konsequenzen für die Aufgaben- und Zielsetzungen innerhalb der Bildungsplanung gezogen werden.«[11]
Bigalkes Überlegungen kondensieren nach allgemeiner Tendenzbestimmung (Denkfähigkeit, Lernfähigkeit, Problemlösefertigkeiten, Sozialtechniken, Gefühlsbeherrschtheit) zu neun Erziehungszielen:

»1. Erziehung zur Fähigkeit, als unabhängiges Individuum mit sozialer Sensibilität in einer pluralistischen Gesellschaft mit pluralistischen Wertvorstellungen zu leben.
2. Erziehung zur Kommunikationsbereitschaft und Kooperationsfähigkeit und zur aktiven Förderung eines konstruktiven Kommunikationsstiles.
3. Erziehung zur Bereitschaft und Befähigung zur Mitbestimmung und Mitverantwortung in der Gesellschaft.
4. Erziehung für ein Leben, in dem eine einträgliche Stellung und Erholung (im alten Sinne) immer mehr an Bedeutung verlieren werden und in dem »Arbeit« zunehmend den Charakter von Selbstverwirklichung annehmen wird.

5. Erziehung zur Innovationsbereitschaft und Bereitstellung der Grundlagen für die Fähigkeit zum Umlernen.
6. Erziehung zum Verständnis für die Bedeutung der Aufrechterhaltung des Gleichgewichts zwischen ökologischen Systemen und Technologie und zum entsprechenden Verantwortungsbewußtsein.
7. Erziehung zu wissenschaftlicher Intelligenz: Entwicklung von Fähigkeiten, sich der Wissenschaften zu bedienen und mit der Wissenschaftsexplosion und dem sich ständig ändernden Stand der Wissenschaften fertig zu werden.
8. Erziehung zu technologischer Intelligenz: Entwicklung von Fähigkeiten, Technologien bereitzustellen und unter Kontrolle zu halten und mit der ständigen Erweiterung des Anwendungsbereichs von Technologie und ihrem Einfluß auf soziale Institutionen und Wertsysteme fertig zu werden.
9. Entwicklung von Fähigkeiten zur Verarbeitung vielfältiger Informationen auf allen Gebieten des Medienangebots.«[12]

Eine Reflexion eigener Zielvorstellungen der Erziehung und ihrer Konsequenzen auf die Unterrichtstätigkeit scheint für jeden Lehrer unerläßlich. Die Förderung der allgemeinen Erziehungsziele ist durch die Beachtung engerer Lernziele des Fachunterrichts allein keineswegs gesichert. Konflikte zwischen beiden Ebenen sind in der Unterrichtspraxis durchaus wahrscheinlich. Der Erwerb von Einstellungen bei den Schülern geht weithin unbeachtet neben dem der Sachkenntnisse einher und wird von dem Spektrum kognitiver Lernziele der Fächer nur partiell erfaßt.

Der Schüler kann Kenntnisse erwerben und parallel dazu Einstellungen aufbauen, die diese Kenntnisse blockieren: Die Thematisierung etwa von Meinungsfreiheit und Toleranz im Unterricht verhütet nicht sicher, daß der Schüler die dort gelobten Verhaltensweisen in seiner praktischen Diskussionserfahrung (womöglich derselben Stunde) als unwirksam erlebt, weil persönliche Wertungen über sachliche Begründungsversuche obsiegen.

Im Mathematikunterricht wäre es vorstellbar, daß die Erfahrung der intellektuellen Redlichkeit des Lehrers auf den Schüler nachhaltiger wirkte als der Beweis eines mathematischen Satzes. In diesem Sinne rehabilitiert A. Kirsch durch seine Paraphrase einer Bemerkung von E. Moise (»It is, I believe, a fundamental task of the teacher to introduce students to the intellectual life that he, the teacher, really lives.«) die lange diskreditierte Vorbildspflicht des Lehrers: »Es ist eine fundamentale Aufgabe für den Lehrer, das intellektuelle Leben, in das er die Schüler einführen will oder soll, erst einmal selbst zu leben.«[13]

Die schulische Erziehung darf sich nicht auf stoffliche Planerfüllung beschränken. Das erzieherische Handeln läßt sich zwar nicht stringent aus den allgemeinen Erziehungszielen ableiten, muß sich aber immer wieder neu an ihnen messen und orientieren.

3.2 Ziele des Mathematikunterrichts

3.2.1 Helge Lenné

Die bis 1967 wichtigsten Zielangaben (allgemeiner wie fachspezifischer) im Zusammenhang mit Mathematikunterricht sind von H. Lenné[1] ausführlich resümiert und analysiert worden. Er nennt als
Allgemeine Ziele:
- Die Bedeutung der naturwissenschaftlich-technischen Zivilisation
- Fachliche Bildung und spezielle Berufsvorbildung
- Beiträge zur Allgemeinbildung

Allgemeine verhaltensbezogene Qualifikationen
- Anschauungsvermögen
- Logisch-Denken-Können
- Wissenschaftliches Denken und Arbeiten
- Geistige Initiative, Phantasie und Kreativität,

weiter
- Sprachliche Ausdrucksfähigkeit
- Ordnung, Konzentrationsfähigkeit usw.

Verhaltensbezogene Qualifikationen mit normativem Charakter
- Sachlichkeit bzw. Objektivität
- Gewöhnung an Selbstkritik
- Toleranz und Vorbehaltsdenken
- Selbständigkeit und Selbstverantwortung;

Allgemeine inhaltsbezogene Qualifikationen schließlich gewinnt nach Lenné die Mathematikdidaktik aus sechs Bereichen bzw. Themen:
- Mathematik als Gegenstand der Philosophie
- Kunst und Mathematik
- Gesellschafts- und Kulturverständnis
- Vorurteile, Ideologie und Mathematik
- Religiöse Überzeugungen und Mathematik
- Ethik und Mathematik

Sicherlich stark durch die Bilanz Lennés angeregt, ist die Diskussion um Intentionen des Mathematikunterrichts in den siebziger Jahren sehr lebhaft geworden. Bei recht unterschiedlichen Auffassungen über die Art des Beitrags der Mathematik zur Erziehung wird die Behandlung dieser Problematik als eine der zentralen Aufgaben der Mathematikdidaktik angesehen.

3.2.2 Allgemeine Qualifikationen

Im Spektrum der Meinungen zu der Frage, ob der Mathematikunterricht zur Förderung allgemeiner Qualifikationen (»Allgemeinbildung«) besonders geeignet sei und sich dieser Aufgabe durch Formulierung allgemeiner Lernziele explizit stellen sollte, erkennt Winter[2] im wesentlichen vier Positionen:
Negation: »Es gibt keine nachweisbaren Auswirkungen des Mathematikunterrichts auf das gesamtgeistige Verhalten. Es werden lediglich (bestenfalls) partielle, fachbezogene Verhaltensänderungen erzielt, die sich als Fertigkeiten, Wissen, ... abtesten lassen.« ... »Wenn fähige Mathematiker auch auf anderen Gebieten hohe Leistungen erbringen, dann beweist das keineswegs, daß jene erst durch die Beschäftigung mit Mathematik ermöglicht würden. Es ist also unsinnig, sich mit allgemeinen Lernzielen zu befassen.«
Skepsis: »Möglicherweise gibt es prägende Ausflüsse, aber sie sind kaum nachweisbar. Man jagt also Chimären nach und opfert dabei u. U. mathematische Substanz; mathematische Leistungen erfahren dadurch einen sanktionierten Niedergang. Man soll sich gefälligst bescheiden und den Schülern zunächst einmal ›Wissen und Fertigkeiten beibringen‹«.[3]
Naivität: »Mathematikunterricht entwickelt (sozusagen automatisch) allein durch das Eindringen in die erhabene, strenge, ... Architektur ›des Stoffes‹ die oben angedeuteten Qualifikationen.«[4]
Inhaltslosigkeit: »Die Inhalte des Mathematikunterrichts dienen immer nur dazu, gewisse sehr allgemeine pädagogisch-politische Zielsetzungen – wie Emanzipation, Konfliktlösungsfähigkeit, Entscheidungsfähigkeit – anzustreben. Die Inhalte sind daher einerseits insoweit auswechselbar, als es nur darauf ankommt, solche auszuwählen, die etwas im Sinne der Ideologie herzugeben versprechen.«[5]
Winter akzeptiert keine dieser Positionen; wohl mit gutem Grund, weil keine von ihnen pädagogisch verantwortbar reflektiert erscheint:
Die Position »Negation« verwirft einen Ausschließlichkeitsanspruch des Mathematikunterrichts, den ohnehin kein redlicher Mathematikdidaktiker vertreten kann oder wird, der zudem überflüssig ist – wir haben ja nicht nachzuweisen, daß nur der Mathematikunterricht wirksam bildet, sondern zu begründen, daß er es bei geeigneter Wahl von Lehrgegenständen und -methoden zu leisten vermag; schon dann ist die Formulierung allgemeiner Lernziele, die man so im Mathematikunterricht fördern kann, sinnvoll.
Die Position »Skepsis« verstärkt in der Konsequenz ihrer Bescheidung auf die Vermittlung von Fertigkeiten die Gefahr einer geringen Transferierbarkeit der Erkenntnisse aus dem Unterricht, beschleunigt also selbst den Niedergang, den sie zu vermeiden sucht, ohne den erhofften fachlichen Substanzgewinn zu erzielen. Im übrigen verrät das Kriterium »mathematische Substanz« eher missionarischen Fachegoismus als pädagogische Reflexion: Die Mehrzahl der Schüler soll ja weniger zur Mathematik als mit bzw. durch Mathematik erzogen werden.

Die Position »Naivität« verkennt, daß pädagogisches Handeln stets zielgerichtet sein muß. Sie reduziert den planvoll agierenden Lehrer auf einen Glücksspieler, der glaubt, besonders gute Karten zu haben, und deshalb die Entwicklung einer Spielstrategie versäumt. In der Diskussion mit anderen, die nicht Jünger dieser Heilslehre sind, können Begründungsversuche aus dieser Position heraus nur den Rang von Beteuerungen erreichen.

Die Position »Inhaltslosigkeit« tritt auf zwei Ebenen auf: Auf der oben genannten pädagogisch-politischen wird sie häufig benutzt, um »unbequeme« Fächer – wie Mathematik, Physik, Latein – unter Legitimationsdruck zu setzen[6] und ihre Ersetzbarkeit durch genehmere Inhalte zu insinuieren; diesem Begründungszwang sehen sich Fächer des politisch-sozialwissenschaftlichen Bereichs weniger ausgesetzt, weil sie auf dieser Ebene a priori als die eigentlichen Träger der gewünschten Erziehungstendenz gelten. Innermathematisch wurde die vermeintliche Bedeutungslosigkeit der Inhalte ein wichtiger Kritikpunkt in der Diskussion um die Strukturmathematik. Dieser Position kann nicht begegnet werden, indem man auf den Ausweis allgemeiner Lernziele des Mathematikunterrichts verzichtet, sondern im Gegenteil, indem man sich dieser Zielüberlegung stellt. Man muß die Eigengesetzlichkeit der mathematischen Inhalte deutlich machen und bewußt ausnutzen: »Man kann nicht stricken ohne Wolle, d. h. die Eigenart des ›Stoffes‹ Mathematik muß fundamental zum Zuge kommen.«[7]

In der Erörterung dieser vier Positionen ergaben sich Argumente für den Versuch der Formulierung allgemeiner Lernziele für den Mathematikunterricht; überdies zeigte sich, daß der mathematische Inhalt als weitere Bestimmungsgröße bei der Lernzielfindung auftreten muß.

Erinnern wir uns an die Feststellung im vorigen Kapitel, daß Vorstellungen über allgemeine Erziehungsziele stets auf einem Bild der Gesellschaft und einem Bild des Menschen basieren, so kann man jetzt drei wichtige Determinanten der Ziele des Mathematikunterrichts lokalisieren: s. Grafik S. 23

Auf die globale, über die einer speziellen Berufsvorbildung hinausreichende gesellschaftliche Bedeutung des mathematisch-naturwissenschaftlichen Unterrichts weisen fünf Fachverbände in ihrem Aufruf »Rettet die mathematisch-naturwissenschaftliche Bildung!«[8] hin: Sie betonen »die humane Bedeutung und den kulturellen Rang dieser Bildung« sowie »ihre Rolle für unsere technisch-ökonomische Leistungsfähigkeit«. Besonders für solche Schulabgänger wichtig, die später nicht in diesen Fachgebieten tätig werden, sei die »exemplarische Wirkung, die von der spezifisch mathematischen oder spezifisch naturwissenschaftlichen Denk- und Erkenntnismethode ausgeht«; diese Methode weise sich aus durch »Mißtrauen gegenüber Spekulationen, Selbstkritik gegenüber eigenen Schlußfolgerungen, kritisches Vergleichen aller Ergebnisse des Denkens mit empirischen Tatsachen«, bekennt der Aufruf[9].

Mathematisch-naturwissenschaftlich-technisches Grundlagenwissen helfe, »neue technologische Entwicklungen verstehen und bewerten sowie den Gebrauch von Naturwissenschaft und Technik kontrollieren und ihren Mißbrauch frühzeitig erken-

Bild der Mathematik
Bild des Menschen
Bild der Gesellschaft

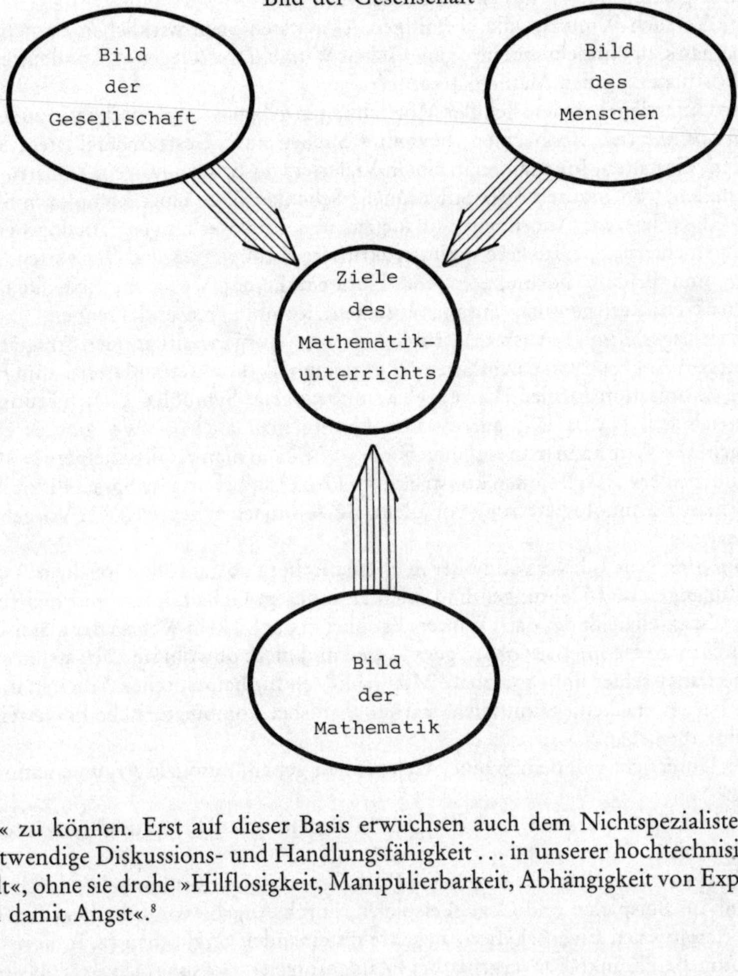

nen« zu können. Erst auf dieser Basis erwüchsen auch dem Nichtspezialisten die »notwendige Diskussions- und Handlungsfähigkeit ... in unserer hochtechnisierten Welt«, ohne sie drohe »Hilflosigkeit, Manipulierbarkeit, Abhängigkeit von Experten und damit Angst«.[8]

3.2.3 Heinrich Winter

Winter versucht, die behaupteten allgemeinbildenden Wirkungen mathematisch-naturwissenschaftlicher pädagogischer Bemühungen durch die Frage zu konkretisieren, welches die »mathematischen Grundtätigkeiten« seien, »die sich aus der ›normalen‹, alltäglichen allgemeinen Denkpraxis heraus fortstilisiert haben und demgemäß bei ihrer Entwicklung noch am stärksten allgemeine (vor allem) kognitive Anlagen und Fähigkeiten mit beeinflussen könnten«.[10]

Dieser Versuch Winters, »die vielfältigen Aktivitäten beim wirklichen Lernen von Mathematik zu bündeln und ihre genetischen Wurzeln freizulegen«[11], kondensiert zu vier Postulaten an den Mathematikunterricht:

1. Der Unterricht soll dem Schüler Möglichkeiten geben, schöpferisch tätig zu sein.

Schüleraktivitäten: Beobachten; bewußtes Suchen nach Gesetzmäßigkeiten, Symmetrien, Gestalten, Invarianten in einem Vielerlei von Erscheinungen; Konstruieren (Herstellen) von Figuren oder Situationen; Schematisieren einer komplexen Situation; Klassifizieren; Anordnen; Aufsuchen von Entsprechungen (Analogisieren); Verallgemeinern; Spezialisieren; Umstrukturieren; Entwerfen und Verwerfen; Vermuten und Prüfen; Formulieren und Umformulieren; Variieren; Bedenken von Alternativen; Zerlegen und Zusammensetzen; Kombinieren und Trennen

Unterrichtsgestaltung: Auswahl problemhaltiger Ausgangssituationen (tragfähiger Einstiege); Angebot von fruchtbarem »Lernmaterial« (konkretes Material zum Hantieren, Ikonisationsformen, Lernspiele, sinnbezogene Symbolik, ...); mäeutischer Unterrichtsstil (»Was fällt auf?« »Wie könnte man auch?« »Wo gibt es etwas Ähnliches?« »Wie kann man vereinfachen?« »Wie kann man verallgemeinern?« »Gibt es Sonderfälle?« ...); Betonen konstruktiver Prozesse; behutsame Sprachdisziplinierung (kein Terminologieterror); vor allem: Bewußtmachen heuristischer Vorgehensweisen

Lerninhalte: Nur Inhalte von hoher mathematischer Substanz, d. h. reich an Aspekten, Zugängen und Deutungen und reich an innerem Gehalt, kurz: multipel strukturiert. Speziell heißt das nach Winter: Es führt in der S I kein Weg an der klassischen (euklidischen) Geometrie vorbei, gerade weil und nicht obwohl sie hoch strukturiert ist und daher schier unbegrenzbare Möglichkeiten für heuristisches Arbeiten in sich trägt. Ferner erscheint es nützlich, stärker als bisher kombinatorische Fragestellungen einzubeziehen.[12]

2. Der Unterricht soll dem Schüler Gelegenheit geben, rationale Argumentation zu üben.

Typische Lernsituationen sind all jene, in denen eine Behauptung gerechtfertigt werden soll.

Schüleraktivitäten: Begriffe abgrenzen (Definieren) durch Realhinweise, durch Aufzählen von Beispielen und Gegenbeispielen, durch Angabe von Oberbegriffen und charakteristischen Eigenschaften; Begriffe miteinander vergleichen (z. B. konstant-monoton-beschränkt-konvergent bei Zahlenfolgen); Lösungswege analysieren; Lösungen testen und kontrollieren; Kontext beachten; Behauptungen anzweifeln; Sätze analysieren (Existenzsätze, Allsätze, notwendige, hinreichende Kriterien, Diskussion der Voraussetzungen, ...); Beispiele für Sätze angeben und mit ihnen Sätze testen; logische Abhängigkeit zwischen Sätzen überprüfen; Sätze beweisen; Beweise zergliedern und auf Vollständigkeit überprüfen; Fallunterscheidungen treffen; Satz-

hierarchien zusammenstellen (lokales Ordnen), Systematisieren; Axiomatisieren; Scheinbeweise entlarven[13]
Unterrichtsgestaltung: Begriffsgenese beachten; Begriffe inhaltlich genügend »absättigen«; Stufen der Strenge beachten (Verzicht auf den Glauben, es gebe eine absolute mathematische Strenge); Begriffe operativ fassen (etwa als Konstruktionsregeln), Ikonisationen als Argumentationshilfen einsetzen; behutsame Sprachdisziplinierung; vorsichtiges Gewöhnen an formale Darstellungen; Netzcharakter von Begriffen betonen; zum Fragen, Anzweifeln, Verteidigen ermuntern; Beweisschritte bewußt machen
Lerninhalte: Reichstrukturierte Bereiche (z. B. elementare Zahlentheorie, euklidische Geometrie), überraschende Sachverhalte, die das Beweisbedürfnis reizen
3. Der Unterricht soll dem Schüler Möglichkeiten geben, die praktische Nutzbarkeit der Mathematik zu erfahren
(Der Schüler soll lernen, Situationen der Wirklichkeit zu mathematisieren.)
Schüleraktivitäten: Beobachten und Beschreiben von Wirklichkeitsausschnitten; Schematisieren; Idealisieren; Sammeln und Ordnen mathematisch relevanter Daten (Zählen, Messen, Schätzen, Tabellieren, Auflisten, Schaubilder herstellen, ...); Beschreiben des Zusammenhangs zwischen den Daten; Auffinden mathematisch sinnvoller Fragestellungen; Formulieren der Fragestellung in der mathematischen Sprache; Lösen der Fragestellung innerhalb mathematischer Begriffssysteme (Rechnen); Ausdeuten der Lösung; Typisieren von Wirklichkeitssituationen; Interpretieren innermathematischer Aussagen
Unterrichtsgestaltung: Auswahl hinreichend interessanter[14] und angemessen offener Sachsituationen; Ermunterung zum planmäßigen, bewußten Beobachten; Trainieren des Schematisierens und Idealisierens; Sensibilisieren des mathematischen Fragens; Bewußtmachen der Homomorphie zwischen realen Gegebenheiten und mathematischer Sprache, d. h. Bewußtmachen der »Modellbildung«; Herausarbeiten von Typen strukturgleicher Situationen; Training im Aufsuchen verschiedener »Verkörperungen« derselben Struktur; Einüben wichtiger Lösungsalgorithmen; Erfahrungen zur Grenze des Mathematisierens
Lerninhalte: Euklidische Geometrie einschließlich topologischer Aspekte (Mathematisierung des Anschauungsraumes), Stochastik (Mathematisierung von Zufallsphänomenen), Reelle Zahlen/Analysis (Meßprozeß, Größenbereiche, Funktionen über »reellen« Größenbereichen) und ein Betonen der Strukturbegriffe (Mengen, Relationen, Abbildungen, ...) als Instrumente des Ordnens
4. Der Mathematikunterricht soll dem Schüler Möglichkeiten geben, formale Fertigkeiten zu erwerben (Förderung des algorithmischen, kalkülhaften Moments mathematischen Arbeitens)
Schüleraktivitäten: Unterscheiden von Zeichen und Bezeichnetem, von »Wort« und »Gegenstand«; Unterscheiden von Aussagen über das Zeichen und Aussagen über das Bezeichnete (Metasprache, Objektsprache); Artikulation der Beziehungen zwischen Gegenstandsbereich und Sprachbereich; Übertragen von Sachverhalten des

allgemeines Ziel des Mathematikunterrichts	Beispiel für Schüleraktivität	Unterrichtsgestaltung	Lerninhaltskriterien
Kreativität	Suchen nach Gesetzmäßigkeiten, Analogien Vermuten, Prüfen Entwerfen, Kombinieren	problemhaltige Situationen mäeutischer U-Stil heuristisches Vorgehen	Aspektreichtum multiple Struktur (euklidische Geometrie)
rationale Argumentation	Begriffe abgrenzen Behauptungen rechtfertigen/anzweifeln Scheinbeweise entlarven	Begriffsgenese Stufung der Strenge ikonische Argumentationshilfen	überraschende Sachverhalte, tragfähige Einstiege (elementare Zahlentheorie, Geometrie)
Mathematisieren, Anwenden	Beschreiben, Sammeln, Ordnen, Klassifizieren; Idealisieren; mathem. Lösung finden Interpretieren	offene Sachsituation mathematische Fragestellung Modellbildung	Aspekte der Wirklichkeit: Anschauungsraum, Zufallsphänomene, Größen (Geometrie, Stochastik, Analysis)
Formale Fertigkeiten (Algorithmus, Kalkül)	Codieren, Decodieren; Umgang mit Variablen, Gleichungen; Beherrschung von Algorithmen	Kalkülspiele, Rechenstrategien; Ermunterung zu Schematisierungen; Üben von Algorithmen	Algebraische Methoden in Geometrie und Sachrechnen

Winter: Allgemeine Lernziele für den Mathematikunterricht – tabellarisch verkürzt

Gegenstandsbereichs in den Zeichenbereich (»Codieren«); Ausdeuten von sprachlichen Gebilden (»Decodieren«); Handhaben von Variablen, Termen, Gleichungen; Aufbau von Algorithmen zu geeigneten inhaltlich vorgegebenen Fragestellungen; Ausführen algorithmischer Prozesse und Rückinterpretation der Lösungen; formales Ableiten; Erfahrungen zur Grenze algorithmischer Vorgehensweisen
Unterrichtsgestaltung: Aufgreifen der Spontaneität für die Produktion »sinnleerer« Figuration (z. B. Kalkülspiele in der Grundschule); Pflege lokaler Rechenstrategien; frühe Gewöhnung an den Gebrauch von Variablen; Bewußtmachen des Unterschiedes zwischen Zeichen und Bezeichnetem ohne Purismus; Trainieren des Übersetzens von Sachverhalten und Prozessen in Sprache; Ermunterung zu Schematisierungen

(Blockpläne, Übersichtskizzen, Flußdiagramme usw.); Einüben »lebenswichtiger« Algorithmen (schriftliche Rechenverfahren, algebraische Kalküle usw.); Einsatz von Rechnern
Lerninhalte: »Unbestritten« scheint Winter, »daß heute alle Schüler allgemeinbildender Schulen ein gewisses Maß algebraischer Methoden lernen, also z. B. den Umgang mit Formeln für Größenbestimmungen (Flächeninhalte, Volumina) in der Geometrie oder das Lösen von Sachaufgaben unter Mithilfe des Gleichungs/Ungleichungskalküls.« »Weithin offen« nennt er 1975 »die Frage, wieweit Zahlenlehre, Geometrie, Analysis mit algebraisch-algorithmischen Methoden durchsetzt werden und inwieweit algebraische Inhalte im engeren Sinne (Gruppentheorie, Vektorraumtheorie, ...) und Inhalte der Informatik als solche thematisiert werden sollen.«[15].

3.2.4 Hans-Günther Bigalke

In Anlehnung an Lenné, Kirsch und Winter formuliert Bigalke sieben »Allgemeine Aufgaben und Ziele des Mathematikunterrichts«[16]:
»1. Förderung des wissenschaftlichen Denkens und Arbeitens
2. Förderung des logischen Denkens
3. Förderung der Bereitschaft und der Fähigkeit zum Argumentieren, Kritisieren und Urteilen
4. Förderung geistiger Initiative, Phantasie und Kreativität
5. Förderung des Anschauungsvermögens
6. Förderung der sprachlichen Ausdrucksfähigkeit
7. Förderung der Fähigkeit, Mathematik anwenden zu können«

und fügt eine inhaltsbezogene Aufgabe hinzu:
»8. Es ist Aufgabe des Mathematikunterrichts, bestimmte, näher festzulegende Inhalte der Mathematik – das sind Fakten, Methoden, Darstellungsweisen – in einer den Forderungen 1. bis 7. entsprechenden Weise zu vermitteln.«[17]

War für Winter die Auswahl der Inhalte eine Optimierungsaufgabe, deren Randbedingungen die allgemeinen Lernziele sind, so scheinen Bigalke die Inhalte des Mathematikunterrichts sekundär: »... soll ... die These vertreten werden, daß die unter 1. bis 7. angegebenen Aufgaben und Ziele mit jedem beliebigen echt mathematischen Inhalt erreicht werden können.«
Die Festlegung auf »bestimmte« Inhalte in 8. begründet er nicht zielspezifisch, sondern vor allem schulorganisatorisch und fachsystematisch.[18]
Jedes der sieben allgemeinen Ziele schlüsselt er in Förderung mathematischer und Förderung allgemeiner Qualifikationen auf. Auf die Angabe dieser Detaillierung kann hier verzichtet werden, da sie durch Winters Spektrum im wesentlichen überdeckt wird.
Wegen der in den Diskussionen um Ziele, Aufgaben, Legitimation von Mathematikunterricht und ihrem Bezug zu einzelnen Unterrichtsstoffen häufigen Mißverständ-

nisse sei nochmals hervorgehoben, daß aus diesen wie anderen Zielkatalogen nicht auf die Notwendigkeit der Behandlung eines bestimmten Unterrichtsstoffes geschlossen werden kann. Wohl aber kann und soll in einer didaktischen Analyse geprüft werden, welche der genannten Qualifikationen entlang dem angebotenen Unterrichtsinhalt gefördert werden kann: Nicht die Unersetzlichkeit des Themas ist nachzuweisen, sondern seine besondere Eignung für das angestrebte Ziel; hier sollten sich der Lehrplangestalter wie der Lehrer ernsthaft begründungspflichtig fühlen.

3.3 Ziele sozialen Lernens

3.3.1 Soziale Bedingtheit und soziale Wirksamkeit mathematischen Wissens

Das soziale Lernen ist auch für die Mathematikdidaktik als eines der zentralen Reflexionsfelder anzusehen. Wenn man soziale Ziele des Mathematikunterrichts formulieren will, muß man jedoch deutlich sehen, daß es sich dabei nicht um eine Strukturierung des Lerngegenstandes handelt – als die sich die oben angegebenen Zielbeschreibungen interpretieren lassen – sondern um die Strukturierung unterrichtsbegleitender Phänomene.

Es ist ja unleugbar, daß sich soziale Einstellungen (wie auch solche zum Fach) auch dann aufbauen, wenn der Unterrichtende sie nicht bewußt zu steuern versucht. Man muß sogar annehmen, daß Thematisierungen sozialer Aspekte im Mathematikunterricht die Schüler den sozialen Zielsetzungen kaum näherbringen würden, weil die kognitive Vermittlung sozialer Inhalte nicht hinreichend auf soziales Verhalten transferiert.

Deshalb wenden sich Versuche, diesem Bereich in der Fachdidaktik wie im Schulunterricht mehr Geltung zu verschaffen, in letzter Zeit vor allem der Möglichkeit zu, die Organisationsform des Mathematikunterrichts zum Träger sozialer Zielsetzungen zu machen.

Der Erwerb von Wissen in der Schule hat einen in zweifacher Hinsicht sozialen Aspekt:

Zum einen ist schulisches Wissen sozial bedingt, insofern als es dem Wissensbestand von Wissenschaften mit sozialhistorischer Genese entlehnt ist; zum anderen ist der durch Auswahl- und Zielkriterien gefilterte schulische Wissenserwerb sozial wirksam in dem Maße, in dem er Einstellungen und Verhalten von Lehrenden und Lernenden beeinflußt.[1]

In einer ausführlicheren Darstellung wäre es wohl angezeigt, die beiden Dimensionen soziale Bedingtheit und soziale Wirksamkeit mathematischen Wissenserwerbs in der Schule in Richtung aller wichtigen unterrichtlichen Strukturmomente zu facettieren[2].

Hier begnügen wir uns mit kurzen Bemerkungen zu zwei Aspekten, dem personalen und dem inhaltlichen:
Vergleichende Studien zur *fachspezifischen Sozialisation* von Naturwissenschaftlern und Geisteswissenschaftlern[3] zeigen, »daß die Beschäftigung mit naturwissenschaftlichen ... Wissensbereichen einen bestimmten Sozialcharakter mit spezifischen Verhaltensorientierungen begünstigt und erzeugt«. Aus einer solchen Studie nennt Pfeifer Charakteristika eines ›typischen‹ Studenten der theoretischen Naturwissenschaften: intelligent, fachlich stark interessiert, leistungsbezogen, fleißig im Studium, fachlich selbstsicher, politisch kaum engagiert, schüchtern, kontaktarm, meidet emotionale Situationen, kümmert sich wenig um seine Wissenschaft begründende oder übergreifende Fragestellungen.
Für Lehrerstudenten sieht V. Reiß einen Schule und Universität umfassenden Sozialisationszirkel:
»Die Studenten kommen bereits mit Voreinstellungen und Motivstrukturen ins Studium, die durch das Bild der Naturwissenschaften geprägt sind, das sie aus Massenmedien und vor allem von ihren Fachlehrern kennen« ... »die jungen Gymnasiallehrer« ... »bringen ihrerseits einige wenige Abiturienten hervor, die mit ähnlichen Dispositionen und Vorstellungen wie sie selbst ins Studium kommen. Damit schließt sich der Zirkel«.[4]
Zum *inhaltlichen Aspekt:* Pfeiffer konstatiert einen »Gegensatz zwischen dem Wissen, nach dem und mit dem geforscht wird, als implizitem, variablem, offenem und dem Wissen, das kommuniziert und gelehrt wird als fixiertem und expliziertem.«[5]
Ein nach offenem Kommunikationsstil strebender Unterricht muß diese Polarisierung aufbrechen. Er darf sich nicht an expositorischem Lehren eines in Texten fixierten mathematischen Wissens ausrichten, sondern muß sich tendenziell an den Prozeß mathematischen Forschens halten: Problemlösen mit möglichst offener Ausgangssituation, mathematisierender Unterricht. Dies wäre ein Ansatz zum Versuch, die soziale Wirksamkeit von Mathematikunterricht durch inhaltlich-methodische Entscheidungen zu verändern.
Zur sozialen Bedingtheit mathematischen Wissens hat Bloor[6] fünf Thesen historisch zu belegen versucht, die Variationen mathematischen Denkens auf soziale Einflüsse zurückführen:
»1. Variation im übergreifenden kognitiven Stil der Mathematik;
2. Variation im Gefüge von Zuordnungen, Beziehungen, Gebräuchen, Analogien und metaphysischen Implikationen;
3. Variation in den Bedeutungen, die Rechnungen und symbolischen Manipulationen zugemessen werden;
4. Variation in Strenge (rigour) und Art der Argumentation beim Beweis;
5. Variation in Inhalt und Gebrauch der grundlegenden Denkoperationen, die für selbstverständliche logische Wahrheiten gehalten werden.«

Durch die einseitige Selektion sozialer Einflußfaktoren wird die kulturhistorische Verflechtung der Mathematik sicherlich verfälscht dargestellt. Selbst für die soziale

Komponente allein müßte neben der gezeigten sozialen Bedingtheit einiger Bestandteile mathematischen Wissens auch noch ihre soziale Wirkung historisch verfolgt werden, um wenigstens diesen Ausschnitt der Wechselwirkung zwischen Mathematik und Gesellschaft zu erfassen.
Jedoch können und sollen die Thesen zeigen, daß in den Entstehungsphasen von Mathematik ihre Interpretation variantenreicher und flexibler war, als dies in fixiertem Lehrbuchwissen erkennbar ist. Auch aus dieser Überlegung ergibt sich eine Affinität zu einer dynamischen Unterrichtsauffassung, diesmal am stärksten zur genetischen (siehe Abschnitt 4.3.6).[7]

3.3.2 Ziele sozialen Lernens im Mathematikunterricht

Pfeiffer[8] ortet in der heutigen pädagogischen Diskussion drei Auffassungen von sozialem Lernen im Unterricht:
»– Soziales Lernen undifferenziert verstanden als Gegensatz zu individuellem Lernen;
– Soziales Lernen, als latent immer neben dem Lernen von spezifischen Inhalten im Unterricht ablaufender Lernprozeß von sozialen Einstellungen und Handlungsdispositionen, die auch über die Schulzeit hinaus verhaltensleitende Kraft behalten;« ...
»– Soziales Lernen als Lernen von ›prosozialem‹ Verhalten«.
Zur ersten Position: Auftreten vor allem in nichtwissenschaftlichen Diskussionen; keine Formulierung von Zielsetzungen; ungeprüfte Empfehlung bestimmter Organisationsformen von Unterricht
Im Extrem: Unterschwellige Hypothese, daß kognitives und soziales Lernen sich gegenseitig behinderten oder gar ausschlössen. So gab es in der Diskussion zu einem Referat, in dem unter anderem erwähnt wurde, daß bei einer bestimmten Unterrichtsphase in Frontalunterricht bessere Ergebnisse als im Gruppenunterricht aufgetreten seien, den Erklärungsversuch, daß dann ja wohl der soziale Lernfortschritt in den Gruppen »umso größer« gewesen sein müsse – als könne man sich darauf verlassen, daß selbstregulierend der Gesamtertrag des Lernens stets derselbe ist.
Zur zweiten Position: Diese Auffassung vom ungesteuerten Erwerb von Einstellungen und Verhaltensdispositionen unabhängig von oder gar im Gegensatz zu offiziellen Erziehungsintentionen ist spätestens seit Bernfelds ›Sysiphos‹[9] in der pädagogischen Diskussion. In den letzten Jahren zumeist unter dem Stichwort vom »Heimlichen Lehrplan«[10].
So wirft Bölts[11] dem derzeitigen Mathematikunterricht vor, er bewirke, daß
»– Schüler schichtspezifisch ausgelesen werden
– Schüler nur noch auf Vorrat lernen, ohne die praktische Bedeutung des Gelernten einsehen zu können

- Schüler zur Gleichgültigkeit erzogen werden, weil Lerninhalte und Lernformen wirklichkeitsfremd sind
- Schüler das machen, was andere ihnen vorschreiben«

Neander[12] geht eher noch weiter, indem er in Teilen seines historischen Abrisses den Nebenwirkungen des Lehrplans verheimlichte Absichten unterstellt.
Bernfeld legt den Grundstein dieser Position, indem er ›Unterrichtsminister Machiavell‹ in brillant psychologisierender Programmrede just das bestehende Erziehungssystem als tauglichstes zum Erreichen seiner unedlen bildungspolitischen Absichten vorschlagen läßt.[13]
Zur dritten Position: »›Soziales Lernen‹ bedeutet«, für Bölts[14], »zunächst, daß Schüler sich gegenseitig als (unterschiedliche) soziale Wesen erfahren und verstehen lernen.«
Ausgehend von Analysen des Lehrerverhaltens[15] und daran anknüpfenden Überlegungen zum wünschenswerten Unterrichtsstil – Stichwort bei Tausch ›sozialintegrativ‹ – wird in dieser Auffassung schulisches Verhalten im Zusammenhang mit einem für außerschulische Bereiche angestrebten Sozialverhalten gesehen.
Diese Vorstellungen kristallisierten sich auch in Angaben zu fächerübergreifenden Lernzielen, über die im Abschnitt ›Erziehungsziele‹ zum Teil berichtet worden ist – bei Pfeiffer etwa: Fähigkeit zu rationaler Kooperation, sozialer und politischer Sensibilität und Handlungsfähigkeit.
Bisher ist ›Soziales Lernen‹ als Aspekt des Mathematikunterrichts speziell nur spärlich thematisiert worden. Dabei treten die Positionen 1 und 2 im wesentlichen nur zur Begründung von Defizithypothesen in Erscheinung. Die konstruktive Fundierung von Zielvorstellungen zu sozialem Lernen leitet sich vor allem aus der dritten Position ab. Andererseits darf man nicht verkennen, daß implizit solche Zielvorstellungen auch dort Pate gestanden haben, wo expressis verbis die inhaltliche Verankerung der Ziele deutlicher hervortritt.
So darf man für wahrscheinlich halten, daß auf eine isolierte Formulierung sozialer Ziele des Mathematikunterrichts nicht aus einer Geringschätzung des ›sozialen Lernens‹ heraus verzichtet wird, sondern aufgrund der Erkenntnis der engen Verklammerung inhaltlicher, personaler und organisatorischer Aspekte im Komplex des ›sozialen Lernens‹.
Dabei setzen verschiedene Konzeptionen des Mathematikunterrichts die Schwerpunkte zur Begünstigung sozialen Lernens durchaus unterschiedlich:
Anhänger des projektorientierten Mathematikunterrichts favorisieren organisatorische Mittel im Verbund mit einem (teilweise naiv übertriebenem) Glauben an die sozialerzieherische Potenz jeglichen Realitätsbezuges; die stärker inhaltsorientierten Konzeptionen vertrauen (teilweise naiv übertrieben, wenn man die Lehrerausbildung mancherorts kritisch betrachtet) auf die didaktische und psychologische Kompetenz des Lehrers im Schaffen eines dem ›sozialen Lernen‹ günstigen Unterrichtsklimas.
Gemeinsam allen Richtungen ist wohl das Bestreben, die Sensibilisierung der Lehrer für Aspekte sozialen Lernens zu fördern.

3.4 Zielangaben in Lehrplänen

3.4.1 Entwicklung

»1. Lernzielbestimmungen in traditionellen Lehrplänen werden kaum rational begründet, und sie erscheinen in vagen, oft phrasenhaften Formulierungen, die dem Lehrer bei dem Versuch, sie im Unterricht zu vermitteln, wenig Hilfen bieten.

2. Zwischen den Lernzielen in den Präambeln der Lehrpläne und den nachfolgenden Stoffkatalogen besteht keine Vermittlung,« ... (Bericht der Geschäftsstelle der Kommission zur Reform der Hessischen Bildungspläne)[1]

Verfolgt man die Änderung der Lehrpläne im letzten Jahrzehnt, so erkennt man – neben der offensichtlichen Zunahme des Umfangs –, daß inzwischen in fast allen Bundesländern Lernzielkataloge angegeben worden sind. Meist werden in Vor- oder Nachbemerkungen themenübergreifende Ziele und überdies – zum Teil minutiös aufgefächert[2] – inhaltsbezogene Verhaltensziele genannt. Die Ziele sind in der Regel nicht operationalisiert; Hinweise zur Lernzielkontrolle[3] erfolgen oft in Zusätzen. (siehe Tabelle)

Die Hefte ZDM 82/3 und ZDM 82/4 bringen Zusammenstellungen über Lehrpläne für den Mathematikunterricht in der Hauptschule in allen Bundesländern, jeweils durch einen Vertreter der Lehrplankommission oder einen Fachdidaktiker des Bundeslandes präsentiert. Der Auftrag an die Autoren beinhaltete eine Erörterung des Themas »Bildungsziele des Mathematikunterrichts in der Hauptschule«[4].

Hierzu machen die meisten Autoren Angaben: zum Teil offenbaren sich die Zielvorstellungen der jeweiligen Lehrplankommission in diesen Kurzreferaten wesentlich ausführlicher und deutlicher als in den Lehrplänen, zum Teil zeigt sich eine unbefangene Gleichsetzung von Unterrichtsziel und -inhalt (von einer Beachtung der subtileren Akzentsetzung des Begriffs ›Bildungs‹ziel ganz zu schweigen), zum Teil wurde auf Zielformulierungen (bewußt?) verzichtet.

Insgesamt ist festzustellen, daß einige Lehrpläne kein verläßliches Bild der Zielvorstellungen vermitteln, die die Lehrplankommission an Mathematikunterricht knüpft. Sie weisen nur das aus, was die Kommission als verbindliche Vorgabe oder als dringliche Empfehlung zu verlautbaren wünscht, nicht alles, was bei der Abfassung der Pläne Pate gestanden hat.

In dieser Zurückhaltung sehe ich übrigens keinen Nachteil: Der größere Freiraum für Lehrer kann durchaus positiv gewertet werden.

Bundesland	Jahr	Stoffplan	Lernziel-katalog	Hinweise zur Lern-zielkontrolle
Baden-Würt.			×	
OS, HS, RS, Gy	78/79			
Bayern				×
HS, RS, Gy	77/78		×	
GS			×	
Berlin				
G, 7–10	80		×	
Bremen			×	
OS, 7–10	74/78			
Hamburg		×		
HS/RS, Gy, GS	74/76			
Hessen			×	
OS, 5–10	76			
Niedersachsen				
OS, HS, RS, Gy	78/80		×	×
GS	74		×	
Nordrh.-Westf.				
HS	79		×	
RS	78		×	×
Gy	75	×		
GS	80		×	×
Rheinland-Pf.				
OS, 7–10	78/80		×	
Saarland				
HS, RS, Gy	79		×	
Schleswig-H.				
OS	77		×	
HS	76		×	×
RS/Gy		×		

Auszug aus Hentschke, G.: Zum Stand der Lehrplanreform in den Bundesländern, in: ZDM 81/5, S. 218

3.4.2 Kritik an Zielangaben in Lehrplänen

Häufig genug bietet der hohe Differenzierungsgrad von Lernzielkatalogen Anlaß zu bürokratischen Gängeleien von Lehrern. Dadurch wird reflektiertes, zielbewußtes Unterrichten eher behindert als gewährleistet.[5]
An solchen Erfahrungen wächst die Skepsis der Lehrer gegenüber einer allzu detaillierten Kodifizierung des Unterrichts in Lehrplänen. Der in den letzten 15 Jahren vorherrschende Trend zu umfangreicheren Lehrplänen steigender Verbindlichkeit wird als unvereinbar mit einer breiten Fächerung pädagogischer Zielvorstellungen empfunden.
Besonders deutlich wird die Kritik an übertriebener Detaillierung von Lernzielkatalogen in Damerows Analyse der Hessischen Rahmenrichtlinien Sekundarstufe I, Mathematik. In ausdrücklicher Berufung auf die KMK wird in diesen Richtlinien ein Lernzielkatalog angegeben, den als Camouflage einer Lehrbuchfixierung einzuschätzen naheliegt: Methodische Detailvorschriften werden zu ›Lernzielen‹ geweiht. Die hohe Detaillierung der Angaben erschwert nicht nur alternative Gestaltungen durch den Lehrer, sondern legt ihn letztlich auf das einzige Lehrbuch fest, das die engen Maschen des Filters ›Lernzielkatalog‹ passieren kann. Die Ziele der KMK und die Intentionen der Modernisierung des Mathematikunterrichts kann der Katalog dagegen nicht adäquat fassen.[6]
Man könnte meinen, daß sich an diesem Beispiel mit der Nutzlosigkeit solcher Übertreibungen zugleich ihre Unschädlichkeit zeige. Dabei übersähe man jedoch, daß mitunter der Anspruch erhoben wird, mit solchen Umformulierungsritualen eine höhere – womöglich unterrichtswissenschaftliche – Qualität erreicht zu haben. So nähren die Hessischen Rahmenrichtlinien augenscheinlich die Illusion, die eingangs zitierten Mängel »traditioneller« Lehrpläne überwunden zu haben; in manchen Fachseminaren der zweiten Phase der Lehrerausbildung gelten ähnliche (zum Teil ›operationalisierte‹) Lernzielangaben als Ausweis vertiefter didaktischer Reflexion (siehe Karikatur »Strickmuster«).
Man muß sich wohl hüten, an diesen bürokratischen Surrogaten die Ernsthaftigkeit oder den Rang wissenschaftlicher Bemühungen um die Zielproblematik messen, geschweige denn an ihnen den Entwicklungsstand curricularer Reflexion ablesen zu wollen.[7] Jedoch muß man fürchten und deshalb zu verhindern suchen, daß durch sie ernsthaftere, wichtige Bemühungen um die Fundierung von Unterrichtszielen in Mißkredit geraten.

Strickmuster inhaltsbezogener Verhaltensziele

kognitiv:

Die Schüler *können* 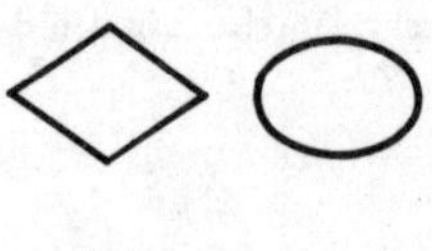 .[x]

Die Schüler *sollen* ◇ ◯ *können.*

Die Schüler *wissen,* daß ◇ gilt.

affektiv:

Die Schüler *wollen* ◇ ◯ .

sozial:

Die Schüler *erarbeiten gemeinsam* ◇ .

* Einsetzungen zur gefälligen Bedienung:

◇ Lerninhalt

◯ erkennen, erklären, anwenden, angeben, formulieren, ...

Solche hochstaplerischen Verkleidungsformen einer früher schlichteren Lerninhaltsangabe hat Freudenthal schon 1974 ›Mätzchen‹ genannt.

3.4.3 Ausblick

»... vor einer neuen Runde von Lehrplanänderungen erscheint es angebracht, die Funktion der Lehrpläne zu überdenken und neu zu bestimmen.« »Bereits heute wird der Lehrer – wenn er die vorliegenden Lehrpläne ernst nimmt – in unzumutbarer Weise in seiner pädagogischen Entscheidungsfreiheit eingeengt – oder anders ausgedrückt: seiner pädagogischen Aufgabe enthoben. So gesehen erscheint die zu konstatierende Uneinheitlichkeit, mangelnde Qualität und offensichtliche Überlastung der neuen Lehrpläne geradezu als ein beruhigender Umstand, ...«[8]
Damerows leicht zynische Bilanz zeigt mindestens, daß der Lehrer nicht hoffen darf, durch beflissene Lehrplanerfüllung allein seiner pädagogischen Aufgabe gerecht werden zu können. Die Lehrpläne können – und wollen – keinen Ersatz bieten für die »Reflexion eigener Zielvorstellungen der Erziehung und ihrer Konsequenzen auf die Unterrichtstätigkeit«, die wir oben als unerläßlich postuliert haben.
Zwar bin ich überzeugt, daß ein engagierter Lehrer bei weitherziger Auslegung der Lehrplandirektiven die pädagogische Vernunft bewahren kann, eigenen Zielvorstellungen und modernen Unterrichtskonzeptionen (anwendungsorientiert, problemorientiert, genetisch; wohl nur mit starken organisatorischen Einschränkungen projektorientiert – siehe Abschnitt 4.3) zu folgen, jedoch ermuntern die Lehrpläne in aller Regel nicht dazu – der Lehrer braucht dafür mehr Zivilcourage[9].

4. Beiträge der Grundwissenschaften zur Erforschung des Mathematiklernens und -lehrens

4.1 Entwicklung des mathematischen Denkens

4.1.1 Jean Piaget

Die klare Affinität Piagets zu der strukturorientierten Mathematik[1] hat zu einer Befürwortung dieser Tendenz auch im Mathematikunterricht durch die mathematikdidaktischen Richtungen beigetragen, die aus Piagets Ansatz curriculare und unterrichtspraktische Konsequenzen entwickelten (z. B. der Dienes-Kreis). Das mag an dieser Stelle nur ein Indiz dafür sein, daß ein Überblick über Piagets Theorie der kognitiven Entwicklung des Kindes zum Basiswissen jedes Mathematiklehrers gehören muß.

Piaget behauptet eine Entsprechung zwischen den drei mathematischen »Mutter«-Strukturen (nach Bourbaki: algebraische Struktur, Ordnungsstruktur, topologische Struktur) und den drei Strukturen des operationalen Denkens bei Kindern.

So wie sich in mathematischen Strukturen die wesentlichen Begriffsbildungen nicht auf die Elemente der Struktur, sondern auf die Verknüpfungen bzw. Relationen beziehen – Gesetze einer Struktur sind stets Gesetze der Verknüpfungen bzw. Relationen –, so vollziehen sich für Piaget in der Denkentwicklung des Kindes die wesentlichen (operationalen) Begriffsbildungen nicht an Objekten, sondern an Handlungen mit Objekten.

Handlungen, die verinnerlicht sind oder werden können, die reversibel sind und verknüpfbar, nennt Piaget Operationen[2].

Der Motor der kognitiven Entwicklung ist der Drang des Individuums, seine Umwelt intellektuell zu bewältigen: Der Mensch strebt ein Gleichgewicht an (Äquilibration) zwischen seiner Umwelt und dem Bild, das er sich von ihr macht (im Sinne von Weltbild, also einen Erklärungsversuch beinhaltend). In ständiger Auseinandersetzung mit der Umwelt bildet das Kind kognitive Schemata aus.

Erfahrungen, für deren Bewältigung ein bereits vorhandenes Schema ausreicht, werden diesem Schema *assimiliert*[3].

Phänomene dagegen, für die kein Assimilationsschema zur Verfügung steht, die sich also nicht assimilieren lassen – z. B. weil sie im Widerspruch zu bisherigen Erklärungsmustern stehen –, führen zur Korrektur des unzureichenden Schemas oder zur Bildung eines neuen Schemas (Vorgang der *Akkomodation*).

Mit höherer Entwicklungsstufe[4] steigen *Allgemeinheit* und *Komplexität* der Denkstrukturen.

Die Dimension Allgemeinheit mißt den Grad der Loslösung von spezifischen

Inhalten: Der Begriff ›Vater‹ klebt zunächst am Bild des eigenen Vaters[5], das später als Modell bei Analogiebildungen fungieren kann, und löst sich dann von konkreten Objekten. Auf allgemeinster Stufe wird der Begriff schließlich juristisch als Relation definiert; an die Stelle konkreter Objekte treten Variablen.

Die Dimension Komplexität mißt die Zahl der berücksichtigten Relationen: z. B. ist eine Klassifikation nach mehreren Merkmalen komplexer als die nach nur einem Merkmal.

Als dritte Dimension tritt die *Mobilität* hinzu, die Beweglichkeit, mit der die zur Verfügung stehenden Denkschemata einer Entwicklungsstufe angewendet werden können.

In der kognitiven Entwicklung lassen sich nun nach Piagets Definition der ›Operation‹ Stufen unterscheiden: Ist das Kind zu Handlungen befähigt, die den Rang von Operationen haben, so hat es die operationale Stufe erreicht; die Stufe davor ist die präoperationale. In etwas feinerer Stufung unterscheidet man sensumotorisches, präoperationales, konkret-operationales und formal-operationales[6] Stadium (s. Tafel).

Sensumotorisches Stadium:

»Die Wurzeln logischer und mathematischer Strukturen« liegen »in der schon vor der Entwicklung der Sprache vorhandenen Koordination von Handlungen«[7].

Im sensumotorischen Stadium ist das Kind anfänglich so stark an ichbezogene Relationen gebunden, daß Objekte ihm nur insoweit als existent gelten, als es zu ihnen durch Handlungen – Greifen, Schauen – in unmittelbare Beziehung tritt (Egozentrismus).

Ein Gegenstand, der – zunächst sichtbar – durch einen Schirm abgedeckt wird, verliert damit seine Existenz für das Kind.

Erst in späteren Phasen dieses Stadiums vermag das Kind die Objekte aus dieser Fessel der beziehungsstiftenden eigenen Handlungen zu entlassen und ihnen damit eine Eigenständigkeit zuzuerkennen (Permanenz des Gegenstandes).

Der Entwicklung der Handlungsschemata im ersten Stadium gebührt die Aufmerksamkeit auch der Lehrer, die mit älteren Kindern zu tun haben, weil Piaget analoge Abläufe der Entwicklung der kognitiven Schemata höherer Stadien behauptet. Betrachten wir deshalb einige Beispiele:

Die Schemata des *Greifens* und *Sehens* sind zunächst voneinander isoliert, unkoordiniert; sie laufen nacheinander ab; das Greifen wird dann schrittweise durch das Sehen korrigierbar, schließlich kontinuierlich steuerbar bis zur sicheren Koordination.

Primäre Zirkulärreaktion: Ein neu erworbenes Handlungsschema wird aus Freude an der Tätigkeit stereotyp wiederholt.

Sekundäre Zirkulärreaktion: Das Kind entdeckt Folgen des Handelns und wiederholt die Handlung des bewirkten Effektes wegen.

Tertiäre Zirkulärreaktion: Das Kind variiert das Handlungsschema zunehmend systematisch und beobachtet die Wirkungen dieser Variationen.[8]

Stufen der kognitiven Entwicklung nach Piaget

Alter	Stadium	Merkmale allgemein	 Invarianten	 Klassifikationen
	sensumo- torisch	Üben angeborener Reflexmechanismen Zirkulärreaktionen aktives Entdecken motorischer Hand- lungsschemata variiertes Anwenden motorischer Hand- lungsschemata	Permanenz des Gegenstandes	
2				
	prä- opera- tional	symbolisch-vorbe- griffliches Denken Experimentieren mit Handlungen an kon- kreten Objekten (sy- stematische Hand- lungsschemata) topologische Raum- vorstellungen anschauliches Denken Vorhersage von Er- gebnissen bekannter konkreter Hand- lungen	intuitive Quanti- tätsvorstellung (gleichviel)	figurale Kollektionen Ordnungsrelation vor metrischem Klassieren
7				
	konkret- opera- tional	euklidische, projekti- ve Raumvorst. Experimentieren mit vorgestellten Hand- lungen an konkreten Objekten Transpositionen auf andere konkrete Si- tuationen Reversibilität Assoziativität Transitivität	Länge, Masse, Anzahl, Gewicht Horizontalität (Wasserober- fläche) Vertikalität (Lot)	Inklusionen Hintereinanderaus- führen verschiedener Klassifkationen
11				
	formal- opera- tional	Denkprozeß unab- hängig von konkreten Situationen deduktives Denken hypothetisches Denken	Volumen	Kombination und gleichzeitige Berück- sichtigung mehrerer Klassifikationen

Präoperationales Stadium:
Die Symbole, wichtigste Errungenschaft dieses Stadiums, sind zunächst in Handlungen gebunden: Das Kind spielt ›Hund‹ oder ›Auto‹ und symbolisiert die gespielten Objekte durch Gegenstände, Bewegungen, Laute, Wörter oder Bilder. Dabei werden die Symbole in den Handlungen eingesetzt, als wären sie die symbolisierten Objekte selbst.
Die Symbole erlauben es dem Kind, mit vorgestellten Objekten an Stelle von konkreten Objekten zu agieren. Mit dem Sprechen entwickelt das Kind die Fähigkeit, konkrete Objekte und konkrete Handlungen durch sprachliche Symbole zu ersetzen.[9]
Bei den ersten Klassifikationen werden die Gegenstände räumlich angeordnet (figurale Kollektionen), ohne ein Klassifizierungsmerkmal streng zu beachten.
Die Entdeckung, daß beim Kind topologische vor euklidischen und projektiven geometrischen Vorstellungen entstehen, führt Piaget selbst als ein Beispiel dafür an, daß die psychologisch-genetische Entwicklung von der historisch-genetischen der Wissenschaft abweichen kann. Die kognitive Entwicklung des Kindes korrespondiert hier nicht mit der historischen Entwicklung, sondern mit der strukturellen Hierarchie der Wissenschaft: Im Bourbaki-System ist die topologische Struktur fundamental.[10]

Konkret-operationales Stadium:
In diesem Stadium lernt das Kind, mit vorgestellten Handlungen zu operieren, sofern diese Vorstellung sich auf konkrete Situationen bezieht. Mehrere einfache Handlungen werden in der Vorstellung koordiniert und Ergebnisse solcher koordinierter vorgestellter Handlungen vorhergesagt.
Zur Begründung der Invarianz der Masse wird die Reversibilität einer Deformation etwa von Knetekörpern angeführt; auch treten kompensatorische Argumentationen auf: ›zwar länger, aber dünner‹.[11]
In diesem Stadium entfalten sich quantitative Vorstellungen. Beispiel: Der Begriff Geschwindigkeit ist zunächst am Überholvorgang fixiert bevor die Komponenten Weg und Zeit berücksichtigt werden und Meßoperationen in die Urteilsbildung aufgenommen werden.
In diesem Stadium und beim Übergang zum formaloperationalen Stadium liegt der Schwerpunkt der Untersuchungen Piagets; dementsprechend sind die Konsequenzen seiner Forschung für die Altersgruppe der Grundschüler am deutlichsten in Erscheinung getreten.[12]

Formal-operationales Stadium:
Dieser Bereich ist bisher am wenigsten erforscht. Das formal-operationale Stadium wird meist dadurch definiert, daß die Beschränkungen des konkret-operationalen Stadiums, die vor allem in der Bindung des Denkens an konkrete Beispiele bestehen, allmählich überwunden werden.
In diesem Stadium haben sich die koordinierten Handlungsschemata zu *Operationen* entwickelt, deshalb hier noch einmal Piagets Erläuterung:

Eine Operation ist eine Handlung, die

1. ›interiorisiert‹ werden kann; das heißt, sie kann ebenso im Denken wie in der äußeren Wirklichkeit ausgeführt werden,
2. ›reversibel‹ ist; das heißt, sie kann in der einen oder in der entgegengesetzten Richtung stattfinden,
3. eine ›Invariante‹ enthält; das heißt eine Operation transformiert nicht alles auf einmal. Beispiel: Das Versetzen der Klammern in der Addition (1+1+1+1+1)+1, (1+1+1+1)+(1+1) etc. läßt die Summe invariant,
4. sich auf ein System von Operationen (Gesamtstruktur) bezieht[13]

Im formal-operationalen Stadium kombinieren sich aus einzelnen kognitiven Schemata neue, komplexere; aus den Grundstrukturen des operationalen Denkens (Reihenbildung, Klassifikation, Strukturierung des Raumes) setzen sich neue Strukturen zusammen.

Beispiele: Die Berücksichtigung zweier Bezugssysteme bei Problemen relativer Bewegung wird erst auf dieser Entwicklungsstufe möglich.

Die Aspektevielfalt des Zahlbegriffs ist vorher nur sukzessiv, nicht simultan erfaßbar.

Die Einsicht in logische Notwendigkeit von Schlußfolgerungen, in prinzipielle Unlösbarkeit von Problemen verlangen deduktives Denken; die Unterscheidung prinzipiell vorhersehbarer und nicht vorhersehbarer Ereignisse verlangt hypothetisches Denken – beides Errungenschaften des formal-operationalen Stadiums.

Während für die Ausbildung der kognitiven Schemata der tieferen Stadien die allgemeinen Erfahrungen hinreichend zu sein scheinen, werden in diesem Stadium die spezifischen Erfahrungen des Individuums bedeutsam (Kulturkreis, schulische und berufliche Ausbildung, inhaltliche Interessen).

Das Niveau der formalen Operationen wird von vielen Erwachsenen anscheinend nicht in voller Breite, sondern nur in gewissen engen Inhalts- und Erfahrungsbereichen, von einigen Erwachsenen anscheinend überhaupt nicht erreicht.[14]

4.1.2 Piaget-Kritik

Piagets Theorie der kognitiven Entwicklung des Kindes hat im Laufe der sehr kritischen Diskussion einige Veränderung erfahren; als bisher stabil kann man drei Merkmale ansehen:

1. Die kognitive Entwicklung des Kindes verläuft in Stufen (Stadien). In jedem Stadium gibt es spezifische kognitive Schemata. Ein Kind dieses Stadiums verfügt nicht über Operationen/Schemata eines höheren Stadiums.
2. Die Reihenfolge, in der die Stadien durchlaufen werden, ist universell zwingend; keins der Stadien kann übersprungen werden; die Reihenfolge ist für kein Individuum umkehrbar.
3. Beim Übergang in ein höheres Stadium werden die vorher verfügbaren kognitiven

Schemata nicht etwa zerstört, sondern integriert. Die Organisation der kognitiven Schemata ist durchgehend – auch über die Grenzen der Stadien hinweg – eine integrative.

Für Erwachsene (Lehrer) ist die dritte Eigenschaft deshalb pädagogisch fruchtbar, weil sie sie befähigt, sich der Schemata des Stadiums zu bedienen, in dem sich ihre kindlichen Gesprächspartner befinden. Sie ermöglicht noch in der Oberstufe die Anwendung eines didaktischen Prinzips: Beim Lehren und Lernen neuer Sachverhalte an den Schemata früherer Stadien anzusetzen (Handlungen an konkreten Objekten zum Verständnis physikalischer Gesetze etc.) – zur Verdeutlichung des Prinzips wird oft angeführt, daß das Wort ›Begreifen‹ noch das motorische Handlungsschema nennt, das das ›Verstehen‹ vorbereitet.

Andere Merkmale der Stadien wurden revidiert oder sind weiterhin umstritten:

- Der Bezug zum Lebensalter ist höchstens als grober statistischer Anhaltspunkt einzuschätzen. Für ein einzelnes Kind ist die Altersangabe nicht hinreichend für die Zuordnung zu einem Stadium. Diese kann nur durch Feststellung der dem Kind verfügbaren kognitiven Schemata erfolgen.
- Die Zeitdauer einzelner Stadien ist ebenso vage wie die Angabe der Zeitpunkte der Übergange: Ein Kind kann ein Stadium beschleunigt, ein anderes verzögert durchlaufen.
- Der Übergang von einem Stadium ins folgende vollzieht sich nicht in allen Gegenstandsbereichen der Denktätigkeit gleichzeitig. Die Übergänge erfolgen bei demselben Kind phasenverschoben, allerdings werden die späteren Übergänge durch die vorher absolvierten Übergänge in anderen Gegenstandsbereichen begünstigt. Ein Erwachsener, der seiner Gesamtentwicklung nach im formal-operationalen Stadium ist, wird beim Erarbeiten eines neuen Gebietes zunächst im konkret-operationalen Stadium agieren. Er wird den Übergang in das höhere Stadium in diesem Gegenstandsbereich jedoch viel schneller bewältigen, als es etwa ein 11jähriger könnte, dessen kognitive Entwicklung ihn erstmalig an diese Schwelle führt.
- Die Stadien sind bei Piaget zeitlich wie bei einer Entwicklung des Kindes im Sinne unbeeinflußter Reifung festgelegt, obwohl er sich von anderen Phasentheorien dadurch abhebt, daß er kausal nicht die Reifung, sondern die Aktivität des Kindes bei der Auseinandersetzung mit der Umwelt für ausschlaggebend erklärt. Heute ist man überwiegend der Meinung, daß äußere Einflüsse (Unterricht) nicht nur Erfahrungen vermitteln, sondern auch die Bildung kognitiver Schemata anregen bzw. auslösen und damit die Entwicklung beschleunigen können.

  »Wollte man abwarten, bis die Individuen spontan, von selbst die Bedeutung der Gegenstände erschließen, so würden sie sich während ihres Lebens höchstens einen elementaren Grundbestand menschlicher Fähigkeiten aneignen. Nicht nur das »Angebot«, das Zugänglich-machen, ist eine pädagogisch sinnvolle und notwendige Einwirkung, vielmehr wird in der Regel auch die gegenständliche Tätigkeit selbst gelenkt und unterstützt, muß die Beziehung zwischen Subjekt und

Objekt über die Beziehung zu anderen Menschen vermittelt werden. Insofern bilden Aneignungstätigkeit und unterstützende Tätigkeit eine Einheit«, »die Entwicklung menschlicher Fähigkeiten ist sehr weitgehend abhängig von adäquater unterstützender Tätigkeit«[15].

Einen sehr eindrucksvollen Beleg für die Möglichkeiten bewußter Erziehung schon der Kleinkinder hat das Ehepaar Nikitin geliefert (Nikitin, 1978).

- Sehr viel tiefer noch gehen Freudenthals (1973, I, S. 87) Zweifel, ob sich Piagets Untersuchungen überhaupt auf die kognitive Entwicklung des Kindes beziehen lassen: »... ich möchte nicht in Piagets Fehler verfallen: bei fast allen seiner Experimente, wo gezeigt werden soll, daß ein Kind in dem und dem Alter nicht im Stande ist, die und die Handlung richtig auszuführen, ist es sogar absolut sicher, daß das Kind die Aufgabe sprachlich nicht verstanden hat; Piagets Experimente beziehen sich darum überwiegend auf die sprachliche und nicht auf die kognitive Entwicklung.«
- Auf nicht nur sprachliche, sondern logisch-mathematische Unzulänglichkeiten – diesmal auf Seiten der Interviewer – bei den Invarianzuntersuchungen macht G. Adam aufmerksam, indem sie moniert, daß Begründungen der Kinder vorschnell akzeptiert wurden: Das Kind »glaubt nämlich, allein aufgrund der Tatsache, daß der Saft wieder zurückgeschüttet werden kann (die ursprüngliche Umschütthandlung also »reversibel« ist), dürfe auf Volumengleichheit geschlossen werden ... In diesem Fall hätten die Kinder zwar eine Prüfstrategie, aber eine falsche« (G. Adam: Piaget, in: Volk, 1979, S. 211)

  Der Fortschritt der Antworten gegenüber den ›schlechteren‹ scheint wohl nur darin zu liegen, daß die Kinder die Notwendigkeit einer Prüfstrategie erkennen. Das Wissen, welche Prüfstrategie hinreichend ist, läßt bei manchen Inhalten recht lange auf sich warten: Noch einige 17jährige glauben an die Flächeninhaltsgleichheit umfangsgleicher Rechtecke – erst die Rechnung belehrt sie. Oder: Man überlege sich eine Prüfstrategie für die Behauptung einer Oberflächeninvarianz bei den Umschüttversuchen – die Bewältigung hängt hier deutlich von Kenntnissen, nicht nur von Entwicklung ab.

4.1.3 Denkebenen nach P. M. und D. van Hiele[16]

Piaget hat mit seiner Stufenlehre die kognitive Entwicklung vor allem in ihrem zeitlichen Verlauf beschrieben[17]. Dem Ehepaar van Hiele dagegen kommt es mehr auf eine Unterscheidung von Denkebenen an, die sich für jeden Gegenstandsbereich als Qualitätsstufen des Denkens unabhängig von Zeit und Lernprozeß identifizieren lassen.

»Das Wesentliche des Begriffs der Denkebene liegt in der Feststellung, daß es in jedem wissenschaftlichen Fach möglich ist, auf verschiedenen Ebenen zu denken und zu argumentieren, und daß dieses Argumentieren dabei auf verschiedene Sprachen zurückgreift. Die Sprachen benützen manchmal gleiche linguistische Zeichen, diese haben dann jedoch nicht die gleiche Bedeutung und sind auf verschiedene Weise untereinander verbunden. Dieser Umstand bildet ein Hindernis beim Meinungsaustausch über den gelernten Stoff zwischen Lehrer und Schüler und kann als Grundproblem der Didaktik angesehen werden.«[18]

Gemeinsamkeiten mit Piaget bestehen in der These, daß »der Ursprung fast jeden Gedankens eine Handlung ist«, und in dem Untersuchungsergebnis, das »die von Piaget beschriebenen Phasen im Lernprozeß, der von einer Denkebene zur folgenden führt« und der sich auf jeder Ebene wiederholt, bestätigte[19]. Die van Hieles betonen jedoch die Interpretation als Lernprozeß im Gegensatz zu dem einer biologischen Reifung: »Es ist also möglich und wünschenswert, daß der Lehrer ihn fördert und beschleunigt.«[20]

In diesem Lernprozeß werden fünf Phasen unterschieden:

1. Phase: Information
   Der Schüler lernt das Gebiet mit Hilfe des vorgelegten Materials kennen.
2. Phase: gesteuerte Orientierung
   Der Schüler erkundet das Untersuchungsgebiet mit Hilfe des Materials, das so ausgewählt ist, daß ihm nach und nach die charakteristischen Strukturen erscheinen.
3. Phase: Verdeutlichung
   Die erworbenen Erfahrungen werden mit exakten sprachlichen Symbolen verbunden. Die Schüler lernen, sich über die beobachteten Strukturen zu äußern.
4. Phase: freie Orientierung
   Der Schüler muß lernen, seinen Weg durch das nun im wesentlichen bekannte Untersuchungsgebiet schnell zu finden.
5. Phase: Integration
   Der Schüler muß einen Überblick über die ihm zur Verfügung stehenden Mittel erwerben; er versucht, den erforschten Ideenbereich auf einen Nenner zu bringen.

»Gegen Ende dieser fünften Phase ist die neue Denkebene erreicht. Der Schüler verfügt über ein Beziehungsnetz für das ganze erforschte Gebiet. Dieser neue Ideenbereich, der seine eigene Intuition erworben hat, hat den vorhergehenden Ideenbereich, der eine ganz andere Intuition hatte, verdrängt.«[21]

4.2 Der Prozeß des Mathematiklernens

»Wir bezeichnen mit dem Wort Lernen jede relativ permanente Veränderung im Verhalten aufgrund vorausgegangener Erfahrung.«[22] Nach dieser Definition zählt man Verhaltensänderungen aufgrund von Reifung, Krankheit, Ermüdung, Drogen o. ä. nicht zum Lernen.

4.2.1 Lerntheorien

Psychologische Erklärungsversuche für das Zustandekommen von Lernvorgängen liefern verschiedene *Lerntheorien:*[23]

1. *Kontiguitätstheorien* halten räumliche und zeitliche Nähe zwischen Reiz und Reaktion für hinreichende Lernbedingung. Dazu gehört das *klassische Konditionieren:* An einen reflexauslösenden Reiz wird regelmäßig ein anderer, neutraler Reiz gekoppelt und wird dadurch selbst reflexauslösendes Signal.
   Beispiel: Pawlowscher Hund
2. *Effekttheorien/Verstärkungstheorien* nehmen an, daß zur Kontiguität noch Belohnung als Verstärker hinzutreten muß, um das Lernen des Signals zu sichern. (instrumentelles Konditionieren; Thorndike)
3. *Lernen durch Handeln:* Bestimmte Verhaltensweisen oder Handlungen werden durch Verstärker ausgewählt und stabilisiert.
   Operantes Konditionieren (Skinner): Die Erhöhung der Wahrscheinlichkeit gewünschter Verhaltensweisen durch geschicktes Plazieren von Verstärkern.
   Beispiel: Bestimmte Bewegungen einer Taube werden durch Futter belohnt; so lernt die Taube schrittweise eine Achtfigur tanzen.
   Trial and Error/Lernen am Erfolg: Die Rückmeldung des Erfolgs einer Versuchshandlung kann selbst als Verstärker wirken.
   Der Entzug eines positiven Verstärkers begünstigt die Extinktion (Auslöschung) eines unerwünschten Verhaltens. (s. Tafel)
4. *Lernen durch Beobachten/Imitationslernen/Lernen am Vorbild:* In dem damit erklärten Lernvorgang scheinen Merkmale des Beobachters (Einstellungen, Verhaltensrepertoire), Merkmale des Vorbilds (Autorität, Kompetenz, Freundlichkeit), Beziehungen zwischen Beobachter und Vorbild (Identifizierungsmöglichkeiten, Geschlecht) und schließlich die Verstärkung des Vorbildverhaltens die wichtigsten Parameter zu sein.
5. *Assoziationstheorien* nehmen an, daß der Lernvorgang darin bestehe, enge Verbindungen zwischen Lernelementen zu stiften: Reiz – Reaktion, Wort – Bedeutung.
6. *Kognitionstheorien* gehen statt von einfachen Assoziationsketten von komplexen Strukturen (s. Piaget) aus, die das Erkennen von räumlichen, zeitlichen und logischen Zusammenhängen ermöglichen (Einsicht, Verstehen).
7. In *mathematischen Modellen* zu Lerntheorien wird versucht, Lernen – als die Erhöhung der Wahrscheinlichkeit für das Auftreten des gewünschten Verhaltens – auf stochastische oder statistische Voraussetzungen zu beziehen[24]. Schlüsselbegriffe dabei sind: Häufigkeit der Kontiguität, Übergangswahrscheinlichkeiten zwischen bestimmten Lernelementen, etc.

Aus diesen Vorstellungen der verschiedenen psychologischen Lerntheorien, die eigentlich nur in ihrer Gesamtheit als Erklärungsmöglichkeit für das Lernen angesehen werden können, wurden immer wieder pädagogische Surrogate zusammengestellt – je nach den Schwerpunkten, die die Verfasser sahen.

Wirksamkeit schulischer Verstärker (nach Novak, 1976)

Verstärker	Bedingungen der Wirksamkeit	Gefahren, unerwünschte Nebenwirkungen
Bestätigung der Richtigkeit	anerkannte Kompetenz des Lehrers; Leistungswille des Schülers	– – –
emotionale Zuwendung	Lehrer muß emotional akzeptiert sein	kann als »Bestechungsversuch« gewertet werden
Lob, Belohnung	vom Bedürfniszustand des Schülers abhängig; anerkannte Autorität und Kompetenz des Lehrers; Lob muß selektiv, sachgerecht und situationsgerecht sein	»billiges« Lob entmutigt: Es zeigt die geringe Erwartung des Lehrers an den Schüler
Kritik	Sachbezogenheit; subjektive Möglichkeit der Verbesserung; Einsichtsvermögen des Schülers	soziale Diffamierung (»vor der ganzen Klasse«); Entmutigung, falls der Schüler keine Chance auf Verbesserung erkennt
Nichtbeachten, Entzug von Zuwendung	Bewußtsein des Fehlverhaltens; korrekte Selbsteinschätzung; bei hohem Bedürfnis nach Zuwendung erfolgt Extinktion des unerwünschten Verhaltens	Verwechslungsgefahr mit Permissivität; bei gleichzeitiger Beachtung durch andere wirkt diese Kopplung als positiver Verstärker des Fehlverhaltens
Tadel	Kopplung mit Ermutigungsimpuls: Das zeigt die hohe Erwartung des Lehrers an den Sch.	Signal emotionaler Ablehnung; falls keine Richtung und Möglichkeit der Verbesserung erkennbar: Entmutigung
Strafe	Kontiguität: sofort, intensiv, kurz keine Parallelität mit positiven Verstärkern	Angst, Flucht, Vermeidung; Unterdrückung statt Extinktion; Passivität, Apathie; Richtung, Intensität und Stabilität der Wirkung sind fragwürdig
Ironie	gleicher sozialer und intellektueller Status (Symmetrie)	Demütigung; Verunsicherung; Unterdrückung statt Extinktion
Permissivität Laisser faire	stets ineffektive Erziehungshaltung	Interpretation als Duldung, falls keine ›natürliche‹ Konsequenz (solche wären z. B.: (+) erkennbare Richtigkeit; (–) unmittelbarer Nachteil (›aus Schaden wird man klug‹))

Tausch/Tausch[25] z. B. verdichteten das Spektrum auf vier Lernzonen, auf die sich der Lehrer einzustellen habe:

a) Lernen durch Beobachten
   (Vorbildverhalten des Lehrers)
b) Lernen durch Verstärkung
c) Verlernen (Extinktion)
d) Gegenkonditionieren
   (Das unerwünschte Verhalten extinguieren, indem man das komplementäre Verhalten verstärkt.)

Ähnlich suchen alle pädagogischen Konzepte des Lernens Angelpunkte in mehreren der vorgestellten psychologischen Lerntheorien. Monokausale Erklärungsversuche sind aussichtslos, weil schulisches Lernen im intellektuellen Bereich zu komplex ist.

4.2.2 *Chronologische Lernphasen*

Im zeitlichen Verlauf des Lernvorgangs werden Phasen unterschieden *(siehe Tafel)*.

Chronologische Lernphasen[26]

Bredenkamp 1974	Montada/Aschersleben 1974	Bergius 1972	Drögemöller 1977
Vorbereitung Aneignung Speicherung Erinnerung	Motivation Lernversuch Übung Endleistung	Informationsaufnahme Aneignung Transformation Speicherung gesteuerter Abruf erneute Umformung Entscheidung über Ingebrauchnahme Ausübung	Anschauung – Aufnehmen Vorbereitung Darbietung/Eingliederung konkretes Üben Interiorisation Assoziation Abstraktion Automatisation Speicherung Anwendung Reproduktion Verifikation

Für den Bereich sprachlichen Lernens (vor allem in den Modellen des Assoziationslernens) wird die Existenz zweier Gedächtnisspeicher angenommen:
Im Kurzzeitgedächtnis wird ein Lerninhalt, auf den sich die Aufmerksamkeit des Lernenden richtet, für eine Zeit von 2 Sekunden bis zu 1 Minute aufgenommen.
Im Langzeitgedächtnis findet der Lerninhalt nur Aufnahme, wenn er memoriert worden ist (Vokabellernen).
Für das Lernen organisierter Inhalte ist das 2-Speicher-Modell nur bedingt tauglich:

Klar strukturierte Lerninhalte werden mit höherer Wahrscheinlichkeit über längere Zeit behalten als ungegliederte[27]. Manche Psychologen stellen sich deshalb zur Verbesserung des Modells eine Art Filter zwischen beiden Speichern vor.

4.2.3 Lerntypen

Die aus den verschiedenen Lerntheorien begründeten Typen des Lernens werden oft in eine Rangordnung gestellt. Ordnungsmerkmale sind z. B. der Funktionsträger (Wahrnehmungslernen, perzeptiv-motorisches Lernen) oder der Lerngegenstand (verbal-sprachliches Lernen, Lernen kognitiver Strukturen, Lernen von Emotionen, Attitüden, Motiven, Rollenverhalten)[28].
Gagné hat eine Hierarchie der Lerntypen nach der Komplexität des Lernvorgangs aufgestellt:[29]
1. Signallernen
2. Reiz-Reaktions-Lernen
3. Kettenbildung
4. Sprachliche Assoziation
5. Multiple Diskrimination
6. Begriffslernen
7. Regellernen
8. Problemlösen

1. *Signallernen* (klassisches Konditionieren)
Kennzeichen: Kontiguität, Wiederholung
Schulische Beispiele: Kaum bedeutungsvoll; eventuell kommt das Lernen von Aufmerksamkeitssignalen oder Belohnungssignalen in Frage (Kontiguität von verbalen Verstärkern mit zunächst neutralen Gesten)
2. *Reiz-Reaktions-Lernen* (instrumentelles Konditionieren, operantes Konditionieren, Trial and Error, Lernen am Erfolg)
Kennzeichen: Kontiguität, Wiederholung, Verstärkung
Schulische Beispiele: Als reines Beispiel wird phonetisches Lernen angegeben. In Mischung mit Beobachtungslernen (geachteter, sympathischer Lehrer) werden Lob, Bestätigung der Richtigkeit, auch Anerkennung durch Mitschüler zu schulischen Verstärkern.
Die folgenden Lerntypen haben unscharfe Grenzen; neben der Komplexität des Lernvorgangs tritt als – ebenfalls unscharfes – Ordnungsmerkmal der Lerngegenstand hinzu.
3. *Kettenbildung*
Typisch beim motorischen Lernen, z. B.: Lernen einer Sequenz erfolgreicher Einzelhandlungen, Automatisierung von Bewegungsabläufen (Maschinenschreiben, Handschrift, Hantieren mit Geodreieck), aber auch lautes Lesen im Übergang zum nächsten Lerntyp.

Im verbalen Bereich gibt es auch Ketten, jedoch werden diese von Gagné in einen besonderen Lerntyp verlegt:

4. *Sprachliche Assoziation*

Lernen von Texten, Gedichten, Lernen des Zählens, Lernen von Vokabeln als Wortverbindungen

Hierbei sind Elemente der kognitiven Lerntheorie unverkennbar, weil bei den genannten Beispielen sprachlicher Assoziationsketten Sinn- und Strukturzusammenhänge wirksam werden. Das Lernen wird durch Hervorhebung der sinnstiftenden und formal strukturierenden Elemente im Gelernten begünstigt – insofern ist die in der Literatur manchmal suggerierte Vorstellung ›reiner‹ Kettenbildung für diesen Lerntyp irreführend.

5. *Multiple Diskrimination*

Dieser Typ bezeichnet das Erlernen wohlunterschiedener Reaktionen auf eine Kollektion von verschiedenen, aber ähnlichen Reizen. Gagné nennt als Beispiel das gezielte Auswählen mehrerer passender Schlüssel aus einem Schlüsselbund.

Dieses Lernen spielt in der Schule bei Unterscheidungsmerkmalen von Pflanzen, Tieren, geometrischen Figuren, ähnlich klingenden oder aussehenden Vokabeln eine Rolle. Die Grenze zum nächsthöheren Lerntyp liegt im Abstraktionsvorgang von Klassifikationen.

6. *Begriffslernen*

Das Begriffslernen vollzieht sich durch Lösung eines gemeinsamen Merkmals aus der Bindung an verschiedene Verkörperungen; d. h. es wird gelernt, auf eine Kollektion verschiedener Reize einheitlich zu reagieren – die Reizkollektion wird als Klasse erkannt, und gewisse neue Reize werden als dieser Klasse zugehörig identifiziert.

Begriffsbildungen aufgrund von direkter Beobachtung (Dreieck, Strecke) unterscheidet Gagné von Relationsbegriffen (Primzahl, Quadratwurzel, Diagonale).

7. *Regellernen*

Unter Regeln versteht Gagné Ketten von Begriffen, die den Charakter von Gesetzen (grammatische Regeln, mathematische Theoreme, logische Regeln) oder von Verfahrensregeln (Rezepte, Handlungsanweisungen, Rechenanleitungen von Adam Riese) haben.

Das psychologisch organisierte Wissen eines Menschen besteht nach Gagné aus einer Hierarchie aufeinander bezogener Regeln.

8. *Problemlösen*

Darunter versteht Gagné die selbständige Kombination bekannter Regeln zu einer neuen Erkenntnis, einer Regel höherer Art. Typische Lernorganisation ist das ›entdeckende‹ Lernen komplexer Regeln, wie heuristischer Regeln oder Strategien.

Beispiel: In einem Schachproblem müssen die bekannten einfachen Regeln für das Ziehen der Figuren zu einer komplexen Regel, der Zugfolge bis zum Matt, kombiniert werden.

Das Begriffslernen und das Problemlösen gelten allgemein als die für den Mathematikunterricht wichtigsten dieser Lerntypen; deshalb werden wir uns ihnen noch genauer widmen.

4.2.3.1 Zum Begriffslernen

»Begriffe sind die Instrumente des Denkens. Ohne Begriffe kann der Mensch nicht erkennen, ohne Begriffe sich nicht mitteilen, ohne Begriffe keine Ordnung in der Welt schaffen.« ... »... wie jeder andere Wissenschaftler auch, so erfaßt der Mathematiker die Welt der Dinge, indem er sie eigenständig durch Begriffe denkt.«[30]
Das Begriffslernen hat damit drei Aspekte: Lernen von Begriffen, Lernen durch Begriffsbildung, Denken durch Begriffe.
Eine Verengung auf den ersten Aspekt, die der pädagogischen Psychologie und manchem Mathematikunterricht angekreidet wurde[31], lag wohl auch dem Gagné'schen Lerntyp 6 zugrunde, würde jedoch der Bedeutung der Begriffsbildung im mathematischen Lernprozeß nicht gerecht. Die Berücksichtigung aller drei Aspekte macht die Grenzen zum Regellernen und Problemlösen in Gagnés Hierarchie durchlässig.
Einen Ablauf, in dem das erreicht werden soll, beschreibt Bussmann in seinem »Funktionsmodell begrifflichen Erkennens«[32]: »Folgende didaktische Phasenbeschreibung zeigt auf, was sich aus der ›Froschperspektive‹ des Schülers ergibt, wenn er nicht mehr in der Lage ist, mit dem Instrumentarium schon erworbener Begriffe – d. h. mit dem Instrumentarium vorhandener Fähigkeiten – ein neues Problem zu lösen.«
Dem ›Behauptung-Voraussetzung-Beweis‹-Schema, bei dem rezeptives Lernen dominiert, stellt Bussmann hier ein aktives Lernkonzept konstruktiver Begriffsgenese entgegen, in dem alle drei Aspekte des Begriffslernens zur Gelten kommen. Eine verkürzte Darstellung zeigt die Tafel S. 50ff.
Es sei nochmals betont, daß in Bussmanns Darstellung das Begriffslernen sehr komplex aufgefaßt wird – Gagnés Regellernen umfassend.
Für das Begriffslernen im engeren Sinne ist es nützlich, sich zu verdeutlichen, daß es verschiedene Arten gibt, Begriffe zu bilden bzw. zu definieren. Durch diese Unterschiede werden auch unterrichtliche Varianten induziert. Besonders Freudenthal hat eindringlich dargelegt, wie töricht es wäre, Begriffe stets induktiv aus zahlreichen einzelnen Beispielen gewinnen zu wollen[33], und hat dem die Bedeutung der Apprehension, der Paradigmen im Erkenntnisprozeß[34] entgegengestellt.
Er unterscheidet Begriffsbildung
durch *Komprehension:*
(lat. comprehendere: zusammenfassen, geistig beherrschen)
Hier wird der Begriff gebildet, indem man durch Zusammenfassen der Wahrnehmungen an mehreren Einzelbeispielen diese durch ein gemeinsames Merkmal verschweißt.
In der Mathematik ist diese Art der Begriffsbildung weniger wichtig als in den

Funktionsmodell begrifflichen Erkennens

Phase	Stichwort	Ziele	Beschreibung	Beispiel: Pythagor. Lehrsatz
1	Sichern der Fähigkeitsbasis	Schulung des Erinnerungsvermögens Bedeutungsverleihung Argumentationskunst Positive Einstellung zum Fähigkeitsziel	Abtesten und Sichern der bereits vorhandenen Fähigkeiten, durch Begriffe erkennen zu können	instrumentelle Verwendung der Grundbegriffe: Folge der Quadratzahlen, ungerade Zahlen; rechter Winkel, Länge, Flächeninhalt und Maßzahlen; Maßzahlvariation 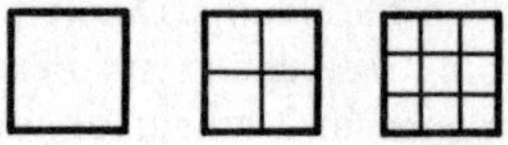
2	kognitive Dissonanz	Problemsensitivität Ungeklärtes erkennen, fragen Beziehungen erkennen fremde Argumente einbeziehen	Problemsituation mit kognitiver Dissonanz zwischen vorhandenen und gewünschten Fähigkeiten; handlungsmäßiges Aufbereiten des Begriffs	Seilspanner; rechtwinklige Umleitung; Gewichtsverteilung an zwei Rollen 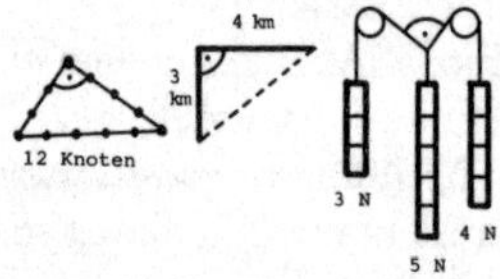 rechter Winkel ↔ Zahlentripel (3, 4, 5)
3	Frage artikulieren	Einfallsreichtum/ Produktivität Variabilität Probedenken	Die Unzulänglichkeit der bekannten Begriffe zur Klärung der neuen Phänomene muß zu einer Frage führen	mögliche Beziehungen zwischen den Zahlen 3, 4, 5 prüfen: $3:4 = 4:5$?; $5-4 = 4-3$ (aber: Winkel bei 3, 2, 1!) ... $3^2+4^2 = 5^2$ rechter Winkel ↔ $3^2 + 4^2 = 5^2$
4	Hypothesen	Analogien finden Analogieschluß vollziehen	Hypothesen aufstellen; Analogien zwischen Hypothesen erkennen; Zusammenfassen	Herstellung des rechten Winkels ↔ Berechung der Abkürzung ↔ Kraft im Kräfteparallelogramm 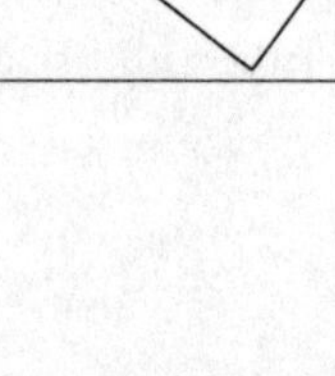

Phase	Stichwort	Ziele	Beschreibung	Beispiel: Pythagor. Lehrsatz
5	Verifizieren	Synthese mehrerer Elemente zu einer Idee logisches Schließen	Hypothesen werden an einzelnen Beispielen verifiziert	Um 16 Quadrate lassen sich 9 Quadrate so gruppieren, daß ein 5×5-Quadrat entsteht: 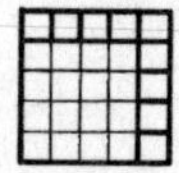 50 Quadrate lassen sich so legen, daß sie ein rechtwinkliges Dreieck einschließen: 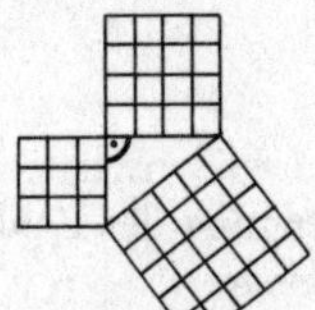
6	Konzept	Synthesen bilden Symbolisieren Beweisbedürfnis	Aus Einzelrealisierungen ein Konzept entwickeln – der Begriff erhält eine klare Form	In der Folge der Quadratzahlen gibt es weitere solche Tripel. Auf den Dreiecksseiten gibt es feinere Einteilungen. Am Thaleskreis findet man zu vorgegebener Hypotenuse verschiedene Katheten: Messung: Messen, Meßgenauigkeit; Bestätigung? Symbolisierung der Strecken mit Variablen: $a^2+b^2=c^2$
7	Schematisierung	Beweisschema aufstellen Beweisen Argumentation absichern Von der Bestätigung durch den Lehrer lösen!	Der Begriff soll allgemein realisiert werden. Speziell: Beweisen der Beweisidee	Bussmann schlägt vor, vom Sonderfall des gleichschenklig-rechtwinkligen Dreiecks ausgehend Beweise zu entwickeln. Bedeutung von Hilfslinien! (Beweise durch Zerlegung, Anlagerung, Verschiebung, …)

Phase	Stichwort	Ziele	Beschreibung	Beispiel: Pythagor. Lehrsatz
8	Reflexion, Transfer	Bewußtmachen der Bedeutung der sieben vorigen Phasen Begrenztheit von Schemata erkennen Bedeutung von Überlegungen auf Metaebene	Rückschau über den Lernweg; Bewußter Vollzug des Schrittes konkret-operational – formal-operational; Grenzen des neuen Begriffsfeldes bewußt machen; Erweiterung des Begriffsurteils auf neue Situationen	Seilspanner, Umleitung, Kräfte an Rollen Anwendung des Ergebnisses Anwendung des Schemas auf Beispiele verschiedener Bereiche: Vektordiagramme, Ähnlichkeitslehre, Funktionsgleichung des Halbkreises Nicht-rechtwinkliges Dreieck, Cosinussatz

Naturwissenschaften, wie schon Fricke (1970, S. 10) am Beispiel der fragwürdigen Einengung des Zahlbegriffs auf den Anzahl-Aspekt begründet.
Beispiele:

1. Eine Kollektion von Linsen kann im Schülerversuch experimentell in die Klassen Sammel- und Zerstreuungslinsen gefasert werden[35].
2. Carl von Linnés botanische Klassifikation ist ein berühmtes Beispiel komprehensiver Begriffsbildungen.

von der durch *Apprehension:*
(lat. apprehendere: anfassen, erfassen)
Mit Freudenthal: Erwerb der Allgemeinheit »vom *An*fassen der zu begreifenden Struktur selber (her), sei es dann an *einem* Beispiele«.
Dies ist die dem sensumotorischen Beiklang des Be-Griffs nähere Form.
Beispiele:

1. An *einem* Muster – etwa der durch f(x)=[cos x] gegebenen Funktion – kann der Schüler die Basisbegriffe des Phänomens Unstetigkeit erwerben: linksseitiger Limes, rechtsseitiger Limes, behebbare Sprungstelle, und eine Definition der Stetigkeit an der Stelle x_0:
$$\lim_{\substack{x\to x_0\\ x<x_0}} f(x) = f(x_0) = \lim_{\substack{x\to x_0\\ x>x_0}} f(x)$$
2. An *einer* Folge – der vermeintlichen Primzahlfolge mit der Funktionsgleichung $f(n) = n^2+n+41$ – kann der Schüler das Begriffsurteil ›induktives Schließen ist unzuverlässig‹ erwerben und den Anlaß zur Begriffserweiterung ›Vollständige Induktion‹ begreifen.

Häufig in Begriffshierarchien benutzt wird in der Mathematik die *Realdefinition* von Begriffen:

Sie nennt Oberbegriff (Gattungsbegriff, Oberklasse, genus proximum) und artbildenden Unterschied (Spezifikation, differentia specifica) des Begriffs.
Beispiel:
Im ›Haus der Vierecke‹ – hier nach Symmetrien geordnet – kann man das Parallelogramm als Viereck (genus proximum) mit Punktsymmetrie (differentia specifica) definieren;
die Raute als Parallelogramm (genus proximum) mit Diagnonalensymmetrie (differentia specifica). (s. Tafel)
Schließlich charakterisiert die
genetische Definition einen Begriff durch seine Entstehung oder Konstruktion.
Beispiele:
1. »Ein Kreis entsteht, wenn man einen Punkt in einer Ebene in gleichbleibendem Abstand um einen festen Punkt bewegt«.[36]
2. Kochsalz entsteht durch Verbindung von Natrium mit Chlor.
3. Die Figuren im Schachspiel sind durch die Regeln definiert, nach denen sie ziehen.[37]

Lexika benutzen meist mehrere Formen zugleich, häufig Realdefinition und Musterbeispiel:
Quadratzahl, die zweite Potenz einer natürlichen Zahl, z. B. $1(=1^2)$, $4(=2^2)$, $9(=3^2)$, $16(=4^2)$ (Meyer-Lexikon).

Besonderes Gewicht wird in der Literatur zum Begriffslernen auf den Vorgang des Verankerns neu erworbener Begriffe gelegt.
Ausubel[38] begründet diese Notwendigkeit mit der Hypothese, »daß die kognitive Struktur nach sehr umfassenden Begriffen hierarchisch geordnet ist, unter die wiederum weniger umfassende Unterbegriffe und Informationsdaten zusammengefaßt sind ... Wenn dieses organisatorische Prinzip einer zunehmenden Differenzierung des internalen Wissens tatsächlich vorherrscht, kann man mit gutem Grund annehmen, daß neues, bedeutungsvolles Material in kognitive Strukturen so weit eingegliedert wird, wie es unter relevante bestehende Begriffe zusammenfaßbar ist.«

Zur Verankerung neuer Begriffe sind folgende Maßnahmen wichtig:
1. *Konstituierende* Maßnahmen richten sich auf
– vorauszusetzende relevante Begriffe
– relevante und irrelevante Begriffsmerkmale (Spezifika)
– Konstruktionsübung bei genetisch-operativer Definition
– positive Beispiele in verschiedenen Darstellungsformen (Variationsprinzip)
– Angabe von Oberbegriffen und Unterbegriffen
2. *Kontrastierende* Maßnahmen behandeln
– negative Beispiele mit deren Begriffsmerkmalen
– verwandte Begriffe mit Betonung der Abgrenzungen
– Grenzen des Begriffsumfangs, des Anwendungs- oder Geltungsbereichs

3. *Stabilisierende* Maßnahmen umfassen
- andere Definitionsmöglichkeiten (Realdefinition für einen operativ gebildeten Begriff etc.)
- Darstellung einer Begriffshierarchie
- Verbalisierung in verschiedenen Sprachebenen: Umgangssprache/Fachsprache
- Übertragung in andere Darstellungsformen: Enaktivieren, Ikonisieren, Symbolisieren
- Verwendung des neuen Begriffs: Aufnahme in den aktiven Wortschatz
  Die Fähigkeit, mit wissenschaftlichen Begriffen zu operieren, ist nach Davidov Kennzeichen des theoretischen Denkens!

4. *Transferierende* Maßnahmen sind gegebenenfalls
- Klassifikationen und Verwendung des Begriffs in anderen Objektbereichen (Parallelverschiebung von Pfeilen; in jedem Viereck bilden die Seitenmittelpunkte ein Parallelogramm; Kräfteparallelogramm; Parallelprojektion; Papierhalter der Schreibmaschine; Parallelschwung beim Skilauf etc.)
- Begriffserweiterung durch Wegfall eines Merkmals
- Begriffsverengung (Verschärfung) durch Hinzunahme eines Merkmals
- Position des Begriffs in anderen Begriffshierarchien
- selbständige Konstruktion einer Begriffshierarchie nach vorgegebenem Merkmal (s. Tafel!)

Auf einen hierdurch noch nicht erfaßten, im Begriffslernen wie im Lernen überhaupt entscheidenden Faktor weist Bruner hin:
»Ich möchte behaupten, daß wirklich erkenntnisförderndes Lernen in der Schule von einem ›Denaturierungsprozeß‹ abhängig ist« ... »Er beinhaltet zumindest dreierlei: Es muß sich erstens eine systematische Organisation des Erkenntnisvorgangs entwikkeln, durch die Begriffe von den durch sie induzierten Handlungen abgehoben werden. Ein Loch ist etwas, was man gräbt, aber es ist auch ein Ding. Zweitens muß die Fähigkeit entwickelt werden, Begriffe aus ihrem emotionalen Zusammenhang zu lösen. Ein Loch ist nicht unbedingt immer ein Hinweis auf eine verborgene Öffnung. Drittens und letztens erfordert dieser Prozeß die Fähigkeit, unmittelbare Befriedigung hinauszuschieben, so daß die Ergebnisse von Handlungen als Information gewertet werden können, und nicht lediglich als vorteilhaft oder schädlich.«[39]
Es kommt nicht nur auf das Strukturieren des Lernvorgangs selbst an, sondern auch auf Erfahrungen und Einstellungen, die die Schüler in der Kindheit und im bisherigen Unterricht erworben haben. Man sollte dies nicht auf den Aspekt Motivation verengen; es ist eher dem großen Komplex des sozialen Lernens zuzuordnen – wohl eins der größten noch recht leeren Felder der Didaktik.[40]

4.2.3.2 Zum Problemlösen

»Problemlösen-Lernen heißt intelligenter werden, wenn das Lösen eines Problems dazu hilft, andere, ähnliche Probleme in Zukunft leichter zu lösen.«[41]

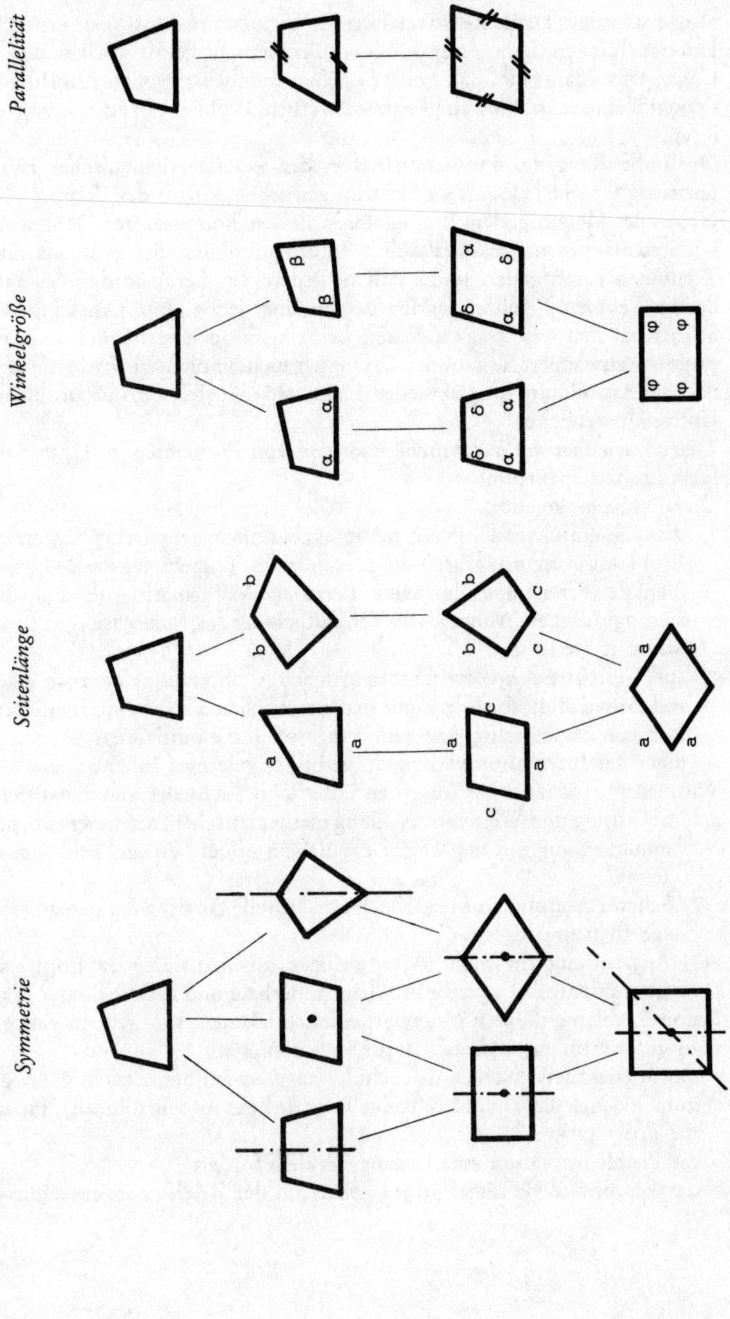

Begriffshierarchien nach vorgegebenen Merkmalen
Beispiel: »Haus der Vierecke«

»Eigenständiges Denken«, so referiert M. Wittoch Ergebnisse gestaltpsychologischer Untersuchungen, kann »nur durch ein Problem ausgelöst werden.«[42]
Gagné tritt »dafür ein, daß Lehrer es einer möglichst großen Anzahl von Schülern ermöglichen sollen, die Fähigkeit zu erwerben, Probleme in einer kreativen Weise zu lösen.«[43]
Der hohe Rang des Problemlösens in der Skala mathematischer Fähigkeiten ist unstrittig[44], nicht jedoch sein Platz im zeitlichen Ablauf des Lernprozesses.
Neben der Meinung, dem Problemlösen als dem komplexesten Denkprozeß müßten Unterrichtsphasen der inhaltlichen Information und des Aufbaus intellektueller Techniken vorausgehen, findet sich die andere, ein ›herausforderndes und aufschließendes Problem‹[45] gehöre an den Beginn einer jeden Unterrichtseinheit.
Seither hat sich vielfach gezeigt, daß beide Positionen verträglich sind: Provokante, problemschwangere Situationen lassen sich auch für niedrige Vorkenntnisse angeben, und die Ausbildung intellektueller Techniken läßt sich auch im problemzentrierten Unterricht erreichen[46].
Tietze[47] zeichnet die *didaktische Funktion* von Problemen im Unterricht in einem recht breiten Spektrum:
Die »Problemaufgabe«
»– dient als einführender Problemkontext bei einem genetischen Unterricht. Aus der Problemlösung erwachsen die Inhalte eines Teilgebietes der Mathematik
– dient der Erreichung allgemeiner Lernziele (Mathematisierungsaufgabe, Formalisierungsaufgabe, Aufgabe zur Verdeutlichung des Analogisierens als heuristische Strategie etc.)
– soll Gesichtspunkte der mathematischen Methodologie deutlich machen
– soll Anwendungsbezüge einer mathematischen Theorie verdeutlichen
– soll eine ursprünglich gegebene Fragestellung modifizieren
– dient der Integration verschiedener bisher gelernter Inhalte u. a.«
Wittmann[48] ergänzt diese Aufgaben unter dem Stichwort Mathematisierung:
»(1) Schaffung und Weiterentwicklung mathematischer Instrumente bei der Auseinandersetzung mit neuartigen Problemen in der Wirklichkeit oder der Mathematik
(2) Schematisierung und begrifflich-strukturelle Analyse der gemäß (1) entwickelten Instrumente
(3) Anwendung (in mehr oder weniger schematisierender Form) verfügbarer Instrumente auf weitere Probleme innerhalb und außerhalb der Mathematik.«
Damit Probleme diese Wirkungen entfalten können, sind jedoch einige *Vorbedingungen* zu erfüllen; man hat darauf zu achten, daß
– das intellektuelle Niveau der Schüler angemessen berücksichtigt wird (das heißt zum Beispiel, daß alle auftretenden Begriffe bekannt sein müssen); andernfalls fehlt die Provokation
– die Problemsituation eine Lösung wirklich fordert
– das Problem Ziele setzt, »wohl außerhalb der Reichweite, aber durch ein Sich-

Recken des Geistes erreichbar«[49]. Der Schüler sollte nicht auf Anhieb eine Lösung sehen können, wohl aber angeregt werden, nach Lösungsstrategien zu suchen, Vermutungen zu äußern, Hypothesen zu prüfen.
- das Problem »offen« gestellt ist; d. h. daß die Problemformulierung nicht schon explizit vorgegeben, sondern vom Schüler erst aus der Problemsituation herausgefiltert werden soll
- der Problemkontext so weit ist, daß möglichst mehrere Interpretationen zu diskutieren sind.

Die *Herkunft der Probleme* ist ein weiterer Streitpunkt: Wagenschein z. B. wünscht sich Probleme aus der »unpräparierten Wirklichkeit«; Dienes bevorzugt es, für Lernprozesse eine »künstliche Umgebung« zu schaffen.
Der unterrichtende Lehrer wird wechselnde Standpunkte zwischen diesen Polen einnehmen müssen.
Wagenscheins Formulierung ist unhaltbar: »Unpräparierte Wirklichkeit« gibt es nicht, jede Situationsbeschreibung ist bereits Interpretation – dies dem Schüler verschleiern zu wollen, wäre unredlich. Natürlich weiß das auch Wagenschein. Wollte man seine Vorschläge für exemplarisch-genetische Unterrichtseinheiten charakterisieren, so wäre »wohlpräparierte Wirklichkeit« treffender. Gerade darin liegt ja der Vorzug: daß seine Problemsicht pädagogische und naturwissenschaftliche Zielsetzungen so harmonisch vereint. Diese Sicht aber »präpariert« unleugbar.
Becker meint, daß es »für einen problemorientierten Mathematikunterricht weniger darauf ankommt, daß eine außermathematische Situation vorliegt, sondern eher eine in einem weiteren Sinn offene Situation« und »Es gibt nur wenige mathematisch hinreichend reichhaltige Sachzusammenhänge, die den Schüler unmittelbar in seiner aktuellen Situation betreffen.«[50]
Glatfeld »gewinnt allerdings den Eindruck, als seien einige Autoren ständig auf der Suche nach ›geeigneten‹ Aufgaben, womit sie auch das Motivationsproblem zu lösen glauben«, tatsächlich jedoch könne »mangels Masse ... kein Mathematikunterricht aus (sich im Leben der Schüler stellenden) ›brennenden‹ Problemen aufgebaut werden«.[51]
Die Entnahme aus der ›Realität‹ allein garantiert noch nicht, daß ein Problem für die Schüler provokant, beziehungsreich, mathematisch gehaltvoll und heuristisch stimulierend ist. Wichtiger als die Herkunft ist die Struktur des Problems: »Richtung und Art des Lösungsverlaufs werden durch die Struktur des Problems gesteuert, werden also durch die Sache selbst verursacht und bedürfen keiner zusätzlichen Motivation.«[52]
Der *Vorgang des Problemlösens* wird von verschiedenen Autoren recht unterschiedlich beschrieben. Der wesentlichste Unterschied besteht darin, ob der Prozeß bei der problemhaltigen Situation beginnt – dann ist das Erkennen und Formulieren des Problems oft schwieriger als die nachfolgende mathematische Lösung – oder erst bei der expliziten Formulierung eines Problems (Problemlösen im engeren Sinne) oder

gar erst mit der mathematisch expliziten Aufgabenstellung (innermathematisches Problemlösen).

Aber, so Bruner[53], »alle Beschreibungen stimmen in einem wesentlichen Punkt überein: es gibt einen Zyklus, der mit der Formulierung eines Untersuchungsverfahrens oder eines Versuchs beginnt, es folgt die Ausführung des Prüfverfahrens und am Ende steht der Vergleich der ermittelten Ergebnisse mit einem vorhandenen Kriterium.«

Eine Übersicht über den Problemlösezyklus zeigt die Tafel S. 60.

Bemerkungen zum Problemlösezyklus:

Situation: Manche Darstellungen nennen als Ausgangsfeld die »Realität« – so sagt etwa J. Neander (in: Rolff, 1974, S. 179) »Ebene der gesellschaftlichen Realität (›Originalbereich‹)«.

Selbst wenn man von dem offenen erkenntnistheoretischen Problem, ob die ›reale‹ Umwelt nur in der Gestalt subjektiver Interpretation existiert, absehen und von der Fiktion einer für alle Betrachter identischen Realität ausgehen wollte, könnte man keineswegs annehmen, daß eine für den Unterricht gewählte Beschreibung dieser Realität personen-, kontext- und zielneutral ist. Deshalb wurde hier der Ausgangsbereich bescheidener »Situation« genannt.

Die dem Schüler ohnehin nicht zu ersparende Erfahrung, daß Situationsbeschreibungen aus verschiedenen Mündern (in verschiedenen Fächern) verschieden klingen, scheint mir durchaus wünschenswert: Sie macht ihn hoffentlich sensibel gegen Dogmatismus.

Erkennen / Formulieren des Problems: Probleme sollten möglichst erst in der Unterrichtsarbeit aus der Situationsbeschreibung gewonnen werden. (Schon Toeplitz sah die größte Schwierigkeit beim Problemlösen im Übergang vom physikalischen Problem zur mathematischen Aufgabe. Oehl forderte, mathematische Begriffe sach- und situationsgebunden zu entwickeln; er erklärte ein Versagen der Schüler im Sachrechnen aus dem Verstoß gegen diese Forderung, d. h. aus der Beschränkung auf nur innermathematische Modellbildung.)

Das Erkennen von Wesentlichem, von Variablen, Parametern und Voraussetzungen im Sachzusammenhang sollte vom Schüler geleistet, nicht vorgegeben werden. Schon in dieser Phase sollten mathematische Denkweisen eingebracht werden – Ordnen, Klassifizieren von Material etc. –, die Mathematik beginnt nicht erst beim Lösen von Gleichungen.

Die *Zielvorstellung* – Lösungsansprüche und Hypothesen – soll den ganzen Prozeß begleiten. Eine Rückschau auf die bisherigen Schritte, ein Verwerfen von Hypothesen und von Lösungen können zum mehrfachen Durchlaufen von Schleifen führen.

Die *Teilschleife* ›Formulierung eines Problems – *Übersetzen* – Formulierung in Fachsprache – … – mathematisches Ergebnis – *Übersetzen* – Formulierung des Ergebnisses‹ entspricht dem schon von Descartes angegebenen Problemlösungsschema. Bei ihm hießen die Punkte: Gleichungssystem aufstellen, auf eine Gleichung reduzieren, Gleichung lösen.

Stufen des Problemlösens

Dewey 1910	Poincaré 1913	Polya 1949	Duncker/Wertheimer 1935	Gagné 1973	Bergius 1972	Bruner 1974
Begegnung mit Schwierigkeit	Vorbereitung	Verstehen des Problems	Situationsanalyse	Präsentation	Motivation	Gemeinsamkeiten: Es gibt einen *Zyklus:*
Lokalisation, Präzisierung, Definition des Problems	Inkubation	Bekannt/ Unbekannt	Problemanalyse	Definition	Erkennen von Unstimmigkeiten	Formulierung eines Untersuchungsverfahrens
	Illumination	Lösungsplan entwerfen	Materialanalyse	Hypothesen	Situationsanalyse	
Entwicklung möglicher Lösungen	Verifizierung	Lösungsplan ausführen	Konfliktanalyse	Verifikation	(Ziel-, Material-, Konfliktanalyse)	Ausführung des Verfahrens
Logische Ausarbeitung des Ansatzes		Lösungen überprüfen	Zielanalyse			Vergleich der Ergebnisse mit einem Kriterium
Annahme/Ablehnung der Idee			Variation der Situationsmomente			
			Umstrukturierung			

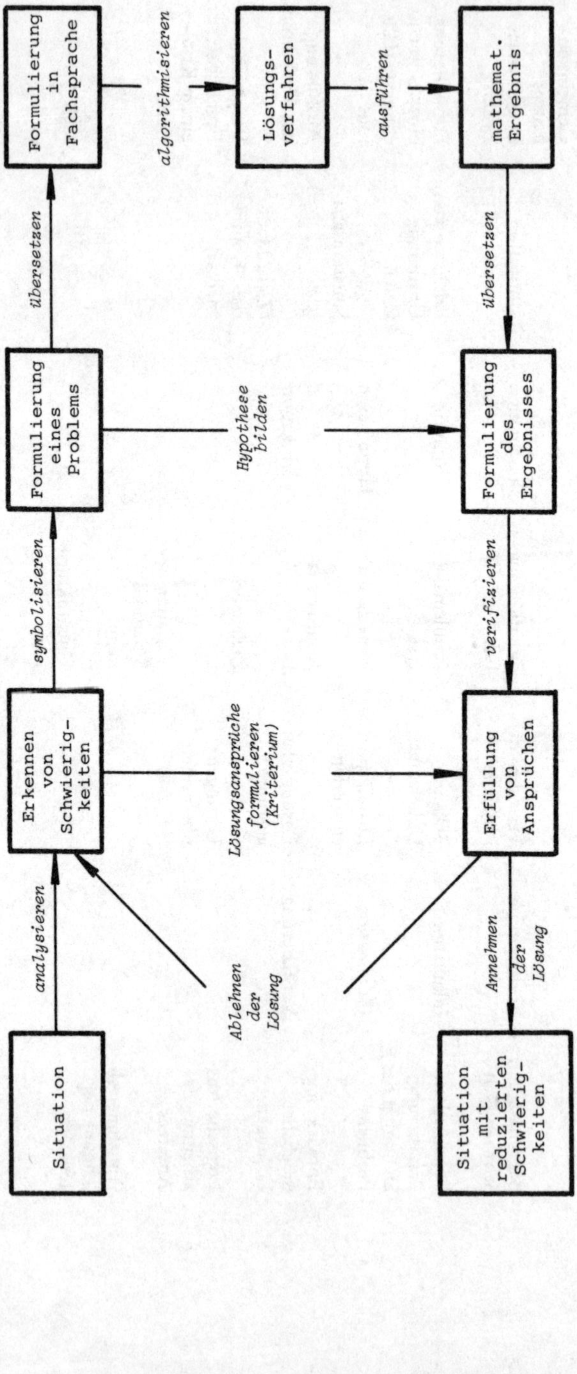

Problemlösezyklus

Ein wichtiges Lernziel beim Problemlösen im Mathematikunterricht ist der Erwerb heuristischer Strategien – also Regeln zur Steuerung intuitiven, divergenten Denkens.

Heuristische Strategien sind zum Beispiel die

- Aufgabenanalyse
  Was ist bekannt, gegeben? (Materialanalyse)
  Was ist gesucht, unbekannt, zu beweisen? (Zielanalyse)
  Was fehlt für eine direkte Lösung? (Konfliktanalyse)
- Variation der Arbeitsrichtung
  Vorwärtsarbeiten: Aus den gegebenen Informationen und Voraussetzungen Schlüsse ziehen (falls nicht sofort zielgerichtete Umformungen erkennbar sind, probeweise mögliche/zulässige Umformungen verfolgen)
  Rückwärtsarbeiten: Von der Behauptung her reversible Umformungen durchführen, bis ein Zusammenhang mit dem Gegebenen oder schon Bewiesenen erkennbar wird
  Noch effektiver kann eine Kombination beider Arbeitsrichtungen sein.
- Symbolisieren der Problemstellung
  Einführung von Variablen, Aufstellen eines Gleichungssystems
- Induktives Vorgehen
  Untersuchung von Spezialfällen, verwandten Aufgaben, Einbettung in eine allgemeinere Fragestellung, Skizzieren des Problems oder eines Spezialfalles, sukzessive Approximation der Lösung durch eine Folge von Spezialfällen
- Variation der Voraussetzungen
  Variation der Fragestellung
- Unterteilung in mehrere Schritte
  Besteht die Aufgabe aus mehreren Teilen?
  Braucht man Hilfssätze, Hilfslinien, Hilfskonstruktionen?
  Kann man verschiedene Daten oder Bedingungen nacheinander berücksichtigen?
- Rückschau
  Läßt sich das Ergebnis auf anderen Wegen begründen oder kontrollieren?
  Läßt sich das Lösungsverfahren bei anderen Aufgaben anwenden?
  Entspricht das Ergebnis den Vermutungen? Wie erklären sich Widersprüche?[54]

In ausdrücklicher Analogie zu Bourbakis Mutterstrukturen benutzt Wittmann[55] für ›die wichtigsten und allgemeinsten heuristischen Strategien‹ den Begriff »Mutterstrategien«:

a) Zerlegung eines Problems
   (Unterprobleme, Zusammensetzungen)
b) Übergang zu neuen Problemen bezüglich Ordnungsrelationen wie »... spezieller als ...«, »... allgemeiner als ...«, »... einfacher als ...«, »... komplexer als ...«
c) Übergang zu benachbarten und analogen Problemen, Stetigkeitsbetrachtungen.

Die meisten heuristischen Strategien – wenn auch nicht alle – lassen sich nach Wittmann als Überlagerung dieser Mutterstrategien deuten.
Beispiel: Die vollständige Induktion besteht aus
(i) der Untersuchung des einfachsten Spezialfalls
(ii) dem systematischen Übergang zum jeweils benachbarten Spezialfall.
Die *Wirksamkeit heuristischer Regeln* ist von Webb[56] faktorenanalytisch untersucht worden, der eine Rangfolge angibt:
Faktor 1: Benutzung bildhafter Darstellungen von Problemen: Graphen, Skizzen, Einzeichen von Hilfslinien und Hilfsfigurationen
30% der Leistungsunterschiede beim Problemlösen führt Webb auf diesen Faktor zurück.
Faktor 2: kreative Kontrolle: Methoden beim Überprüfen der Ergebnisse; Nachprüfen anhand von Spezialfällen oder mit Hilfe *anderer* Methoden als den zur Lösung benutzten
Mit diesem Faktor erklärt Webb 11% der Leistungsunterschiede.
Faktor 3: konkretes Vorgehen: Systematisches Einsetzen von Zahlen, Untersuchung von Spezialfällen, physikalische Interpretation der Aufgabe
Dieser Faktor ist nach Webb für 4% der Leistungsunterschiede maßgebend.
Diese Rangfolge legt Vermutungen über die Wirksamkeit entsprechender Trainingsmaßnahmen nahe, die auch empirisch bestätigt werden konnten. Der Erfolg der Schüler beim Problemlösen hängt von der Schulung ab, ferner aber auch von der heuristischen Qualifikation des Lehrers und von Persönlichkeitsvariablen (Intelligenz und Verhaltenstypus)[57].
Bruner[58] weist darauf hin, daß die Problemlösefähigkeit stark vom emotionalen Zustand abhängt: Erregung und Angst hemmen eine funktionale Verwendung von Informationen und fixieren den Probanden auf eine einmal aufgestellte (falsche) Hypothese. Folgerichtig empfiehlt Wittmann[59], eine entspannte Atmosphäre zu schaffen, Ängstlichkeit abzubauen, Selbstvertrauen und Mut zum Risiko aufzubauen, Kritik in frustrierender Form zu vermeiden.
Riedel untersuchte die Wirksamkeit zweier Arten von *Lehrhilfen:*
Ergebnisorientierte Lehrhilfen: »Hilfen in der Form von Aufgabenstellungen und Handlungsanweisungen ohne Bezug auf die Problemstellung; Hilfen zum Identifizieren bedeutsamer Komponenten; Hilfen zum Generalisieren des relevanten Beziehungszusammenhangs; Hilfen zum Festigen des Gelernten«
Problemorientierte Hilfen, die sich auf den Lernprozeß, seine Organisierung und Strukturierung beziehen: »Hilfen zur Präzisierung des Problems; Hilfen zum Analysieren des Problems; Hilfen zur Hypothesenbildung; Hilfen zur Überprüfung der Hypothese; Hilfen zum Zusammenfassen der Erkenntnis«[60]
Es zeigte sich eine Überlegenheit der problemorientierten Hilfen; sie befähigen den Lernenden zunehmend zu einer selbständigen Auseinandersetzung mit Problemen; d. h. sie fördern die Transferleistung.

4.2.4 Zur Sequenzbildung im mathematischen Lernprozeß

»Unterricht besteht«, nach Bruner[61], »darin, den (sic!) Schüler Schritt für Schritt durch Formulierung und Neuformulierungen eines Problems oder Wissensbereichs einen Weg zu weisen, ...« »... kurz gesagt, die Sequenz, in der einem Schüler Stoff aus einem Wissensgebiet nahegebracht wird, hat Einfluß darauf, wie schwer oder leicht es ihm fällt, eine gewisse Beherrschung dieses Gebiets zu erreichen.«

»Unabhängig von der Wahl einer bestimmten Lehrmethode muß in jedem Falle vorher eine Entscheidung getroffen werden über die Anordnung der Teile des jeweiligen Lehrstoffes und die Reihenfolge, in der sie vom Schüler aufgenommen werden sollen.«[62]

Für die Lerntypen Begriffslernen und Problemlösen wurden bereits Sequenzen angegeben; für andere Lehrformen gibt es ebenfalls Vorschläge zur Sequenzbildung.

4.2.4.1 Jerome S. Bruner

»Wenn es richtig ist, daß normalerweise die geistige Entwicklung von der enaktiven zur ikonischen und weiter zur symbolischen Darstellung der Welt verläuft, dann ist es wahrscheinlich, daß eine optimale Reihenfolge sich an diese psychologische Abfolge anschließt.«

Nach Bruner kann man jeden Wissensbereich, jede Problemstellung in drei Arten[63] darstellen:

- »durch eine Zahl von Handlungen, die geeignet sind, ein bestimmtes Ziel zu erreichen
  (enaktive Repräsentation)«
- »durch eine Reihe zusammenfassender Bilder oder Graphiken, die eine bestimmte Konzeption versinnbildlichen, ohne sie ganz zu definieren
  (ikonische Repräsentation)«
- »und durch eine Folge symbolischer oder logischer Lehrsätze, die einem symbolischen System entstammen, in dem nach Regeln oder Gesetzen Sätze formuliert und transformiert werden
  (symbolische Repräsentation)«

Die didaktische Funktion der drei Repräsentationsebenen ist eine doppelte:

1. Das Fundieren in einer tieferen Kognitionsebene beim Lernen eines neuen Wissensgebietes. Dieser Aspekt wurde schon im Abschnitt über Piaget ausführlich erörtert.
2. Der bewußte, sprachlich begleitete Übergang von der niederen Stufe auf die höhere, der – in Piagets Phasenmodell – die kognitive Entwicklung gegenstandsbezogen nachvollzieht.

Bruner erweitert den zweiten Punkt noch durch den bewußten Transfer zwischen

den Ebenen in *allen* Richtungen. Dieses Modell kann man ikonisieren – was wäre angemessener, als zum Zwecke der Erläuterung seines Konzepts ihm auch methodisch zu folgen? (siehe Tafel)
Die *Sprache* ist zunächst eine Komponente der symbolischen Repräsentationsebene. Darüberhinaus hat sie jedoch bezüglich aller drei Ebenen und der Übergänge zwischen ihnen eine *kommentierende* Funktion (Instruktion, Kommentar, Resümee): Erklärungen zu einer graphischen Darstellung z. B., Angaben in Skizzen, Handlungsanweisungen, Enaktivierungsaufträge (Drehe den Stuhl um 180 Grad!). Impulse haben meist auch dann verbale Form, wenn der Lerninhalt gerade enaktiv oder ikonisch dargestellt wird. Diese kommentierende Rolle der Sprache soll in der Skizze durch die zentral-vermittelnde Position angedeutet werden.
Auch bei den meisten Schüleraktivitäten spielen die Ebenen ineinander: Zur Handlung schon des Grundschülers gehört meist ihre verbale Beschreibung, die Formulierung von Spielregeln etc. Schließlich ist das Sprechen selbst als Sprechhandlung in enaktiver und symbolischer Ebene angesiedelt, und für dritte, beobachtende Schüler kann sie zugleich Komponente der bildhaften Darstellung sein (Rollenspiel).

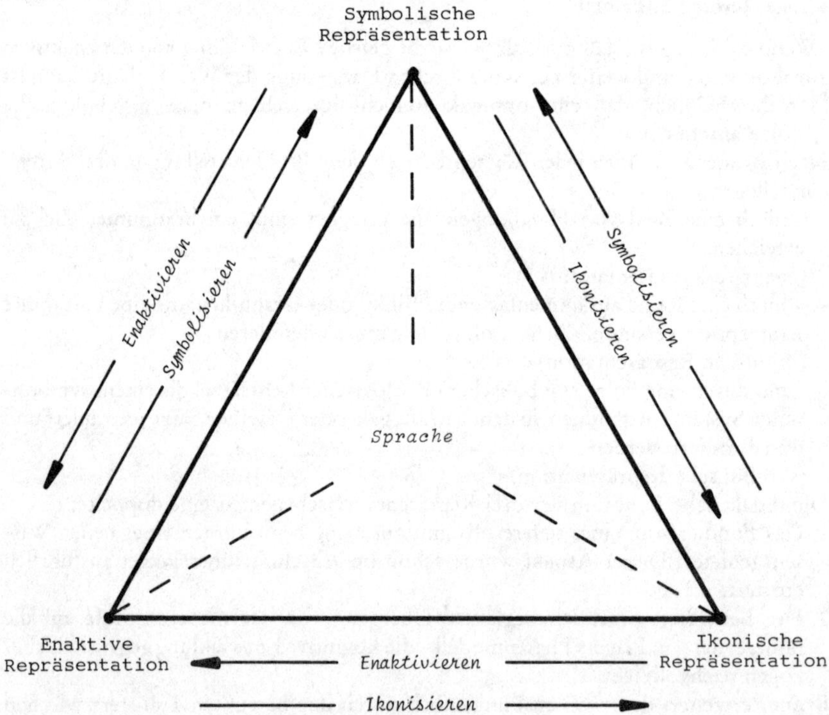

Obwohl die Repräsentationsebenen im schulischen Bereich fast stets in Überlappungen wirksam werden, kann Bruners Modell dem Lehrer sowohl bei der Erklärung von Lernvorgängen als auch bei ihrer Planung sehr hilfreich sein. Besonders bei älteren Schülern läßt sich der Lernprozeß wesentlich verbessern, wenn der Wechsel der Ebenen auch von ihnen *bewußt* vollzogen wird (also nicht nur in die Planung des Lehrers unmerklich eingebaut ist) und die Isomorphie der Darstellungen selbst zum Thema wird. Auch die Umgangssprache kennt den Wechsel der Ebenen: So wird eine verbale Beschreibung des Begriffs Schraubenlinie oder Wendeltreppe wohl stets durch eine charakteristische Handbewegung begleitet; veranschaulicht man den Begriff ›konzentrische Kreise‹ durch Erwähnung eines ins Wasser fallenden Steines, so werden zugleich Handlung und Bild assoziiert.

4.2.4.2 Zoltan P. Diénès

Zoltan P. Diénès beschreibt den mathematischen Lernprozeß als Abstraktionsprozeß, der in sechs Stufen vom Konkreten zur Endstufe der Handhabung eines formalen Systems führt.[64]

1. Stufe: Wechselbeziehung
   Das Kind gewinnt Erfahrungen aus der Wechselbeziehung zur Umwelt.
2. Stufe: Aufstellen und Anwenden von Regeln
   Die Entdeckung von Gesetzmäßigkeiten in Situationen und der daraus folgende Umgang mit Mengen von Regeln oder Vorschriften.
3. Stufe: Isomorphismen
   Der Vergleich von verschiedenen Spielen, die dieselbe Struktur, d. h. dieselbe Regelmenge haben.
4. Stufe: Darstellung
   Die Darstellung isomorpher Situationen durch eine einzige, alle einschließende, im allgemeinen graphische Form.
5. Stufe: Einführung von Symbolen
   Die Analyse dieser Darstellung mit Hilfe von Aussagen über ihre Eigenschaften; diese Stufe könnte man als Stufe des Symbolisierens bezeichnen, denn um etwas zu beschreiben, braucht man Symbole.
6. Stufe: Formalisierung
   Aus der Menge aller dieser Aussagen werden bestimmte als primäre Aussagen herausgenommen, und es werden Regeln gewonnen, mit deren Hilfe die anderen Aussagen aus den primären abgeleitet werden können. Die Regeln müssen so abgefaßt sein, daß jede abgeleitete Aussage tatsächlich Eigenschaften der Darstellung (oder Realisierung) unserer Struktur beschreibt. Die primären Aussagen heißen Axiome, die Spielregeln nennen wir gewöhnlich Ableitungsregeln, und die aus den Axiomen ableitbaren Aussagen kennen wir als Sätze. Das Verfahren, das man, unter Beachtung der Ableitungsregeln, benutzt, um von einem Axiom zu

einem Satz zu kommen, nennt man Beweis. Diese Endstufe könnte man als Formalisierung bezeichnen.

4.2.4.3 Arnold Fricke

Fricke leitet seine Vorstellungen vom Lernprozeß aus den Arbeiten von Piaget und Aebli ab[65] und beruft sich auf eine Übereinstimmung mit den Untersuchungen von Diénès. Er lehnt die »Vorstellung vom linearen und sukzessiven Ablauf eines Lernprozesses« ab. Insoweit er mit seinen ›operativen Lernprinzipien‹ auch Lernphasen angibt, sieht er sie im »operationalen Zusammenhang« der mathematischen Einheit verklammert:

»Der Grundsatz einer aufbauenden Schwierigkeitssteigerung bleibt dabei insofern trotzdem gewahrt, als der Zusammenhang der Operationen zunächst im Wege eines erforschenden Umgangs und auf einer je nach der Altersstufe mehr oder weniger konkret-anschaulichen Ebene erkannt, dann über Vorformen der zu klärenden Begriffe schließlich zur Ordnung und zur Abstraktion geführt wird.«

Frickes *6 operative Prinzipien* sind:

a) Gesamtbehandlung

»An die Stelle der Zerlegung einer Lehreinheit in Lehratome und deren schrittweiser Erledigung hat eine operative Gesamtbehandlung einer zusammengehörigen mathematischen Einheit zu treten. Nach diesem Grundsatz muß eine von Fall zu Fall abzugrenzende Unterrichtseinheit als Ganzes in Angriff genommen werden.«

Stichworte: Simultanbchandlung von Malnehmen und Aufteilen, Halbieren und Verdoppeln, Invarianzeigenschaften einer Summe und einer Differenz, eines Produktes und eines Quotienten

b) Operative Durcharbeitung

Eine didaktische effektive Einsicht ist nur durch aktives Operieren mit den am Musterbeispiel eingeführten Begriffen möglich.

Beispiel Bruchbegriff: Funktionale Abhängigkeit von Zähler und Nenner, Bezug zum Ganzen ($\frac{3}{5}+\frac{2}{5}=1$ und $1-\frac{2}{5}=\frac{3}{5}$), Bruchvergleiche (zunächst nicht über Hauptnennerbildung, sondern von Fall zu Fall neu überlegend)

c) Heuristisch-forschende Erarbeitung

Nach Konfrontation mit einem echten Problem soll stets eine Phase des spielerischen Umgangs stehen, des experimentierenden Erprobens und Erforschens, auch mit bewußt unzureichenden Mitteln, mit dem Ziel, Erfahrungen zu sammeln, Schwierigkeiten zu erkennen und das mathematische Denken zu aktivieren.

Beispiel: Für die Suche nach dem arithmetischen Mittel gibt Fricke empirisch-probierende Wege an (Fricke, S. 98 ff.)

d) Verhältnis vom Allgemeinen zum Speziellen

Oft ist es didaktisch wirksamer, die allgemeine Struktur an den Anfang zu setzen und von ihr aus zu den Sonderfällen oder speziellen Ausprägungen überzugehen statt sie durch schrittweise Verallgemeinerung vom Sonderfall aus zu erreichen.

Stichworte: Beliebige Stellenwertsysteme vor dem Dezimalsystem, algebraische Zusammenhänge vor dem Zahlenrechnen (vergl.: Davidov, in diesem Abschnitt, und das »deep-end«-Prinzip von Diénès)

e) Abstraktion und Begriffsbildung

Nach Fricke sind die in der Grundschule zu bildenden mathematischen Begriffe »weder als Residuen sinnlicher Wahrnehmung aufzufassen, noch ist das Ablösen von konkreten Bezügen und damit die wie auch immer geartete Abstraktion für ihre Bildung wesentlich. Entscheidend sind in jedem Falle operative Aktivitäten, die die Eigenschaften eines Begriffs hervortreten lassen und ihn einsatz- und funktionsbereit machen.«

(s. auch komprehensive versus apprehensive Begriffsbildung im Abschnitt 4.2.3.1)

f) Operative Übungen

Fricke will operative Methoden keineswegs auf die Förderung des Verständnisses beschränken, sondern auch beim Erwerb rechentechnischer Fertigkeiten, bei Textaufgaben und beim Problemlösen anwenden.

Kennzeichen: Statt gleichförmiger »Rechenpäckchen« Variation der Rechenwege, der Lösungswege, der Kontrollen, Verbindung von Operation mit Gegenoperation, Umkehrung der Fragestellung, Variation aller in die Rechnung eingehenden Größen (operative Verzahnung)

4.2.4.4 Günter Pippig

Pippig[66] empfiehlt ebenfalls eine in Stufen organisierte Ausbildung der mathematischen Fähigkeiten:

- Eine *vollständige Orientierungsgrundlage*[67] ist dem Schüler für die zu entwickelnde geistige Operation deduktiv zu vermitteln.
- die Operationen und Teiloperationen sind *etappenweise* auszubilden. Dabei braucht man nicht unbedingt mit der untersten Ebene des geistigen Handelns zu beginnen. Es genügt, eine niedrigere als die zu wählen, auf der die Operation im Anwendungsbereich hauptsächlich vollzogen wird. Unerläßlich ist die *sprachliche Tätigkeit* des Schülers beim Überführen der geistigen Handlung in eine höhere Ebene.
- Die Schüler aller Leistungskategorien müssen alle Stufen beim Aufbau der geistigen Operation durchlaufen, wobei jedoch das Tempo individuell unterschiedlich gehalten werden kann.
- Der *Schwierigkeitsgrad der Aufgaben,* die das Objekt des geistigen Handelns darstellen, ist stufenweise zu steigern.

4.2.4.5 Wassili Davidov

Davidov[68] hat versucht, eine allgemeine Theorie des Erkennens in eine Unterrichtssequenz für die Entwicklung mathematischer Fähigkeiten umzusetzen.

Das Ganze vor den Teilen sehen zu können, hält er für das charakteristische Merkmal des schöpferischen Denkens in der Wissenschaft.
Entsprechend ist seine didaktische Konsequenz ein Zweiphasenmodell:

1. Ziel der ersten Phase ist es, das inhaltlich Allgemeine zu erarbeiten. In dieser Phase wird eine »Zelle« konstruiert, die in ihrer Besonderheit das Allgemeine paradigmatisch repräsentiert. So wird im Operieren mit »Zellen« zugleich ein allgemeines Begriffs- und Regellernen erreicht.
2. Ziel der zweiten Phase ist die Konkretisierung. In ihr wird der erworbene Begriff reflektiert eingesetzt. Da durch die Konkretisierung der allgemeine Begriff erneut modelliert wird, verstärkt sich darin auch das Lernen des Allgemeinen.

Das oben (Abschnitt 4.2.3.1) dargestellte »Funktionsmodell begrifflichen Erkennens« von Bussmann lehnt sich stellenweise an Davidov an.
Ebenso bestehen Berührungspunkte mit Frickes operativen Prinzipien »Gesamtbehandlung« und »Verhältnis vom Allgemeinen zum Speziellen«, mit Ausubels »advanced organizers« und mit Freudenthals paradigmatischem Prinzip (den Begriff, das Allgemeine, nicht aus einer Fülle von Einzelfällen, sondern in einem Zugriff durch Erkennen des Wesentlichen in einer geeigneten Konkretion, dem Paradigma, zu erwerben). Wie Davidovs Zweiphasenmodell, so wollen alle Sequenzbildungen im Mathematikunterricht der »Prozeßcharakteristik des erkennenden Lernens« gerecht werden, wollen die »anthropologischen Prozesse des Begreifens« initiieren, steuern und überprüfbar machen:
»Der Rückgriff auf und der Anschluß an vorbewußt fungierende Begriffe durch Demonstration des Begriffes, die Herbeiführung kognitiver Dissonanz, die Förderung der Fragetechniken – alles das sind didaktische Maßnahmen, die die Genese von Fähigkeiten ermöglichen.«[69]

4.3 Konzeptionen des Mathematiklernens

In den letzten zehn Jahren begann beinahe jeder Vorschlag, Mathematikunterricht in einer bestimmten Richtung zu »orientieren«, mit einer Abgrenzung gegen »traditionellen« Mathematikunterricht. Das Attribut traditionell wird dabei nur selten spezifischer gebraucht denn als Synonym für »schlecht« – sprich: Gesamtheit der Abweichungen von dem neuen, dem eigenen Vorschlag.
Dennoch lassen die verschiedenen Positionen heute in ihren Feindbildern einen gemeinsamen Kern entdecken: Statische Mathematik, Mathematik als Fertigprodukt, Mathematik als fixes System von Regeln wird einhellig abgelehnt. *Mathematik wird in allen modernen Unterrichtskonzeptionen dynamisch, als Prozeß aufgefaßt.*
Weshalb dann noch die Polemik gegen die andere, starre Mathematik, die doch keine Anhänger hat?

»Die negative Einstellung vieler Schüler zur Mathematik, die sie auch als Erwachsene nicht revidieren, hängt wesentlich davon ab, wie ihr Lehrer Mathematik vermittelt hat, letztlich also wie ihr Lehrer selbst Mathematik gelernt und verstanden hat.«[70] Die Furcht, die eigenen Lernerfahrungen der Lehrer in Schule und Universität könnten sich als dominant erweisen gegenüber ihrer Absicht, »dynamische« Mathematik zu vermitteln, ist wohl nicht ganz unbegründet.

Will man Ausubels Unterscheidung zweier allgemeiner Lehrtypen folgen, die
rezeptives Lernen, bei dem der Lehrende dem Lernenden den Lehrstoff in endgültiger, strukturierter Form präsentiert (expositorisches Lehren), oder
entdeckendes Lernen, bei dem der Lehrende den Lehrstoff so arrangiert, daß der Lernende wichtige Inhalte selbst entdecken (subjektiv neu-, objektiv wiederentdekken) kann,
organisieren, so muß man wohl davon ausgehen, daß Studenten überwiegend expositorisches Lehren einer axiomatisch-deduktiv präsentierten Mathematik erlebt haben. Die universitären Lehrveranstaltungen in Mathematik sind also in aller Regel als Modelle für schulisches Lehren ungeeignet.[71]

Damit befinden sich Lehrer zu Beginn ihrer Laufbahn in einem Konflikt zwischen ihren Lernerfahrungen und dem – womöglich ebenfalls in expositorischen Lehrveranstaltungen erworbenen – Wissen, daß Mathematik in der Schule möglichst »dynamisch« arrangiert werden sollte.

Als ein Indiz für den Versuch, diesen Konflikt zu bewältigen (durch Verdrängung), ist es wohl auch zu werten, wenn in einigen Unterrichtsprojekten die mathematischen Gehalte verdünnt wurden bis hin zur fachlichen Abstinenz.[72] Wenn im folgenden einige Konzepte des Mathematikunterrichts kurz dargestellt werden, dann nur solche, bei denen mit dem *Lernen von Mathematik* erzieherische Wirkung angestrebt wird.

Diese Konzepte definieren nicht etwa klar trennbare Unterrichtsformen, sondern sind als Tendenzbestimmungen mit gegenseitigen Überschneidungen anzusehen. Es ist deshalb denkbar und wünschenswert, daß ein Lehrer in verschiedenen Themenkreisen des Lehrplans unterschiedliche Schwerpunkte setzt.[73]

4.3.1 »Moderne Mathematik«?

Schon 1974 haben Lauter/Röhrl[74] darauf hingewiesen, daß man die geforderte Modernisierung des Mathematikunterrichts nicht mit Lehren von »moderner« Mathematik gleichsetzen dürfe. Die Modernisierung erfasse zwar auch Inhalte, die vorher im Elementarunterricht nicht berücksichtigt waren, sei aber in erster Linie eine Änderung der pädagogischen Konzeption: »Die Kenntnis von Stoff tritt an Wichtigkeit zurück hinter die Förderung des geistigen Verhaltens.«

Betrachten wir einige Details dieser beiden Komponenten der Modernisierung:

4.3.1.1 Der fachlich-inhaltliche Aspekt

Die Modernisierung der Lehrinhalte des Mathematikunterrichts wurde im wesentlichen durch die »New Math«-Welle in den USA ausgelöst. Die Ursachen dieser Welle werden heute allgemein im politisch-ökonomischen Bereich gesehen. Spätestens der »Sputnik-Schock« 1957 machte amerikanische Politiker auf die Priorität der mathematisch-technischen Disziplinen im Bildungssystem der UdSSR aufmerksam.
Man beauftragte Kommissionen – später im Rahmen der OECD –, Pläne für eine bessere Ausrichtung der schulischen Bildung an den Erfordernissen der modernen zunehmend technisierten Arbeitswelt zu erarbeiten.
Im Zuge dieser Arbeit wurden die traditionellen Lehrstoffe des Mathematikunterrichts als unzureichend für die allgemeine Berufs- bzw. Studienqualifikation eingestuft. In mehreren Ländern wurde in den sechziger Jahren eine Fülle von Vorschlägen für eine Lehrplanreform entwickelt, die in Deutschland schließlich 1968 von der KMK zusammengefaßt wurden.
Die wesentlichen Veränderungen waren[75]:
- Einführung der Mengensprache
- Reduktion der Rechentechniken zugunsten eines einsichtsvollen Erfassens von Zahlbeziehungen und Rechengesetzen
- Betonung des Strukturbegriffs
- Rechnen in verschiedenen Stellenwertsystemen
- Behandlung von Gleichungen und Ungleichungen
- einfache Probleme der Kombinatorik/Wahrscheinlichkeitsrechnung
- Benutzung neuer Ordnungsschemata (Bäume, Pfeildiagramme)
- Handlungsbezogene Begriffsbildung in der Geometrie; Spiegelung, Drehung, Symmetrie usw.
- Betonung kreativer Mathematik: Denksportaufgaben, Strategiespiele
- Ersatz überholter Sachaufgaben durch neue Anwendungsbezüge

4.3.1.2 Der psychologisch-didaktische Aspekt

Die Untersuchungen im Bereich der Entwicklungs-, Lern- und Denkpsychologie (Piaget, Gagné, Bruner u. a.) beeinflußten die Überlegungen zum mathematischen Lernprozeß (Diénès) und in der Folge die Reform des Mathematikunterrichts in der Bundesrepublik ganz entscheidend.
Die wichtigsten Forderungen an methodische und organisatorische Änderungen waren[76]:
- Betonung des entdeckenden Lernens
- Betonung von Motivation und Eigentätigkeit der Schüler
- Betonung von mathematischer Begriffsbildung und Abstraktionsprozessen
- Beachtung der Stufung beim mathematischen Problemlösen, Betonung nichtschematischer Wege

- Förderung kognitiver Fähigkeiten im nicht-verbalen Bereich
- Zielreflexion
  im kognitiven Bereich: kognitive Schemata, Strategien, Denk- und Sprachverhalten
  im sozialen Bereich: demokratischer Verhaltens- und Kommunikationsstil, Sachbezogenheit von Argumentation und Kritik, Kooperationsformen, Rücksichtsnahme, Hilfsbereitschaft
- individuelle Förderung: innere Differenzierung, Fördergruppen, Zusatzangebote

Diese in den beiden letzten Punkten deutliche Akzentuierung pädagogischer Aspekte und sozialer Komponenten des Mathematikunterrichts ist teilweise bereits eine erste kritische Reaktion auf die anfängliche Dominanz inhaltlicher Änderungen[77].

4.3.1.3 Kritik

Die sachbezogene Kritik Mitte der siebziger Jahre resümieren Ellrott/Schindler[78]:

- Die Bedeutung der Mengenlehre ist überbetont worden und hat ein Zerrbild der »Neuen Mathematik« ergeben.
- Strenge, Genauigkeit und Symbolik sind für einen großen Teil der Schüler unverständlich
- Überbetonung von Logik und Strukturbegriff, Vernachlässigung der Anwendungen
- Anwendungen der »Neuen Mathematik« auf echte Umweltprobleme sind zu dürftig
- Vernachlässigung von Übungen
- Überbetonung des Qualifizierens für die industrielle Arbeitswelt
- Übertriebene Stofforientierung, Mißachtung lernpsychologischer Erkenntnisse
- mangelnde Anknüpfung an traditionelle Lerninhalte
- schulpraxisferne Schreibtischplanungen
- mangelhafte Vorbildung der Lehrer, zu kurzfristige Einführung der »Neuen Mathematik«
- das Elternhaus kann keine Hilfestellung mehr leisten
- Benachteiligung unterprivilegierter Schichten[79]
- die propagierten neuen Lehrmethoden scheitern an zu hohen Klassenstärken
- fehlende Konsultation der Betroffenen

Diese Aufzählung macht deutlich, daß die in den sechziger Jahren intendierte Reform die Schulen in einer stark verfälschten Gestalt erreicht hat. In Verdrehung der eigentlichen Ziele blieb im Eindruck der Öffentlichkeit nur ein Torso inhaltlicher Neuerungen, eine vermeintlich »neue« Mathematik, für die sich bei Laien der irreführende Name »Mengenlehre« einschliff[80].

4.3.1.4 Reaktionen

Die Fehler und Fehlentwicklungen der Reform führten zu zwei wesentlich verschiedenen Reaktionen, die ich unter »Gegenreformation« und »neue Reformillusionen« zusammenfassen möchte.
Gegenreformation nenne ich die bis heute andauernde Tendenz, unter dem Vorwand der Fehler der Reform die ›guten alten‹ Mathematiklehrpläne zu restaurieren[81]. Dabei wird gänzlich verkannt oder verdrängt, daß die Reform z. T. aus einer Analyse von Mängeln dieses ›guten alten‹ Mathematikunterrichts begründet worden war, daß einige der Fehler und Überspitzungen längst aus der Unterrichtspraxis verschwunden sind und schließlich, daß einige der immer noch bestehenden Kritikpunkte ebenso für den ›alten‹ Mathematikunterricht zutreffen.
Es sollte auch gesehen werden, daß der Mathematikunterricht und die Schule überhaupt sich heute mit einer breiteren bildungs- und wissenschaftsfeindlichen Strömung auseinanderzusetzen haben, aus der die Gegenreformation einige Impulse bezieht.
Die zweite, *neue Reformillusionen* genannte, Erscheinung ist stark von modischen Faktoren anderer Provenienz beeinflußt worden. Zwei Beispiele seien kurz angedeutet:
Die *»Qualifikationsorientierung«:* War die skizzierte Reform mindestens im äußeren Eindruck stark durch inhaltliche Entscheidungen geprägt – auch die entwicklungspsychologischen Fundierungen des Mathematiklernens waren ja wie einige neue Inhalte »strukturell« koloriert –, so schien dies eine Einengung gegenüber den Bemühungen in der Curriculumdiskussion, ein breiter angelegtes und besser begründetes Qualifikationsprofil des Schulabgängers zum Maßstab für Lehrplansetzungen zu machen.
Die Vorstellung, die gewünschten Qualifikationen in der Formulierung von Lernzielen exakt ausweisen, komplexe Lernziele in Teillernziele aufgliedern und so unterrichtsrelevante Vorgaben erstellen zu können, fiel in der Bundesrepublik deshalb auf fruchtbaren Boden. Sie gedieh zu Lernzielkatalogen, lernzielorientierten Stundenplanungen etc.: Die Lernzielwelle schwappte über die Schulen.
Die Auswirkungen sind in einigen Lehrplänen noch deutlich sichtbar[82].
Die *»Praxisorientierung«:* Auch diese Position in ihren recht verschiedenen Schattierungen begründet sich aus Defiziten des vorherigen Mathematikunterrichts. Die Funktion von Mathematik in der gesellschaftlichen Praxis und das gewünschte Qualifikationsprofil des künftigen Arbeitnehmers, heutigen Schülers, wurden von Damerow u. a. analysiert und bewertet. Sie forderten, spezielle Unterrichtssituationen zu schaffen, die die Mathematik in ihren gesellschaftlichen Funktionszusammenhängen so abzubilden gestatten, daß die in der Unterrichts- und in der »künftigen Lebensituation« geforderten Qualifikationen übereinstimmen.[83]
In der Folge, nicht immer in Berufung auf diesen Ansatz, meist in Verkennung seines hohen Anspruchs, finden sich unter dem Schlagwort »Praxisorientierung« neben

seriösen Vorschlägen auch andere, die von bloßer Mimikry traditionellen Sachrechnens über die Auflösung des Fachunterrichts Mathematik bis zu mathematischer Trivialisierung unter dem Alibi der Praxisnähe reichen. Während die Lernzielwelle in der skizzierten Form kaum noch Befürworter unter Mathematikdidaktikern hat, sind Argumente der Praxisorientierung im Konzept »projektorientierter Mathematikunterricht« aufgegriffen worden.
Außer dieser bleiben noch drei Konzeptionen zu erwähnen, die in der Mathematikdidaktik auf einer viel älteren Tradition fußen – ohne aber »traditionell« in Lennés Verständnis genannt werden zu dürfen – und von modischen Überhitzungen weniger erfaßt worden sind: Anwendungsorientierter Mathematikunterricht, problemorientierter Mathematikunterricht und genetischer Mathematikunterricht.

4.3.2 Projektorientierter Mathematikunterricht

Für projektorientierten Mathematikunterricht sind die Komponenten Praxisbezug, Anwendungsbezug, exemplarisches Lernen konstitutiv; insofern könnte man ihn als besondere Organisationsform den jeweiligen Konzeptionen zuordnen.

4.3.2.1 Abgrenzung

Dennoch würde er sich in einen solchen Rahmen nur schlecht fügen, weil Projektorientierung im Wesen fächersprengend ist. Im projektorientierten Mathematikunterricht hat demzufolge die Mathematik nicht die zentrale Rolle, die Freudenthal ihr gibt, wenn er Integration befürwortet: »Was ich befürworte, ist nicht Integration oder Koordination der Mathematik *mit* anderen Fächern, sondern Integration *rund um* die Mathematik, die Mathematik als Kernfach, das Gegenstände anderer Fächer anzieht, um sie vom Schüler als mathematisch zu ordnende Felder beackern zu lassen«[84].
Vielmehr erscheint in manchen Darstellungen zum projektorientierten Unterricht die Mathematik eher als störend, als ein schartiges Werkzeug, für dessen Herstellung die pädagogischen Methoden des 19. Jahrhunderts (mit Katalysatoren des 20.) gerade gut genug sind:
»In für alle Schüler verpflichtenden Kursen sollten zum Beispiel mathematische Grundkenntnisse und Fertigkeiten gelehrt werden. Hier wäre es auch zuweilen gerechtfertigt, mit Unterrichtsprogrammen und audiovisuellen Medien einen regelrechten ›Paukunterricht‹ zu erteilen, beispielsweise beim Erlernen des Stabrechnens. Die grundsätzliche Bereitschaft der Schüler hierzu wird durch die Projektarbeit geweckt; sie lernen also im Hinblick auf ein für sie einsehbares Ziel.«[85]

4.3.2.2 Charakterisierung

Münzinger nennt als Wesensmerkmale des Projektunterrichts:
– Realitätsbezogenheit

- Fächerintegration
- Soziale Relevanz
- Bedürfnisbezogenheit
- Kollektive Realisierung
- Selbstevaluation[86]

Wenn sich »Projektunterricht« zum »projektorientierten Mathematikunterricht« erweicht, so ist dies quasi ein Gang durch die Instanzen – die Organisationsform der Schule erzwingt Kompromisse.[87]

P. Bonn hat eine Aufstellung »Elemente und Reduktionsformen von Projektunterricht: Schüler/Lehrer – Rolle«[88] angegeben, in der Kennzeichen »optimalen« Projektunterrichts in zwei Reduktionsstufen abgeschwächt und von nichtprojektorientiertem Unterricht abgehoben werden; ein Beispiel aus dieser Tabelle:

Element:	Thema/Inhalt
optimal:	Schüler bestimmen Thema und Inhalte
1. Reduktion:	Schüler und Lehrer legen gemeinsam nach Rahmenrichtlinien das Thema fest
2. Reduktion:	Schüler wählen aus vorgegebenen Themen
kein Projektunterricht:	Lehrer legt Thema allein fest

Für eine bessere Realisierung von projektorientiertem Mathematikunterricht gibt Münzinger vier Schritte an:

1. Frontalunterricht durch Gruppenunterricht ablösen bei Beibehaltung der Lehrplaninhalte
2. Wahl- und Entscheidungsmöglichkeiten für Schüler an aufbereiteten tradierten Inhalten
3. Realitätsbezug der Inhalte, soziale Relevanz; Anknüpfung an Bedürfnisse der Lernenden; kollektive Realisierung und Evaluation
4. Aufdeckung des ›heimlichen Lehrplans‹ im (auch projektorientierten) Mathematikunterricht; kritische Aufklärung; Vermeidung neuer Reformillusionen[89]

4.3.2.3 Beispiele

Nicht nur Anhänger des projektorientierten Mathematikunterrichts sollten einige Vorschläge kennen, um die Möglichkeiten und Trivialisierungsgefahren dieser Konzeption abschätzen zu können. Münzinger gibt eine dafür geeignete Auswahl:

- »Geschwindigkeitsbegrenzung 130 und aktive Sicherheit«[90],
- »Landwirtschaft im Mathematikunterricht«,
- »Fußball«.[91]

Hinweisen möchte ich an dieser Stelle auch auf Vorschläge, die nicht auf »Projektunterricht« zielen, wohl aber Projekte im Mathematikunterricht empfehlen – dies aber mehr in dem oben nach Freudenthal zitierten Sinne –, die man deshalb eher im Grenzbereich zum problemorientierten bzw. anwendungsorientierten Mathematikunterricht anzusiedeln hat.

Hier ist an erster Stelle das holländische IOWO-Projekt zu nennen. Man geht dort von mathematikhaltigen Situationen aus, die in die physikalische oder soziale Umwelt der Schüler oder ihre Phantasiewelt (!) passen – ohne die Illusion zu nähren, man habe die ›gesellschaftliche Realität‹ eingefangen oder objektiv abgebildet –, und zielt auf Mathematisierung, Problemfindung, selbständige Problemlösung.[91a]
Weiter sind zu nennen die in Themenkreise gruppierten Materialangebote des englischen Projekts MMCP (mathematics for the majority continuation project).

4.3.2.4 Kritik

Von Anhängern werden als problematisch vor allem die Punkte genannt, die aus den Zwängen des Schulsystems erwachsen. Es ist auch kaum zu bestreiten, daß die allgemeinbildende öffentliche Schule Ziele setzt, denen Projektunterricht kaum genügen kann, und einen organisatorischen Rahmen, der die Spezifika dieses Ansatzes weitgehend erstickt.
Darüber hinaus bleiben – bezogen auf Darstellungen von Projekten, die in Versuchen oder in offeneren Schulformen durchgeführt wurden, – einige weitere Kritikpunkte[92]:
- die Einschränkung der Mathematik auf den Werkzeugaspekt
- statt der Entwicklung mathematischer Rechenverfahren begnügt man sich mitunter mit einer Rezeptmitteilung für den inhaltlich gebundenen Einsatz
- die Bindung an *einen* Inhalt widerspricht der Lern- und Transferforschung: Nötig wäre bewußte Variation der Inhalte (und anderer Parameter) um ein kognitives Schema herum, damit dieses transferfähig werden kann; das aber hieße ja Planung und Arrangement durch den Lehrer (beides ›Reduktionen‹ der Projektidee)
- Selbstbestimmung der Schüler bei der Projektwahl ist zu vordergründig; dem Lehrer ist eher zuzutrauen, modische Reize oder Werbeeffekte gegen längerfristige Bildungsinteressen abzuwägen. Der pädagogische und intellektuelle Gehalt eines Gegenstands ist überhaupt nur bei gründlicher Planung abschätzbar; dies erfordert erhebliche Vorkenntnisse.
- es ist eher Aufgabe des Unterrichts, neue Interessen zu wecken, als momentanen Bedürfnissen der Schüler zu folgen
- die Steuerung des Lernprozesses durch Wünsche zufälliger Mehrheiten ist auch unter dem Aspekt sozialen Lernens problematisch
- es besteht die Gefahr, daß das Primat sozialen Lernens zum Vermitteln eines bestimmten ›kritischen‹ Gesellschaftsbildes schrumpft. Die damit verbundene Indoktrination wäre derjenigen einer Aufgabendidaktik gleichzusetzen, die an beliebigen Inhalten Rechenverfahren vollzieht, ohne diese Inhalte zu diskutieren[93]

4.3.3 *Anwendungsorientierter Mathematikunterricht*

»Die Vokabeln ›anwendungsorientiert‹, ›praxisorientiert‹ und ›projektorientiert‹ weisen auf didaktische Positionen hin, die sich bewußt distanzieren von der Auffassung, im Unterricht könne und solle (vorwiegend) reine Mathematik (als Strukturmathematik) vermittelt werden.«[94]

4.3.3.1 Sachrechnen

Historisch knüpft der anwendungsorientierte Mathematikunterricht an das Sachrechnen an, dessen Werdegang Strehl[95] in vier Phasen beschreibt:

1. Das traditionelle Sachrechnen und die mit ihm verbundenen Zielsetzungen:
- Sachrechnen ist dem Stoff nach Rechnen mit Maßen und Gewichten, »bürgerliches Rechnen«
- Sachrechnen ist zugleich Inhalt und Ziel des Rechenunterrichts
- Sachrechnen ist zugleich ein durchgängiges didaktisch-methodisches Prinzip
- mit dem breiten Anspruch des Sachrechnens verbindet sich häufig noch eine Abgrenzung des Rechenunterrichts der Volksschule (anschaulich, lebensnah) gegenüber dem Mathematikunterricht des Gymnasiums (abstrakt, exakt)

2. Kritische Einwände

a) fachlich-mathematisch
- es fehlte vielfach eine mathematisch befriedigende Klärung der verwendeten Begriffe und Verfahren
- gemeinsame Strukturen verschiedener Sachbereiche bleiben unbeachtet

b) pädagogisch-fachdidaktisch
- geringe Anwendbarkeit der im traditionellen Sachrechnen erworbenen Kenntnisse
- Aufgabenwahl aus der Erwachsenenwelt, »Lernen auf Zukunft«
- Sachaufgaben sind oft nur scheinheilig verkleidete Rechenaufgaben
- Sachaufgaben simplifizieren oft Zusammenhänge der »Wirklichkeit«
- Betonung des Rechenverfahrens verhindert oft kritische Sicht der Inhalte

3. Denkerziehung als Alternative zum traditionellen Sachrechnen?

In den Zielreflexionen der Reform des Mathematikunterrichts stand Flexibilität des Denkens in höherem Ansehen als speziell anwendbare Kenntnisse. In ihrer Förderung sah man auch eine angemessene Form der Lebensnähe: Vorbereitung auf künftige Aufgaben in der modernen, rationalisierten Welt. Das Sachrechnen wurde dadurch zurückgedrängt.

4. Umwelterschließung *und* mathematisches Denken im Sachrechnen – Thesen zu den positiven Aspekten und Möglichkeiten

Hier sucht Strehl Ansatzpunkte für eine Synthese: »der Möglichkeit mathematisch-struktureller Betrachtungsweise bei Sachproblemen«. Er weist darauf hin, daß das Erkennen gemeinsamer Elemente oder gemeinsamer Strukturen in verschiedenen Problemsituationen als Voraussetzung von Transfer anzusehen ist. In seinem

anschließenden Definitionsversuch »Sachrechnen ist Anwendung von Mathematik auf vorgegebene Sachprobleme und Mathematisierung konkreter Erfahrungen und Sachzusammenhänge vorwiegend unter numerischem Aspekt«[96] hält er die Grenzen zur Angewandten Mathematik und zum Mathematikunterricht im weiteren Sinne absichtlich offen.
Nach Glatfeld[97] ist die von Strehl angestrebte Synthese noch nicht erreicht. Sie weist jedoch, so scheint mir, die Richtung zum Verständnis des anwendungsorientierten Mathematikunterrichts.

4.3.3.2 Entwicklungstendenzen

Heute lassen sich einige Entwicklungstendenzen des anwendungsorientierten Mathematikunterrichts erkennen:
- vertiefte Reflexion des Realitätsbezuges (erkenntnistheoretische Probleme, fingierte Situationen, Unmittelbarkeit der Datengewinnung, Elementarisierung/Trivialisierung von Daten, Isolation von Schwierigkeiten)
- im traditionellen Sachrechnen stand die instrumentelle Problembewältigung im Vordergrund; allmählich findet die »erklärende« Funktion der Mathematik stärkere Beachtung: vertieftes Verständnis von Situationen durch mathematische Analyse (diese Komponente ist bereits in Winters Zielbereich »Umwelterschließung« vorhanden!)
- das »Mathematisieren«, die mathematische Modellbildung, wird immer beherrschender
- das prozeßhafte des Betreibens und Lernens von Mathematik wird durch Phasierung des Arbeitsganges verdeutlicht
- durch das Einbeziehen lern- und kognitionspsychologischer Aspekte nähert sich die Konzeption des anwendungsorientierten Mathematikunterrichts der genetischen Konzeption, auf die ohnehin alle Entwicklungen zu konvergieren scheinen[98].

Gut ablesen lassen sich diese Tendenzen auch an den Begründungen für eine Anwendungsorientierung des Mathematikunterrichts, die Kaiser/Blum/Schober aus einer Literaturübersicht gewonnen haben (Kaiser, 1982, S. 5):

1. »Utilitaristische« Begründung (Mathematik als Hilfe für spezielle Anwendungen)
   Ziel: Vermittlung von Kenntnissen, Fertigkeiten und Fähigkeiten zur Beschreibung, zum besseren Verständnis und zur besseren Bewältigung »schülerrelevanter« außermathematischer Situationen
2. »Methodologische« Begründung (Mathematik als Hilfe für allgemeine Anwendungsfähigkeiten)
   Spezielle Anwendungssituationen, die für bestimmte Schüler später bedeutsam sein werden, sind schwer vorhersehbar, deshalb:

Ziel: »Metawissen« über Anwenden von Mathematik; wichtig ist hier der Mathematisierungsprozeß als kognitives Schema.

3. »Lernpsychologische« Begründung (Anwendungen als Hilfe für Mathematik)
Kerngedanke: Motivation für Mathematik durch Anwendungsbeispiele
4. »Wissenschaftstheoretische« Begründung (Anwendungen als Beitrag zu einem Gesamtbild der Mathematik)
Kerngedanke: Anwendungen gehören historisch wie aktuell zu einem ausgewogenen Bild der Mathematik

Ausdrücklich betont wird von den Autoren, daß keine dieser Begründungskomponenten allein ausreichend legitimierend sei, daß vielmehr alle erwähnten Aspekte und auch innermathematische Ziele angemessen zu berücksichtigen seien. Ebenso gemäßigt-ausgewogen ist bei Kaiser/Blum/Schober die Auffassung von dem, was ein »geeignetes« Anwendungsbeispiel ist: »Es muß (zumindest) realitätsnah oder bewußt realitätsverfremdend sein, in seinem außermathematischen Kontext wie in der involvierten Mathematik für den Schüler verstehbar sein und für ihn (in erster Linie durch den Umweltbezug oder durch die »Aufmachung« des Beispiels) »herausfordernden« Charakter besitzen.«

Wenn man »bewußt realitätsverfremdende« Beispiele akzeptiert, ist man mit einigen Vertretern der Anwendungsorientierung nicht in Einklang, zeigt aber wohl die Entwicklungstendenz hin zur problemorientiert-genetischen Unterrichtskonzeption.

4.3.3.3 Zum Mathematisierungsprozeß

Den *Mathematisierungsprozeß*[99] kann man ganz analog zu dem oben angegebenen Rechteckschema des Problemlösezyklus darstellen; die dortigen Überlegungen zum Realitätsbegriff sind auch hier zu beachten. Beim Prozeß der Modellbildung wird zu berücksichtigen sein, was im Abschnitt Begriffsbildung bereits erörtert worden ist (s. Komprehension, Apprehension, paradigmatisches Prinzip):

Die Abstraktion des mathematischen Modells aus einer Vielzahl von Situationen heraus, die von einigen Autoren als wichtig angesehen wird, dürfte weniger bedeutsam sein als die Entwicklung eines mathematischen Modells für *eine* Situation, auf die die Variation des Modells, die Auswahl des der Situation adäquatesten Modells und die Variation der Situation folgen.

Die Organisation des Lernprozesses könnte den Phasen bei der »Verankerung neuer Begriffe«[100] folgen: Konstituierende – kontrastierende – stabilisierende – transferierende Maßnahmen.

Die Schulbuchliteratur bietet dazu einiges Material (z. B. Engel, 1973/1976) aber wenige ausgearbeitete Beispiele[101]. Das wohl älteste für die Schule konzipierte Beispiel eines Mathematisierungsprozesses gehört wohl immer noch zu den detailliertesten und bestanalysierten: H.-G. Steiner: »Mathematisierung einer politischen Struktur« (1965).[102]

Auch hier soll darauf hingewiesen werden, daß die mathematische Modellbildung

Modelle für Modelle
(siehe z. B. Schäfer, 1977, S. 39ff.)

Phänomen	Modell im Grundbereich	mathematisches Modell bzw. Verfahren
Gravitation	freier Fall	Differentialgleichung für Weg-Zeit-Funktion
	Massenpunkt	Polarkoordinaten, Funktionen des Typs
Elektrostatische Anziehung	Punktladung	$f(r) = \frac{a}{r^2}$
Licht	Lichtstrahl Korpuskel	Gerade
	Welle	Kugel, Kreis trigonometrische Funktionen
Schwingungen	Federpendel analog zu elektrischem Schwingkreis	Differentialgleichung für gedämpfte und für ungedämpfte Schwingung
Wachstum Vermehrung	»stetiges« Wachstum	Exponentialfunktion
Planetenbewegung	Sphärenmodell (Eudoxos, Ptolemäus, Kopernikus, Galilei)	Kugel Epizykeltheorie (Transposition von Kreisbewegungen)
	Polyedermodell (Kepler)	pythagoräische Körper
	Ellipsenmodell (Kepler, Newton)	Ellipsen analytische Geometrie Vektorrechnung
Ortsbestimmung (Geographie, Kartographie, Navigation)	Kugelgestalt der Erde Kugelgestalt des Fixsternhimmels	sphärische Trigonometrie Darstellende Geometrie ebene Trigonometrie

meist nicht unmittelbar an realen Phänomenen ansetzt, sondern daß ihr Modellbildungen in den Grundbereichen vorauszugehen pflegen, in denen man die Phänomene wissenschaftlich zu untersuchen beginnt.
Diese Modellbildungen können Idealisierungen sein – z. B. punktförmige Masse oder Ladung –, Analogien – z. B. elektrischer Schwingkreis/Federpendel oder Elektronenbahnen/Planetenbahnen – oder Veranschaulichungen von gedanklichen Modellen – z. B. Billardkugeln für das Korpuskelmodell des Lichts oder Wasserwelle (Wellenwanne) für das Wellenmodell des Lichts.
Die Tabelle S. 79 nennt einige Beispiele.

4.3.4 Problemorientierter Mathematikunterricht

»Anwendungsorientierter Mathematikunterricht steht begrifflich in einer gewissen Nähe zu einem problemorientierten Mathematikunterricht, und die Betonung des ersteren ist nicht als Distanzierung von letzerem, allenfalls als Pointierung zu werten« ... »in einem problemorientierten Mathematikunterricht (kann) die Realität eine weniger zentrale Rolle spielen, mit ihr kann freier, spielerischer, unverbindlicher umgegangen werden, der Zusammenhang zwischen Mathematik und Realität ist weniger streng.«[103]
Nicht die Realitätsnähe ist mehr entscheidendes Auswahlkriterium, sondern die Forderung: Die Situation muß stimulierend sein und mathematisch gehaltvoll. »Es ist nicht wesentlich, daß die Situation dem Schüler schon vertraut ist. Schüler werden schnell auch mit unbekannten Situationen vertraut, wenn sie nur angeregt und zum Beobachten, Vermuten und Problemfinden motiviert sind. Es zeigt sich ja, daß irreale, phantastische Situationen (»problems of whimsy«), ... in besonderer Weise zu faszinieren vermögen.«[104]
Eine inhaltliche Abgrenzung eines problemorientierten Lehrgangs ist schwierig, sagt Becker[105], und ist daher nicht »überrascht, daß Befürworter problemorientierter Lehrgänge ihre Vorstellungen nur an relativ engen inhaltlichen Bereichen exemplifiziert, nicht aber umfangreichere Teile der Mathematik im Sinne dieser Vorschläge ausgearbeitet haben.«
In der Tat ist ein systematischer Lehrgang leichter mathematisch flächendeckend zu entwerfen. Nur dürfte sich wohl kein Befürworter problemorientierten Mathematikunterrichts zu diesem Verständnis von Mathematiklernen bekennen wollen. Betrachtet man etwa Engels Wahrscheinlichkeitsrechnungs-Konzeption[106], so bieten seine beiden Bände genug Material, um einem Lehrer die Auswahl einer Problemsequenz zu gestatten, entlang der ein Grund- oder Leistungskursus Wahrscheinlichkeitsrechnung lernen kann, und wohl auch einiges an themenübergreifendem Problemlöseverhalten. Die Vorgabe einer festen Problemsequenz wäre jedoch fragwürdig: Nicht jede Lerngruppe wird durch die gleichen Situationen und Probleme stimuliert; der Lehrer muß also durch Variation des Angebots flexibel reagieren können.
Ein Lehrer, der problemorientiert unterrichten will, muß fachlich sehr kompetent,

sicher in der Abschätzung unerwarteter Lösungswege, sein, um divergentes Denken fördern zu können. Dies scheint mir ein sehr kritischer Punkt an der Konzeption zu sein: Sie verlangt die besseren Lehrer, die sich nicht am Schulbuch festhalten wollen oder müssen, die andererseits für sich selbst die Unterrichtseinheit so gut strukturiert haben, daß sie sich Spontaneität erlauben können, ohne den Faden zu verlieren; denn »Problemorientierter Unterricht ist immer in der Gefahr auszuufern«[107].

Diese Gefahr sieht auch Glatfeld[108]: »Im extremen Fall ist der problemorientierte Unterricht ein Hangeln von Problem zu Problem, ohne deren Einbindung in einen vernünftigen mathematischen Aufbau«.

Zur Organisation des Lernprozesses in einem problemorientierten Mathematikunterricht sind bereits in den Abschnitten zum Problemlösen und zum Mathematisieren Ausführungen gemacht worden.

Da problemorientiertes Vorgehen eine ganze wesentliche Forderung der genetischen Unterrichtskonzeption ist, sind die Grenzen dahin umscharf. Man könnte einen Unterschied darin sehen, daß sich problemorientierter Unterricht weniger stark an entwicklungs- und kognitionspsychologische Phasenmodelle anlehnt und sich weniger stark um das Einbeziehen struktureller Gesichtspunkte der Mathematik bemüht.

Von der sogenannten Aufgabendidaktik, die im wesentlichen zu fertig fabrizierter Mathematik eine Batterie von Anwendungs- und Übungsaufgaben durchspielt (die man nach englischem Sprachgebrauch ›problems‹ nennen kann, wodurch allerlei Mißverständnisse naheliegen), hebt sich der problemorientierte Mathematikunterricht dadurch ab, daß er von Problemen, Folgeproblemen und Problemfeldern her die Mathematik erst erschließen will.

Insgesamt ist abzusehen, daß die problemorientierte Konzeption von Mathematikunterricht in der genetischen aufgehen wird.

4.3.5 Aufgabendidaktik

eben schon als Abgrenzung zum problemorientierten Mathematikunterricht zitiert, ist stets pejorativ gemeint. Deshalb findet man auch keine Lehrer oder Didaktiker, die sie befürworten, wohl aber Unterricht, den man so bezeichnen könnte.

Der Name scheint von Lenné zu stammen[109], der damit die Stofforganisation des ›traditionellen Mathematikunterrichts‹ charakterisiert: Der Schulstoff Mathematik ist in isolierte Gebiete gegliedert, die durch spezielle Aufgabentypen bestimmt sind. Die Aufgaben eines Typus (eines Gebietes) steigen von elementaren zu komplexen Formen, dazu kommt gegebenenfalls eine Gruppe von Anwendungsaufgaben.

Die Gebiete – Lenné weist darauf hin, daß die so geschnürten Aufgabenpakete meist mit »-rechnung« oder »-lehre« bezeichnet werden (Grundrechnungsarten, Bruchrechnung, Prozentrechnung, Zinsrechnung, Sachrechnen, Dreisatzrechnung, Dreieckslehre, Kreislehre) – bleiben in der Sicht des Schülers ohne Verbindung. Das

Bemühen Felix Kleins, durch das Ziehen roter Fäden (z. B. Funktionsbegriff) durch die Schulmathematik die getrennten Gebiete zu fusionieren, ging nach Lenné an der Aufgabendidaktik vorbei. Übergreifende Ideen und Strukturen werden so dem Schüler nicht sichtbar.
Hier ist nicht der Ort, die Langlebigkeit der Aufgabendidaktik[110] zu analysieren; es sollen nur einige *Kritikpunkte* zusammengestellt werden:
Fachlich: Die systematischen Zusammenhänge der Schulstoffe bleiben verborgen. Leitlinien werden zum Teil schon terminologisch verschleiert[111]. Durch die Aufspaltung in scheinbar disjunkte Teilgebiete erscheint die Mathematik als »Lern«-Fach, die geforderte Leistung als Gedächtnisleistung. Das propagierte Ziel ›Denkschulung‹ erscheint als Alibi.
Psychologisch-pädagogisch: Die in den Abschnitten Begriffslernen und Problemlösen dargestellten dynamischen Prozesse können sich durch die Orientierung an fertiger Mathematik nicht entfalten. Keine der oben erörterten Lerntheorien, Lerntypenlehren oder Sequenzbildungen wird durch die Aufgabendidaktik angemessen vertreten, was jede der anderen Konzeptionen wenigsten teilweise für sich in Anspruch nehmen kann. Insofern ist es kaum angebracht, die Aufgabendidaktik als ›Konzeption‹ anzusprechen, ihr Kennzeichen ist ja das Fehlen von Leitideen.
Weitere Abgrenzungen: Mit Projektorientierung, die ja sogar für fächerübergreifenden Unterricht plädiert, ist das Isolieren fachinterner Teilgebiete unvereinbar.
Gegen eine moderne Auffassung von Anwendungen spricht das Nachreichen (unechter) Anwendungsaufgaben.
Die Unterschiede zur Problemorientierung wurden schon aufgeführt.
Mit einer genetischen Unterrichtsauffassung ist die Aufgabendidaktik schon deswegen unvereinbar, weil ›problemorientiert‹ für ›genetisch‹ konstitutiv ist.
Sowohl die Reformansätze der sechziger Jahre als auch die hier genannten Konzeptionen projekt-, anwendungs-, problemorientiert und genetisch verstehen sich als Versuche, die Aufgabendidaktik zu überwinden.

4.3.6 Genetischer Mathematikunterricht[112]

E. Wittmann nennt »eine Darstellung einer mathematischen Theorie ... genetisch, wenn sie an den natürlichen *erkenntnistheoretischen Prozessen der Erschaffung und Anwendung von Mathematik* ausgerichtet ist«[113], und an anderer Stelle[114]: »Bei der Realisierung eines Mathematikunterrichts, bei dem die strukturmathematischen Konzepte, echte mathematische Probleme und heuristische Strategien versöhnt sind – die zugrundeliegende didaktische Konzeption möchte ich ›genetisch‹ nennen – ist die Auswahl der Probleme von kritischer Bedeutung. Man wird an zentralen Problemen ansetzen müssen, aus denen sich Folgeprobleme und Problemfelder erzeugen lassen, bei deren Bearbeitung mathematische Schemata *und* heuristische Strategien erlernt werden können.«

Die wichtigsten Komponenten einer genetischen Unterrichts-Konzeption lassen sich am leichtesten durch ihre Wurzeln in anderen Wissenschaftsbereichen verständlich machen. In allen Komponenten steckt der Grundgedanke einer *Entwicklung*, einer Dynamik, eines Prozesses:

4.3.6.1 Gegenstands-Genese

»In der Entwicklung des mathematischen Lehrgegenstands soll das kognitive Tätigkeitssystem des Lernenden entwickelt werden. Es faßt mathematische Begriffe als ›gewordene‹ auf und will ihr ›Werden‹ im Lernprozeß nachvollziehen lassen.«[115]
Die Stellung des Lehrgegenstands im sachlogischen Zusammenhang, die Struktur des Gegenstandsbereichs sind durch unterrichtliche Maßnahmen (siehe z. B. im Abschnitt Begriffslernen oder in Frickes operativen Prinzipien) zu erarbeiten. Diesen Zusammenhang zu klären, ist eine Aufgabe der didaktischen Analyse – speziell: der Sachanalyse.
Zu fundamentalen Begriffsbildungen in der Mathematik gehören auch: mathematische Modelle, Strukturen, Axiomensysteme. Deshalb sind die Prozesse ihrer Entstehung wichtige Lehrgegenstände in der genetischen Konzeption des Mathematikunterrichts.[116]
Die dynamische Auffassung – d. h. die Priorität des Entstehensprozesses gegenüber dem Endprodukt – tritt deutlicher hervor, wenn man die Lehrgegenstände durch substantivierte Verben bezeichnet: Das Modellieren, Mathematisieren, Formalisieren, Strukturieren, Axiomatisieren soll im Unterricht stattfinden, wenn man ›genetisch‹ vorgeht.

4.3.6.2 Psychologisch-genetische Komponente

Sie stellt die Entwicklung der Tätigkeit in den Mittelpunkt. »Die Tätigkeit wird verankert gesehen in den ›ursprünglichen‹ Erfahrungen des Individuums«.[117]
Aus der ›natürlichen‹ Beziehung des Lernenden zum Lehrgegenstand, aus dessen Verankerung in der Umwelt des Lernenden ergibt sich die unterrichtliche Forderung »Anschluß an das Vorverständnis des Schülers«.
In diese Komponente gehört auch die Berücksichtigung des individuellen Entwicklungsstands des Schülers (nach Piaget: sein kognitives Stadium). Ebenso die Maßnahmen Bruners, die Kenntnis des Ablaufs solcher Entwicklung und der psychologischen Organisation des Erkennens unterrichtlich durch Variation der Repräsentationsebenen zu verwerten.
Schließlich dienen die Anregungen Freudenthals, die Unstetigkeiten im Lernprozeß zu beobachten, dem Versuch, der psychologischen Genese des Verstehens, des Wissens auf die Spur zu kommen.

4.3.6.3 Historisch-genetische Komponente

Die Vorstellung, das historisch Frühere müsse auch das logisch Fundamentalere sein, führte zu Beginn des 19. Jahrhunderts zu der Forderung, daß sich der Unterrichtsablauf der Einführung in ein Gebiet am historischen Ablauf zu orientieren habe. In der zweiten Hälfte des 19. Jahrhunderts bot sich eine Verstärkung dieser These an durch die Formulierung des biogenetischen Grundgesetzes, dem pädagogische Analogien abgelauscht wurden.
Toeplitz stellte etwa 1927 der »direkten genetischen Methode« (Fragestellungen, Begriffe, Tatsachen in ihrer historische Folge vor den Lernenden entstehen lassen) die »indirekte genetische Methode« gegenüber: »man könnte für sich selbst aus solcher historischen Analyse lernen, was der eigentliche Sinn, der wirkliche Kern jedes Begriffes ist, und man könnte daraus Folgerungen für das Lehren dieses Begriffs ziehen, die als solche nichts mehr mit der Historie zu tun haben« und »Nicht um die *Geschichte* handelt es sich sondern um die *Genesis* der Probleme, der Tatsachen und Beweise, um die entscheidenden Wendepunkte in dieser Genesis.«[118]
In modernerer genetischer Unterrichtskonzeption findet sich der historisch-genetische Aspekt also nicht mehr in der Auffassung, die Phasen der Entwicklung der Wissenschaft müßten vom Kind in seiner kognitiven Entwicklung nachvollzogen werden, sondern in dem Anliegen, das historisch gewachsene Wissen von den neu erreichten Begriffen her zu rekonstruieren.[119]

4.3.6.4 Methodischer Aspekt

In methodischer Hinsicht ist die genetische Konzeption induktiv (sie geht problemorientiert vor, ›erzeugende‹ Probleme führen zum Lernen von Mathematik) und schülerorientiert (sie schließt an Lernerfahrungen und Umwelterfahrungen der Schüler an).
Andere Unterrichtskonzeptionen sind durch typische Einseitigkeiten ebenso charakterisiert wie durch ihre positiven Orientierungen. Die genetische Konzeption dagegen ist ihrem Wesen nach integrativ: So ist sie *anwendungsorientiert,* ohne in der Anwendung die einzige pädagogische Legitimation der Mathematik zu sehen; sie sucht *Praxisnähe,* ohne daraus ein die mathematische Substanz entmündigendes Dogma zu machen, sie ist *schülerorientiert,* ohne das Feststellen momentaner Schülerbedürfnisse als wichtigsten Planungsfaktor zu akzeptieren, und sie ist immer *problemorientiert.*
Die Schülerorientierung scheint mir in der genetischen Konzeption die stärkste Bindung zu sein, aber auch sie ist dynamisch:
Bei der *Problemwahl:* Es ist weniger wichtig, daß ein Problem ›real‹ ist[120], als daß es einen Reiz ausübt und entwickelt, daß es gehaltvoll ist und ertragreich.
Bei der *Motivation:* Wichtiger als sich nur an bereits vorhandener Motivation und vorhandenen Interessen (statisch) auszurichten ist das Motivieren und das Interesse-Wecken für Neues, die *Entwicklung* intellektueller Bedürfnisse[121].

Es scheint aus heutiger Sicht gerechtfertigt zu vermuten, daß ein Lehrer desto mehr zu genetischer Unterrichtskonzeption neigen wird, je mehr er die Erträge der Grundwissenschaften mit mathematisch-wissenschaftlicher Orientierung zu verbinden sucht.

4.3.7 Bilanz

Wie muß nun eine Konzeption aussehen, die ein Lehrer akzeptieren kann, der – mit Freudenthal – in der Mathematik die pädagogische Aufgabe sehen will?
Man kann wohl jeder der Konzeptionen zugutehalten, daß sie einen für Mathematik durchaus wichtigen Aspekt kultiviert. Fehlhaltungen der mathematischen Orientierung entstehen eigentlich immer dann, wenn ein solcher Aspekt verabsolutiert und dogmatisch der vermeintlichen Gegenposition entgegengestellt wird.
P. Hilton hat einige falsche Polarisierungen entlarvt[122]:

»Old Mathematics	vs. New Mathematics
Education	vs. Training
Skill	vs. Understanding
Usefull Education	vs. Diverting Education
Elitism	vs. Egalitarianism
Structure Building	vs. Problem Solving
Axiomatics	vs. Constructiveness
Art	vs. Science
Pure Mathematics	vs. Applied Mathematics«

Ohne im einzelnen auf die Analyse dieser Dichotomien einzugehen, kann man zusammenfassen, daß das in der Mathematik vorhandene pädagogische Potential nur erschlossen werden kann, wenn man den Facettenreichtum der Mathematik ausnutzt. D. h.: Um dem breiten Spektrum der Erziehungsziele genügen zu können, muß eine Konzeption des Mathematikunterrichts bezüglich der skizzierten Aspekte *integrativ* sein.
In dieser Hinsicht am anspruchsvollsten und leistungsfähigsten scheint mir derzeit die genetische Unterrichtskonzeption zu sein.

4.4 Transfer mathematischen Denkens

»Der Transfer des Lernens ist der Einfluß einer früher gelernten Verhaltensform auf das Aufnehmen, die Darstellung oder die Wiederholung einer zweiten Verhaltensform«[123].
Enger formuliert Becker[124]: »Die Brücke zwischen Lern- und Anwendungssituation bildet die Übertragung des Gelernten, der Transfer.«

Die naive Annahme, exemplarisch Gelerntes werde in beliebige Bereiche spontan transferiert, muß wohl als widerlegt angesehen werden. Aber: »Widerlegt wurde ausschließlich die offenkundig überspannte Erwartung, man könnte zu jeder Zeit alles durch alles lernen oder Fächer wie Latein und Mathematik würden auch kurzfristig gesehen überdurchschnittliche Verbesserungen der allgemeinen Intelligenz bewirken.«[125]
Als gesichert gilt dagegen, daß Lernübertragung möglich ist, wenn Lernbereich und Zielbereich der Übertragung gewisse Gemeinsamkeiten aufweisen. Welche Gemeinsamkeiten dies sind, erörtern verschiedene Transfertheorien.

4.4.1 Transfer-Theorien

»Identische Elemente«:
Ebbinghaus, Thorndike und andere glaubten, daß Transferwirkungen an das Vorhandensein identischer Elemente in Lernmaterial und Anwendungsmaterial gebunden sei.
Beispiel: Landkarten werden in Geographie und Geschichte benutzt; Wörterbücher in Latein und Englisch.
Deshalb gibt es »Mitübungs«-Effekte zwischen dem ersten und dem zweiten Fach. Die Verbindung folgt dabei dem Reiz-Reaktions-Muster (Assoziationstheorie).
Generalisierungen: Eine Erweiterung dieser Erklärung durch identische Elemente geschieht einmal, indem außer identischen Gegenständen auch identische Verfahren herangezogen werden, zum anderen, indem Reizverallgemeinerung unterstellt wird: Auf den Reiz 4+3 erfolgt die Antwort 7, aber auch auf den Reiz 3+4. Schließlich wird Verallgemeinerung der Berührungsassoziation auf – zum Beispiel durch Wörter – ›vermittelte‹ Assoziationen als möglich angenommen, um die Theorie der identischen Elemente an jeweils neue beobachtete Transferwirkungen anzupassen.
»Regel- und Prinzipien-Übertragung«:
Judd und andere stellten fest, daß Transfer ohne identische Elemente im obigen Sinne auftreten kann. Sie nahmen an, daß ein in Lern- und Anwendungssituation vorhandenes Prinzip erkannt werden muß; das heißt die Verwandtschaft beider Situationen muß durchschaut werden. Dann muß die im ersten Bereich gelernte Regel erinnert, reproduziert und im neuen Kontext wieder verstanden werden.
»Struktureller« Transfer:
Erklärung des Transfers als Folge der Organisation und der strukturellen Züge des Materials (Köhler). Die Situationen müssen nicht äußerlich ähnlich sein, wichtig ist die Einsicht in eine strukturelle Ähnlichkeit. Hier handelt es sich also nicht um eine Assoziationstheorie, sondern um eine Kognitionstheorie.
Bei Untersuchungen von Transferphänomenen hat sich gezeigt, daß »identische Elemente« nur selten zur Erklärung ausreichen. Für die in »strukturellem Transfer« geforderte Einsicht hat sich selbständiges Finden der Regel oder Struktur als wirksamer erwiesen als verbale Instruktion.[126]

4.4.2 Mathematische Fähigkeiten und allgemeine Intelligenz

Transfer hängt also nach allen Erklärungsversuchen von Strukturähnlichkeiten zwischen Lern- und Zielbereich ab. Wenn es also gelänge, den außermathematischen Anwendungssituationen genügend ähnliche Unterrichtssituationen zu konstruieren, könnte man hoffen, daß im Unterricht erworbene Qualifikationen außerhalb wirksam werden.[127]

Eine breitere Transferwirkung wäre zu erhoffen, wenn sich herausstellte, daß mathematische Fähigkeiten mit allgemeiner Intelligenz erhebliche Gemeinsamkeiten aufweisen: »Intelligenz sei definiert als die Fähigkeit, mit Schwierigkeiten fertig zu werden. Ob diese Fähigkeit durch Lernen gesteigert werden kann, ist eigentlich in letzter Zeit nicht mehr die Frage.«[128] Bergius deutet dabei eine Wirkensmöglichkeit auch des Mathematikunterrichts an (siehe Abschnitt 4.2.3.2: Problemlösen).

Das Intelligenzmodell von *Guilford* ist nach Bauer[129] das gelungenste und ist im Zusammenhang mit Mathematik wohl das aufschlußreichste. Da es als allgemeines Intelligenzmodell konzipiert ist, tauchen in ihm nur diejenigen Komponenten mathematischer Fähigkeiten auf, die unmittelbar mit Faktoren allgemeiner Intelligenz zusammenhängen. Das Modell hat drei von Guilford als unabhängig behauptete Dimensionen. Man kann es als Quader darstellen, in dem jede der 120 Zellen einer bestimmten Denkleistung entspricht. Allerdings hat man bisher nicht allen Zellen spezifische Denkleistungen zuordnen können.

Die Dimensionen sind:

1. operation (Denkoperationen)
   - memory: Leistungen des Gedächtnisses, der Merkfähigkeit
   - cognition: Erkennen von Begriffen, Begriffsverknüpfungen, Beziehungen, Sachzusammenhängen in vorgegebenen Informationen
   - convergent production (konvergentes Denken): zielgerichtetes, regelanwendendes Problemlösen
   - divergent production (divergentes Denken): kreatives Denken in offenen Problemsituationen, mit neu zu kombinierenden oder zu schaffenden Lösungsverfahren
   - evaluation (Bewerten): Das Bewerten von Sachverhalten, Lösungswegen und Ergebnissen im Hinblick auf bestimmte Kriterien
2. contents (Denkinhalt)
   bildlicher Aspekt, symbolischer Aspekt, semantischer Aspekt und Verhaltensaspekt
3. products (Denkergebnisse)
   Einheiten, Klassen, Beziehungen, Systeme, Transformationen und Implikationen[130].

Ein ebenfalls faktorenanalytisch fundiertes Intelligenzmodell hat *Jäger* 1967 aufgestellt. Es hat folgende Hauptfaktoren: Anschauungsgebundenes Denken; Einfallsreichtum und Produktivität; Konzentrationskraft und Tempomotivation; Verarbei-

tungskapazität, formallogisches Denken und Urteilsfähigkeit; zahlengebundenes Denken; sprachgebundenes Denken.[131].
Schließlich ist noch die Theorie von *Cattell* zu erwähnen, nach der allgemeine Intelligenz durch zwei Grundfaktoren bestimmt ist:

– general fluid ability: aktive allgemeine geistige Grundkapazität
  »... zeigt sich fluide allgemeine Fähigkeit stärker in Tests, die Anpassung an neue Situationen verlangen, in denen kristallisierte Fähigkeiten keinen Vorteil bringen.«[132]
– general crystallized ability: allgemeine durch Erziehungs- und kulturelle Einflüsse geprägte Fähigkeit
  »Kristallisierte Fähigkeit lädt stärker auf jenen kognitiven Leistungen, in denen ausgefeilte Beurteilungsverfahren sich als Ergebnis früherer Lernanwendungen einer grundlegenden allgemeinen Fähigkeit auf bestimmte Bereiche auskristallisiert ... haben.«[132]

Auf jedem dieser Intelligenzmodelle fußen gängige Intelligenztests. Die nach der Theorie von Cattell sind sprachfrei konzipiert und sollen deshalb eine kulturunabhängige Messung der allgemeinen Intelligenz erlauben.
Alle Modelle zeigen in den ausgewiesenen Faktoren bzw. den auf ihnen basierenden Tests deutliche Gemeinsamkeiten mit mathematischen Fähigkeitskomponenten. Die Tragfähigkeit dieser Aussage sollte allerdings nicht überschätzt werden, da sie sich auf die Beweiskraft der faktorenanalytischen Verfahren der Psychologen stützt, die bisher wohl eher als gering einzuschätzen ist.[133]
Freudenthal faßt es zusammen: »Schade nur, daß Methoden wie Faktorenanalyse, Varianzanalyse, Korrelationen und Regressionen schon bei gutem Material untauglich sein können, wenn keine Theorie dahinter steckt«[134]. Eine überzeugende Theorie der Intelligenz aber gibt es bis heute nicht.

4.4.3 Transfer nicht-kognitiver Verhaltensformen

Ein Transfer nichtkognitiver Verhaltensformen (Ordnung, Konzentration etc.) ist empirisch wenig erforscht. Die Annahme positiven Transfers ist immer dann plausibel, wenn das Merkmal nicht nur als Arbeitsvoraussetzung auftritt, sondern für den Lernprozeß strukturierendes Merkmal ist.
Beispiele[135]:
1. Konzentration:
Hohe Konzentrationsfähigkeit ist einerseits gute Arbeitsvoraussetzung für mathematische Tätigkeiten. Konzentration auf ein begrenztes Feld von Elementen über jeweils längere Zeit ist andererseits aber auch ein Wesensmerkmal mathematischer Tätigkeit, eine durch Training im Mathematikunterricht begünstigte Verhaltensform.
Hier kann also vermutet werden, daß ein Transfer in Situationen hinein erfolgt, die

ein Fokussieren der Denktätigkeit und ein Abblocken von Außenreizen, also Konzentrationsfähigkeit, erfordern.

2. Enthaltung von Emotionen:

Zweifellos kann der Schüler im Mathematikunterricht erfahren, daß Emotionalität fehlleitend, sinnlos, ja schädlich sein kann. Ein Transfer der Beherrschung von Emotionen könnte in solche Situationen hinein erwartet werden, die der Schüler als in ähnlicher Weise emotionsfeindlich einschätzt wie den Mathematikunterricht; es ist fraglich, für welche anderen Bereiche eine solche Einschätzung erwartet werden kann. Überdies wäre negativer Transfer denkbar; das hieße, daß andere Bereiche zu kompensatorischen Entladungen genutzt würden oder daß der Schüler Bereiche, die Emotionen tabuisieren, meiden lernt.

3. Selbstkritik, Kritikfähigkeit:

Es ist weitgehend unbestritten, daß durch das Entdecken von Fehlern, Überprüfen von Resultaten, Lösungswegen und Argumentationen im Mathematikunterricht Selbstkritik gefördert oder entwickelt werden kann.

Die Transferhypothese müßte sich wieder auf strukturähnliche Situationen beziehen, hier also solche, in denen Ergebnisse des Denkens oder Handelns überprüfbar erscheinen. Wo ist das so?

Überdies ist die erwünschte Qualifikation Selbstkritik/Kritikfähigkeit insofern ambivalent, als sie noch keine konstruktive Komponente enthält. Kritik allein bessert die heuristische Problemlösefähigkeit nicht. Gewöhnung an Kritik (negative Selbsteinschätzung) kann sogar dazu führen, die richtigen Ergebnisse stets von anderen zu erwarten. Der Transferwunsch ist also daran gebunden, daß es gelingt, Kritik und Selbstkritik mit konstruktiven Impulsen zu koppeln (siehe schulische Verstärker, Ermutigung, Abschnitt 4.2.1).

4.4.4 Transfer in Lernsituationen hinein

Zugunsten der Erörterung direkter Anwendungen mathematischer Qualifikationen in außermathematische Bereiche hinein scheint mir eine andere Art möglichen Transfers in der mathematikdidaktischen Diskussion bisher eher vernachlässigt: Es wäre denkbar, daß ein Transfer aus dem Mathematikunterricht hinaus weniger in Anwendungs- als in *Lernsituationen hinein* erfolgt.

Vielleicht muß eine im Mathematikunterricht erworbene Qualifikation sich nicht in einer Verbesserung ergebnisorientierter Handlungen unmittelbar bemerkbar machen und kann sich dennoch in einer Verbesserung der Lerndisposition und Lernbefähigung auswirken.

Problemlösefähigkeit im Mathematikunterricht etwa, die nicht eine meßbar höhere Problemlösefähigkeit in einem anderen Bereich bewirkt haben mag, kann vielleicht dennoch zu einer Erhöhung der Lerngeschwindigkeit für Problemlösestrategien in diesem Bereich führen.

Einen Anlaß für diese Transfervermutung bietet ein Experiment von Judd, das später mehrfach bestätigt worden ist:[136]
Schüler mußten lernen, mit Wurfpfeilen auf Unterwasserziele zu schießen.
Die Kontrollgruppe übte nur, die andere Gruppe wurde außerdem über das Prinzip der Lichtbrechung unterrichtet. Die unterrichtete Gruppe zeigte sich deutlich überlegen, wenn das Ziel verschoben wurde – vorher nicht. Das heißt: Sie zeigte keinen meßbaren unmittelbaren Anwendungserfolg, lernte aber deutlich schneller in veränderter Situation!
Eine Differenzierung des Versuchs durch Overing/Travers ergab: Die Transferleistung war besser, wenn die theoretische Information nicht nur verbal erfolgte, sondern visuell (ikonisch) unterstützt wurde und noch besser, wenn die erhaltene Information durch die Schüler selbständig verbalisiert wurde.
Es war also nicht nur die bloße Kenntnis der Brechung wirksam, sondern die Qualität des theoretischen Lernens selbst transferierte.

4.4.5 Das Transferieren als Lerngegenstand

Um das Transferieren von Gelerntem in fremde Bereiche hinein zu erleichtern, muß das Transferieren selbst gelernt werden. Ein Beispiel:
Das Baumdiagramm. Lernt der Schüler in Aufgaben der Wahrscheinlichkeitsrechnung mit Baumdiagrammen arbeiten, so wird er es auf das Signal ›Wahrscheinlichkeit‹ hin vielleicht auch in einer neuen Aufgabe mit einem Baumdiagramm versuchen: Die Reizvokabel ›Wahrscheinlichkeit‹ kann als identisches Element von Lern- und Anwendungssituation erkannt und mit der Skizze eines Baumdiagramms beantwortet werden.
Anders – hoffentlich –, wenn das strategische Instrument ›Baumdiagramm‹ selbst der Lerngegenstand in stark variierten Situationen war: Rechenbaum, Wahrscheinlichkeitsbaum, Entscheidungsbaum (Fallunterscheidungen im mathematisch üblichen Sinne einschließend)[137], Stammbaum der Familie Valois oder der eigenen, Organisation eines Tennisturniers mit k. o.-System – Baumdiagramm stets als Schematisierung eines mehrstufigen, verzweigten Prozesses. Jetzt kann man auf Transfer hoffen, wenn der Schüler eine neue Situation als mehrstufig und verzweigt erkennt; sofern eben das Transferieren des Schemas in neue Situationen hinein geübt worden ist.

4.5 Mathematik und Begabung

4.5.1 Anlage – Umwelt

»Dem Begriff der ›Begabung‹ stehen wir heute nicht mehr unbefangen gegenüber«, stellt G. Fölsch 1977 fest[138]. Es ist fraglich, ob diese Unbefangenheit größer oder echter war[139], bevor durch Jensens Artikel, »Wie sehr können wir Intelligenzquotient und schulische Leistung steigern«[140], der Streit um die Dominanz von Vererbung oder Milieueinfluß wieder in Hitze geriet. Die Vertreter der extremen Positionen in dieser Diskussion vermitteln eher den Eindruck, weder Vererbung noch pädagogisch kanalisierte Umweltbemühungen seien Garanten für die Befähigung zu rationaler Argumentation:
»Es ist soviel leichter, an Erblichkeit *oder* pädagogisches Begaben zu glauben«, schreibt v. Hentig[141], »als die schwierige gegenseitige Bedingtheit und die entsprechend mühsamen, langwierigen Wandlungsprozesse zu verstehen und zu verwirklichen« ... »So entsteht eine Polarisierung, in der beide Seiten extreme Behauptungen vertreten und nichts mehr hinzulernen, weil es ja in erster Linie darum geht, die andere Position zu brechen.«
Diese Positionen werden oft durch Schlagworte signalisiert:
Vererbung: Begabung/Intelligenz ist überwiegend genetisch festgelegt, wird durch Umweltanregung allenfalls freigesetzt, aber kaum verändert oder entwikkelt.
Vorwurf: »statischer« Begabungsbegriff; »Neuauflage des Prädestinationsglaubens«[142]; geringer Einfluß auch einer gezielten Erziehung: »pädagogischer Pessimismus.«
Umwelt: Das genetisch festgelegte Begabungspotential ist bei allen Menschen gleich oder wenigstens so hoch über jeder praktischen Ausschöpfungsmöglichkeit, daß Intelligenzunterschiede ausschließlich durch Milieuunterschiede bewirkt werden. Die Begabung/Intelligenz wird durch Umwelteinflüsse entwickelt; man *ist* nicht begabt, man *wird* begabt: »dynamischer« Begabungsbegriff. Neben dem sozialen Milieu der Kindheit hat Erziehung den stärksten Einfluß, die Formbarkeit durch Erziehung ist unbegrenzt: »pädagogischer Optimismus«; der extreme Behaviorist glaubt: jeder kann alles lernen.[143]
Heckhausen warnt: »Es ist ratsam, allen Aussagen, in denen von einem ›statischen‹ und ›dynamischen‹ Begabungskonzept die Rede ist, mit Skepsis zu begegnen. In der Regel läßt sich leicht erkennen, daß sie auf Unkenntnis der Probleme und des wissenschaftlichen Forschungsstandes beruhen oder daß Teilergebnisse mißverstanden und im Sinne eigener bildungspolitischer Voreingenommenheiten aufgefaßt werden.«[144]

4.5.2 Pädagogische Konsequenzen

Für viele, fährt Heckhausen fort, hängt die Neigung zur einen oder anderen der beiden Positionen mit pädagogischem Optimismus oder Pessimismus zusammen.
Tatsächlich jedoch läßt sich pädagogischer Optimismus mit guten Gründen auch auf Jensens Position stützen. v. Hentig sieht Ziel und Richtung pädagogischer Aktivitäten auch nach der Überlegung »Was wäre, wenn Jensen recht hätte?«[145] nicht geändert.
Unterstellt also, der Erblichkeitsindex läge tatsächlich bei etwa 80 Prozent[146], was bliebe dann an pädagogischem Spielraum?

- die IQ-Unterschiede, die dabei aus Umwelteinflüssen resultieren könnten, wären immer noch erheblich[147]
- die Umwelt ist – nach Jensen – ein Schwellenwert: »Es kann gar kein Zweifel bestehen, daß ein Wechsel aus einer extrem dürftigen Umwelt in gut durchschnittliche Lebensbedingungen den IQ eines Kindes um 20–30 Punkte und in gewissen, extremen Fällen sogar um 60–70 Punkte ansteigen läßt«[148]
- der Erblichkeitsindex bezieht sich auf IQ-*Unterschiede* in einer Gruppe, nicht auf Intelligenz*niveaus;* letztere aber sind die pädagogisch wichtigere Größe[149]
- der im IQ gefaßte Intelligenzbegriff ist zu grob, er rekurriert im wesentlichen auf einen allgemeinen Intelligenzfaktor. Das Begabungsprofil eines Individuums verlangt dagegen differenzierte, spezifische pädagogische Förderung. Dies wird bildungspolitisch die Entwicklung einer pädagogischen Diagnose und entsprechender Differenzierungsmodelle erfordern. Dazu Heckhausen: »Schließlich wäre auch der gesellschaftspolitischen Forderung nach der Gleichheit der Bildungschancen kein Abbruch getan. Im Gegenteil! Die Ungleichheit besteht noch immer darin, daß die individuellen Entwicklungsmöglichkeiten ungleich gefördert werden. Je mehr jeder Schüler seinen individuellen Entwicklungsmöglichkeiten entsprechend gefördert würde, desto stärker verringerte sich die Ungleichheit der Bildungschancen zwischen den Einzelnen und den sozialen Gruppen.«[150]

Für die schulische Erziehung, besonders im Mathematikunterricht, sind zwei Modifikationen der Anlage-Umwelt-Problematik bedeutungsvoll:
1. Ein sehr wesentlicher Einflußfaktor in der Umwelt eines Schülers ist die Meinung dieser Umwelt über die genetische Bedingtheit der (mathematischen) Begabung. Das heißt selbst dann, wenn Erblichkeit tatsächlich unbedeutend wäre, käme sie als Umweltfaktor zur Wirkung wegen der allgemeinen Überzeugung von ihrer Dominanz.

An Hinweisen auf solche Mechanismen fehlt es nicht:

- elterliche Meinung über mindere mathematische Begabung von Mädchen kann leicht selbst die Bestätigung bei der Tochter produzieren: durch mindere Erwartung an das Mädchen und damit fehlende Förderung, durch Übernahme in die Selbsteinschätzung, durch listiges Ausnutzen des willkommenen Alibis (dies muß

noch nicht einmal mathematikspezifisch begründet werden – die Begabungshypothese kann als Alibi bei Leistungsschwäche in jedem unbequemen Fach herhalten)
- für die Familie Bach – häufig zitiertes Paradebeispiel für die Erblichkeit musikalischer Begabung – wurde zur Diskussion gestellt, ob sich die hohe musikalische Produktivität nicht ebenso leicht durch die allgemeine Erwartung an die ererbte musikalische Begabung der Kinder erklären ließe wie durch die Annahme einer tatsächlichen genetischen Begünstigung.

2. Man muß wohl annehmen, daß ein erheblicher Teil der Eltern in bezug auf Mathematik eher einer genetischen Begabungserklärung zuneigt, mag sie nun gerechtfertigt sein oder nicht. Dann kommt ein Mathematiklehrer aber gar nicht umhin, diesem Erklärungsmuster eine Wirksamkeit zuzubilligen: direkt wirkend oder als Umweltfaktor der kindlichen Vergangenheit und Gegenwart. Dieser Faktor überlappt sich dann mit den primären Umweltfaktoren.

Zu dem Zeitpunkt jedenfalls, zu dem der Mathematiklehrer beginnen kann, einen pädagogischen Einfluß auszuüben, haben die Schüler unterschiedliche »Begabungshöhe – ganz gleich, ob diese durch Erbe oder Umwelt zustandegekommen ist –«[151].
»Es spielt eigentlich nach 6 oder 12 Lebensjahren kaum noch eine Rolle, woher der Vorsprung der einen und der Rückstand der anderen herrührt, von der Umwelt oder von der Erblichkeit«[152].

4.5.3 Förderung mathematisch besonders begabter Schüler

Das zitierte ZDM-Heft hat diese Ausgangssituation als Basis genommen, um die Förderung mathematisch besonders begabter Schüler zu diskutieren.
Das Spektrum der Meinungen war breit, es reichte von der Ablehnung einer Stellungnahme, weil angesichts ernsterer Probleme im Mathematikunterricht die Förderung besonders Begabter kein dringliches Anliegen sei, bis zum Vorwurf, diesem Schülerkreis werde derzeit eine angemessene Förderung vorenthalten.
In der Mehrheit befürworteten die Autoren Maßnahmen innerer Differenzierung zur besseren individuellen Förderung (nicht nur) besonders begabter Schüler.
»Mathematische Begabung« wurde dabei überwiegend im Sinne einer erkennbaren besonderen Leistungsfähigkeit mit heuristischem Schwerpunkt aufgefaßt, jedoch wurde auch eindringlich an die Mathematiklehrer appelliert, »verdeckte« Begabungen zu wecken.

4.5.4 Förderung mathematisch »minderbegabter« Schüler

Der Bereich der kognitiven Förderung kann hier außer acht gelassen werden – er wird ganz allgemein ebenfalls mit der Forderung nach innerer Differenzierung behandelt.
Nach den vorstehenden Überlegungen wichtiger scheinen Fördermaßnahmen unter

psychologischem und sozialem Aspekt – Analyse von Selbsteinschätzungsmustern, Durchbrechen von Alibikonstruktionen, familiäre Begabungshypothesen etc. Hierbei ist der hohe Aufmerksamkeitswert in Kleingruppen von hoher Bedeutung, das soziale Klima der Kleingruppe entscheidender als der ›wiederholte Stoff‹.
Vor einiger Zeit war man versucht, die ›Rechenschwäche‹ ähnlich zu deuten wie anfänglich die Legasthenie – als medizinisches Syndrom. Dahin gehören wohl auch die Schlagworte »Mengenlehre macht krank« und Teile des Erklärungsrituals »Schulstress«. Pädagogisch konstruktive Impulse sind daraus bisher nicht geboren worden, weil die Analyse der spezifischen Schwierigkeiten jedes einzelnen Schülers nicht durch Globalrezepte ersetzbar ist. Die Gefahr solcher medienwirksamer Slogans aus vermeintlich kompetenten Mündern besteht darin, daß Lehrern von außen Entscheidungen aufgezwungen werden, hinter denen keine ernsthafte pädagogische Reflexion steht[153]. ›Mathe macht krank‹ macht nicht nur auf konkrete Fälle überhöhter Leistungsanforderungen aufmerksam – was berechtigt wäre –, sondern baut ebenso wie die familiäre Hypothese von fehlender mathematischer Begabung eine Einstellung auf (Versagenserwartung. Fluchtbereitschaft), die den Schüler blockieren kann und sich damit als anscheinend berechtigt erweist. Der Slogan beschreibt nicht mehr nur eine Schulschwierigkeit, er wird selbst eine ihrer Ursachen.
Das gelernte Fluchtverhalten wird durch die Organisation der gymnasialen Oberstufe noch begünstigt (Abwahlproblematik).
Insgesamt sind die Möglichkeiten des Lehrers, besonders dem leistungsschwachen Schüler, bei dem ja die genannten Faktoren am leichtesten kumulieren, zu helfen, sehr begrenzt. In aller Regel ist nicht einmal eine hinreichend genaue Analyse der Leistungsschwäche möglich. So wird häufig auch der Lehrer in Ermangelung besserer Erklärungen bei einem leistungsschwachen Schüler über das berechtigte Maß hinaus Intelligenzmangel vermuten.

4.6 Mathematik und Sprache

4.6.1 Sprache und Denken

Die alte Streitfrage, ob Denken an Sprache gebunden ist, flackert auch in pädagogischen Erörterungen immer wieder auf.
Die krasseste Position in Linguistik und Sprachphilosophie, Denken beruhe auf Sprache und sei von ihr abgeleitet (älterer logischer Positivismus), ist wohl ebensowenig haltbar wie die Ansicht, Denken erfolge ausschließlich in Sprache (z. B. Wygotski).
Selbst Whorf wendet sich gegen die »Meinung, das Denken sei ausschließlich sprachlich«[154] und schränkt ein, es hänge »*großenteils* an dem besonders eng in sich

verflochtenen Komplex kultureller Phänomene, den wir als Sprache bezeichnen«. Auch nach Wittgenstein gibt es »nicht eine einzige, allgemeingültige Verbindung zwischen Denken und Sprache, sondern eine Reihe verschiedener, ineinander verschränkter Verbindungen«.[155]
Bergius nennt drei Gruppen von Belegen gegen die Annahme einer engen Kopplung von Denkentwicklung und Sprachentwicklung:

1. Lernversuche mit Kleinkindern und mit Affen
2. Untersuchungen der intellektuellen Leistungsfähigkeit von Taubstummen: Furth[156] hat nachgewiesen, daß es zwar vorübergehende Verzögerungen der intellektuellen Entwicklung von taubstummen Kindern geben kann, daß sie aber »trotzdem die abstrakte Haltung, die für die Begriffsbildung notwendig ist, erwerben« können.
3. Längsschnittuntersuchungen zur Sprach- und Intelligenzentwicklung: Vernon zog aus einer Analyse einschlägiger Forschungsergebnisse in 33 Untersuchungen den Schluß:
   - es gibt keine funktionale Beziehung zwischen der Sprache und der Kognition
   - Sprache ist nicht das vermittelnde Symbolsystem des Denkens
   - es gibt keine Beziehung zwischen der Begriffsbildung und dem Niveau der Sprachentwicklung[157].

Haas[158] hält die enge Bindung an sprachlichen Ausdruck weniger für ein Kennzeichen des Denkens als vielmehr für ein Kennzeichen des Denkens in unserer abendländischen philosophischen Tradition: »... die tiefe Überzeugung, daß alle Weisheit, von der höchsten bis zur niederen Ordnung, in Begriffen ausdrückbar ist und sein muß. Auf jeder Stufe gründet sie sich auf das begriffliche Denken und ist in ihm enthalten, und ihre Existenz hängt von der Klarheit ihrer Formulierungen ab. Der Osten teilt diese Meinung nicht.«
Für den Mathematikunterricht hat – trotz heißer Diskussion noch vor wenigen Jahren – die Kontroverse darum, ob das Denken in der Sprache wurzelt oder der Sprache vorgeordnet ist, weniger Brisanz als es zunächst scheinen mag. Folgt man Weizsäckers[159] Unterscheidung zwischen dem Denken als einem seelischen Akt und den Produkten dieses Denkens, den Gedanken, so wird schnell deutlich, daß man im Unterricht weniger um die Erforschung des Denkens besorgt ist als um die angemessene Ausdrucksform für Gedanken. Daß die sprachliche Repräsentationsebene dominiert, wird von keiner philosophischen oder pädagogischen Richtung ernsthaft in Zweifel gezogen. Auch bei Bruner[160] – bei allem Bemühen, durch Variation der Darstellungsebenen den Lernvorgang zu intensivieren – ist die Priorität der Sprache unverkennbar.

4.6.2 Funktionen der Sprache im Mathematikunterricht

Winter[161] weist der Sprache »im Mathematikunterricht drei in vielfältiger Weise miteinander verschränkte Funktionen« zu:

– die der Kommunikation,
– die einer Trägerin mathematischer Bedeutungen,
– die eines Lehrinhalts.

Wie gut es gelingt, im Unterricht Lernprozesse zu initiieren, hängt weitgehend von der Art der Kommunikation ab. Es wurde bereits erörtert, daß der Erwerb von Einstellungen, Attitüden, Verhaltensformen stärker durch die soziale Interaktion als durch den Informationsfluß im engeren Sinne beeinflußt wird; damit ergibt sich aber auch eine Rückkopplung zum kognitiven Lernen.

Neben anderen Faktoren – etwa: Einzugsbereich der Schüler, Schulform, Gruppengröße, Zusammensetzung des Kollegiums – ist der Lehrstil des Lehrers für die Kommunikationsweise im Unterricht sehr bedeutsam. Bevorzugt er »expositorisches Lehren«[162], so ist die Kommunikationsfigur ein Stern: Spricht er nicht ohnehin selbst, so läuft doch jedes Gespräch über ihn, oft eng kanalisiert; mitunter schlüpft ein Schüler in seine Rolle, ohne daß dies die Interaktionsstruktur ändert.

Versucht er »entdeckendes Lernen« anzuregen, so konzentriert sich seine Tätigkeit auf helfende und steuernde Impulse, Gespräche der Schüler miteinander werden unterrichtskonform möglich; die Kommunikationsfigur wird ein Kreis oder besteht aus mehreren Kreisen.[163]

In dem erstgenannten Lehrstil wird die Sprache des Lehrers zu höherer fachsprachlicher Präzision und höherer Informationsdichte neigen; beim zweitgenannten wird der Lehrer Techniken des informationsarmen und dennoch hilfreichen Fragens pflegen und die Schüler behutsamer von der Umgangssprache zur Fachsprache führen wollen.

4.6.3 Umgangssprache

»Die sogenannte exakte Wissenschaft kann niemals und unter keinen Umständen die Anknüpfung an das, was man die natürliche Sprache oder die Umgangssprache nennt, entbehren.«[164]

Was Weizsäcker für die Physik formuliert, gilt ebenso für die Mathematik: Selbst bei strengstem axiomatisch-deduktiven Aufbau bauen die ersten Definitionen auf umgangssprachlich repräsentiertem Vorverständnis auf.

Im schulischen Mathematikunterricht hat – das gilt für jede der erörterten Konzeptionen – die Umgangssprache eine noch wesentlich größere Bedeutung als in der Fachwissenschaft. So ist bei der Einführung wie bei der Verankerung fachsprachlicher Begriffe[165] die Umgangssprache das vorherrschende unterrichtliche Medium. Deshalb dürfen Umgangssprache und Fachsprache im Mathematikunterricht keinesfalls dichotom verstanden werden. Man kann es noch schärfer formulieren: Für die Entwicklung einer angemessenen Fachsprache ist nicht etwa eine Verdrängung, sondern eine zielgerichtete Pflege der Umgangssprache förderlich.

Wenn nun einerseits betont wurde, daß die Umgangssprache Voraussetzung und

Grundlage der Fachsprache ist, so muß andererseits deutlich werden, daß die Fachsprache nicht entbehrlich ist.

4.6.4 Fachsprache

Zunächst sind die meisten Argumente für einen möglichst konsequenten Verzicht auf Fachsprache fragwürdig:
›bessere Verständlichkeit‹: Ersetzt man z. B. fremdsprachige Fachtermini durch Wörter der Umgangssprache oder Eindeutschungen, so stehen diese unter demselben Anspruch an Eindeutigkeit und Schärfe, sind also selbst wieder Fachtermini. Man erkauft die phonetische Erleichterung aber häufig mit Nachteilen:
a) Wenn die umgangssprachliche Bedeutung eines Wortes mit der fachsprachlichen kollidiert, ist das Verständnis des Begriffs eher erschwert als erleichtert. Winter nennt eine Reihe von Beispielen unfreiwilliger Kollisionen[166]: Menge, Körper, ...
b) Der als »altersgemäß« begründete »umgangssprachliche Fachsprachenersatz«[167] ermutigt auch keineswegs zur Ausweitung über Grundschule und Orientierungsstufe hinaus. Griesel fordert, daß »das Ersatzwort ... aufgrund seiner umgangssprachlichen Bedeutung näher bei der Grundvorstellung, die mit dem Fachbegriff zu verbinden ist«, liegt.
Ob aber die Assoziationen, die das Ersatzwort »langer Name« (statt »Term«) beim Schüler weckt, wirklich die erwünschten sind, scheint mit zweifelhaft.
Daß »Rechtswert« und »Hochwert« geradezu irreführende Ersatzwörter für die Koordinaten eines Punktes im 1. Quadranten des kartesischen Koordinatenkreuzes sind, muß dem Lehrer wohl spätestens dann auffallen, wenn er zu begründen versucht, warum der »Rechtswert« in der Paardarstellung (x/y) ausgerechnet links steht; in der Spaltendarstellung des Ortsvektors steht der »Hochwert« übrigens unten.[168]
›Erleichterung der Begriffsbildung‹: Wie wir gesehen haben, ist der Begriffsbildungsprozeß in der Regel sehr komplex, manchmal langwierig. Der Teilaspekt der Benennung wiegt darin selten so schwer, daß man durch einen umgangssprachlichen Ersatznamen den schnellen Zugang erhoffen dürfte – im Gegenteil bestünde die Gefahr einer Illusion beim Lehrer.
Im Sinne einer genetischen Unterrichtskonzeption sehr positiv zu bewerten ist dagegen der Versuch, eventuelle etymologische Wurzeln eines Fachterminus in der Umgangssprache freizulegen; selten genug wird er gelingen. Die lateinische Herkunft wäre potentiell noch ergiebiger – nur sollte man sich in der Erwartung an den Reiz, den dies auf Schüler des Fernsehzeitalters ausübt, nicht überhitzen.

4.6.5 Arbeitssprache[169]

In vielen Klassen bildet sich ein Jargon zwischen Umgangssprache und Fachsprache aus, der sich vom Reiz spontaner Wortschöpfungen nährt. »Solche Werkstattsprachen«, sagt Winter, »die sich durch hohe Anschaulichkeit, Situationsgebundenheit und grammatikalische Gelockertheit (z. B. Division von Bruchzahlen: ›Ich drehe das rum und nehme dann mal‹) auszeichnen, die häufig durch Gestik unterstützt werden und die außerhalb der Gesprächsrunde so kaum verständlich sein dürften, entstehen wohl unvermeidlich von selbst und ihre kommunikative Bedeutung muß sehr hoch eingeschätzt werden.« Er warnt jedoch davor, Werkstattausdrücke explizieren zu wollen, weil der Wert der »methodischen Zwischensprache« vor allem in der Abwesenheit des Präzisierungsdruckes liege.
Griesel[170] nennt viele Beispiele für unterrichtliche Arbeitsausdrücke: u. a. Pfeildiagramm, Baumdiagramm, Kürzungszahl, Hauptbruchstrich, dreistufiger Versuch, Klammern auflösen, Ausklammern, Äquivalenzumformung, Termumformung, Sekantensteigungsfunktion, die sich inzwischen längst aus der Situationsgebundenheit in *einer* Klasse gelöst haben und sich weithin durchgesetzt haben.
Er stellt zu den Arbeitsausdrücken 16 Thesen auf, die ich mit Bemerkungen von Winter zusammenfasse:
Arbeitsausdrücke
- sind methodische Hilfsmittel zur Verbesserung spontaner Kommunikation
- sind oft Erfindungen von Schülern
- sind situationsgebunden
- zielen auf Anschaulichkeit, Prägnanz und momentane Zweckmäßigkeit, nicht auf fachsprachliche Präzision
- sollen *nicht* durch Definitionen abgesichert und als Fachausdrücke stabilisiert werden.

4.6.6 Präzisierung

Die Arbeitssprache als »Methodische Zwischensprache« muß bei allem Bemühen um lebendiges, schülerorientiertes Unterrichtsgespräch aber auch in ihren Beschränkungen gehalten werden und darf nicht als endgültiges Sprachniveau des Mathematikunterrichts angesehen werden. Ein Verharren in situationsgebundenen Augenblicksformulierungen würde wesentliche Teile des Begriffsbildungsprozesses kupieren. »Durch generellen Verzicht auf fachsprachliche Präzisierung würden wir Lernschwierigkeiten geradezu erzeugen, denn im Zuge des ›richtigen Sprechens‹ wird auch das Denken diszipliniert«[171].
Dinges empfiehlt auch für die Universität als wichtige Komponente des Lernprozesses: »die Umgangssprache zu präzisieren zu einer flexiblen Fachsprache, die einerseits das Skizzieren von Beweisen ermöglicht, andererseits jederzeit wieder vergröbert werden kann für das Gespräch mit Nichtmathematikern.«[172]

Was in den modernen Unterrichtskonzeptionen für die Mathematik generell postuliert wird, ist auch für die Präzisierung der Sprache im Mathematikunterricht entscheidend: Der Schüler muß sie als dynamischen Prozeß erfahren, nicht als statische Vorgabe akzeptieren lernen. Am naiven Vorverständnis anknüpfend soll ein theoretischer Begriff zu der Schärfe entwickelt werden, die für den Einsatz in mathematischen Argumentationen und Rechnungen erforderlich ist.[173]
Am Wahrscheinlichkeitsbegriff kann das Gemeinte vielleicht exemplifiziert werden: Umgangssprachlich wird der Begriff zumeist dichotom (»wahrscheinlich« – »unwahrscheinlich«) oder komparativ (»wahrscheinlicher als«), im wesentlichen qualitativ gebraucht. In der unterrichtlichen Behandlung wandelt sich der Begriff zu einem quantitativen – eine Zwischenstufe können (noch nicht metrische) Rangordnungen von Ereignissen nach dem Merkmal Wahrscheinlichkeit sein – und erfährt neben der definitorischen Verschärfung eine Ausweitung (Einbeziehen der Grenzfälle unmöglich und sicher). Die landläufigen Vorstellungen zum Phänomen Zufall, die auch noch Facetten animistischen und magischen Denkens haben, werden während dieses Prozesses noch mehrfach lebendig und müssen immer wieder neu verarbeitet werden. Der Weg vom umgangssprachlichen zum fachsprachlichen Wahrscheinlichkeitsbegriff wird deshalb in der Regel nicht linear verlaufen sondern Schleifen aufweisen.[174]
Ein wichtiger Aspekt der Sprachpflege im Mathematikunterricht ist das *Argumentieren.* Auch hier wird der Unterricht wohl zu oft durch ein statisches Bild von Mathematik bestimmt: Der Beweis – als die Mathematik kennzeichnendes Ritual schlechthin nach Meinung vieler Laien – wird auf einer eigens dafür gezimmerten Plattform zelebriert[175]. Eine dynamische Auffassung dagegen wünscht die Anknüpfung an umgangssprachliche Argumentationsmuster und eine Betonung der kommunikativen Komponente des Beweisens: Zweifel am Inhalt der Behauptung; Widerspruch; ein Argumentationsgegner, der überzeugt werden soll; Überlegung, welche Voraussetzungen sinnvoll sind und von den Gesprächspartnern akzeptiert werden; Betonung des hypothetischen Denkansatzes; Nutzen der Behauptung; Stellenwert des Beweisens im Unterrichtszusammenhang.[176]
Ferner gehört zu einer dynamischen Auffassung die Einsicht, daß Exaktheit keine feste untere Schranke in der Mathematik ist, sondern kontextabhängiger Vereinbarungen bedarf, daß es also Stufen der Exaktheit auch innerhalb der Mathematik gibt – nicht nur eine hohe Stufe am Eingang.[177]

5. Didaktische Prinzipien im Mathematikunterricht

»Didaktische Prinzipien sind Postulate bzw. Forderungen, die meist aus Lerntheorien abgeleitet bzw. durch diese begründet werden. Sie enthalten Hinweise und Regeln, wie im Unterricht geeignete Lernbedingungen hergestellt und wie optimale Erfolge erreicht werden können. Die wichtigsten dieser Prinzipien werden mit eigenen Namen belegt.«[1]

Nach Wöhler[2] sind didaktische Prinzipien zielgerichtete praxeologische Aussagen, die sich auf bestimmte didaktische Handlungsspielräume beziehen, in denen sich Lehr-Lern-Prozesse zu vollziehen haben; sie informieren über didaktische Handlungsalternativen und ihre Konsequenzen.

Für Wittmann[3] sind didaktische Prinzipien ›methodologisch gesehen Regeln zur Konstruktion von Unterrichtsvorlagen‹.

Didaktische Prinzipien sind *nicht* geeignet, bestimmte Methoden oder Sozialformen des Mathematikunterrichts durchgängig zu determinieren.

So ruft das *Prinzip der Individualisierung*[4] den Lehrer zum Versuch auf, »der Eigenart des einzelnen Schülers gerecht zu werden«. Es ermächtigt ihn nicht, den Schüler durchgängig isolierende Sozialformen – programmierter Unterricht, Einzelarbeit, Arbeitsbögen – zu bevorzugen und damit die Forderung nach offenem Kommunikationsstil und kooperativen Arbeitsformen zu vernachlässigen.

Didaktische Prinzipien sind also Planungsparameter, die im Rahmen einer didaktischen Analyse für jeden Unterrichtskontext neu zu bewerten sind. So ist es wiederum ein didaktisches Prinzip, Methodenvielfalt, Variation der Darstellungsformen, der Arbeitsformen und Sozialformen anzustreben und – in welcher Konzeption des Mathematikunterrichts auch immer – die Einseitigkeit eines linear-sukzessiven Aufbaus des Lernprozesses zu vermeiden![5]

Die besondere Art der Situationsbezogenheit benutzt Dollase[6] als Klassifikationsmerkmal für didaktische Prinzipien. Als »Urformulierung des *Prinzips der Situationsbezogenheit*« bezeichnet er Senecas berühmtes Wort, dessen Verdrehung in ›non scholae sed vitae discimus‹ Flügel bekommen hat[7].

Dollase nennt drei Klassen:

»a) Didaktisch-methodische Orientierung an zukünftigen Lebens- und Berufssituationen. Kernproblem ist dabei die Ermittlung von Lebens- und Berufsqualifikationen, die der Schüler in seinem späteren Leben brauchen wird. Die strikte Anwendung dieser Variante des Situationsprinzips führt zu einer durch ›technologische Zweckmäßigkeit‹ charakterisierbaren Ziel- und Inhaltsauswahl.«[8]

»b) Didaktisch-methodische Orientierung an den gegenwärtigen und kurz bevorstehenden Lebenssituationen. Hierbei wird der aktuelle Erlebens- und Erfahrungshorizont der Schüler für Zielauswahl und/oder Vermittlungsmethode genutzt.«

»c) Didaktisch-methodische Orientierung an der Erziehungssituation selber; d. h.

konkrete Einbeziehung der Schulklasse als ›soziales Erfahrungsfeld‹, des Unterrichts als ›soziale Situation‹ oder der ›Beziehungsebene‹ neben der ›Inhaltsebene‹.«

Die Verbindungen dieser drei Orientierungen zu den Konzeptionen des vierten Kapitels sind offenkundig. Dennoch möchte ich Dollases Anregung, sie zur Klassifizierung von didaktischen Prinzipien zu verwenden, nicht folgen. Nur wenige der Prinzipien, die im folgenden aufgeführt werden, lassen sich eindeutig einer dieser Klassen oder der Konzeptionen zuordnen. Die didaktischen Prinzipien sollen für den Lehrer ein Angebot von Leitideen und Entscheidungshilfen bei der didaktischen Analyse im Rahmen einer Unterrichtsplanung sein; eine vorherige Schematisierung wäre dabei kaum hilfreich.

5.1 Das Spiralprinzip

Die Idee eines Lehrplans, bei dem Lehrgebiete in verschiedenen Altersstufen unter wechselnden Aspekten mehrfach auftreten, findet sich schon bei Plato: Arithmetik, Geometrie, Astronomie und Harmonik treten in der zweiten Ausbildungsstufe propädeutisch, in der vierten (ab 20. Lebensjahr) als theoretische Disziplinen auf, die man mit Exaktheit und Akribie zu betreiben hat.[9]

Heute bezieht man sich mit der Vorstellung einer Curriculumspirale stets auf Bruner[10]. Das entscheidende Unterrichtsprinzip in jedem Fach ist für Bruner die Vermittlung der fundamentalen Ideen dieses Faches: sie sind der zentrale Lerngegenstand auf jeder Stufe der kognitiven Entwicklung. Die Behandlung auf verschiedenen Stufen unterscheidet sich in der Darstellungsform (siehe Abschnitt 4.2.4.1: Bruner), in der Art des Zugangs und in den Aspekten, die die Struktur des Gegenstands auf einer Stufe entfaltet.[11]

Auch im Anfangsunterricht in den Naturwissenschaften und in Mathematik sollen »diese Fächer mit unbedingter intellektueller Redlichkeit gelehrt werden, aber mit dem Nachdruck auf dem intuitiven Erfassen und Gebrauchen dieser grundlegenden Ideen«.[12]

Daß diese Redlichkeit stets möglich ist, formuliert Bruner in seiner vielzitierten Hypothese: »Jedes Kind kann auf jeder Entwicklungsstufe jeder Lehrgegenstand in einer intellektuell ehrlichen Form erfolgreich gelehrt werden.«

Am Beispiel des Zahlbegriffs soll das Auftauchen eines Lehrgegenstandes in mehreren Perioden des vorschulischen, schulischen und nachschulischen Lernens kurz skizziert werden.

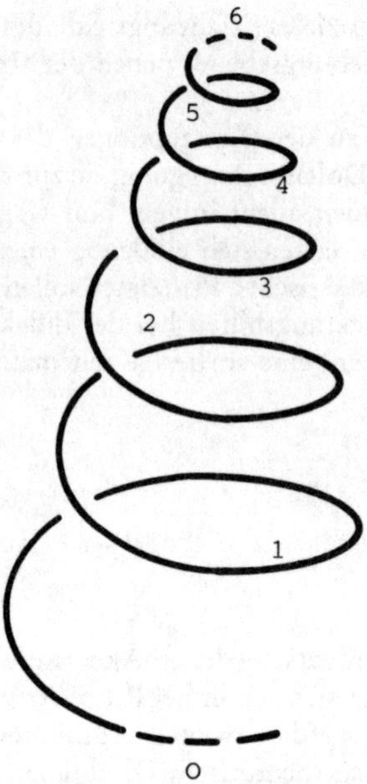

Zahlbegriff

0. Vorschulische Erfahrungen mit Zahlen[13]
1. $\mathbb{N}$; Zahlbegriff in der Primarstufe
   Aspekte:
   Ordinaler Aspekt (Zählzahl, Ordnungszahl)
   Kardinaler Aspekt (Anzahl)
   Operatoraspekt (Vervielfachen; wie oft? einmal, zweimal)
   Maßaspekt (Wie lang? Wie groß? Größenaspekt)
   Rechenzahlaspekt (Algebraischer Aspekt: Gesetze; Algorithmischer Aspekt: Ziffernreihen in Stellenwertsystemen, Rechenverfahren in Zifferndarstellungen)
   Codierungsaspekt (Bezeichnung und Unterscheidung von Objekten: Telefonnummern, Postleitzahlen, Koordinaten etc.)[14]
2. $\mathbb{N} - \mathbb{Z}$, $\mathbb{N} - \mathbb{Q}^+$; Orientierungsstufe/Sekundarstufe I
   Bewußte Schöpfung neuer Zahlbereiche; Permanenzprinzip; Konstruktion von Regeln; Symbolische Fassung von Regeln; Modellcharakter
3. $\mathbb{R}$; Sekundarstufe I
   Kulturhistorische Aspekte des Irrationalen (Inkommensurabilität), Probleme des Unendlichen und ›unendlich Kleinen‹, Integration topologischer und geometrischer Aspekte, Approximation, Fehlerbetrachtungen
4. $\mathbb{C}$; Sekundarstufe II
   Kulturhistorisch: Kraft der ikonischen Repräsentation (Gauß) im Vergleich zur symbolischen/algebraischen; Existenzproblem; geometrische Interpretation algebraischer Verknüpfungen (Multiplikation entspricht einer Drehstreckung)
5. Mathematikstudium
   Überblick über die Stufen 1–4; Charakteristika der Übergänge: Grenzen des »alten« Bereichs, sich erweiternde Vorstellungen zum Zahlbegriff; Vergleich von Verfahren der Erweiterung; strukturelle Abstraktion von $\mathbb{N}$, $\mathbb{Z}$, $\mathbb{Q}$; $\mathbb{R}$ auf die algebraische Erweiterung von Halbgruppe zu Gruppe und auf die topologische Erweiterung zum vollständigen Körper
6. Fachdidaktik und Lehre
   Vermittlungsprobleme bei den Stufen 1–5; Modellkonstruktionen für die Lehre; Permanenzprinzip etc. als didaktisches Prinzip; Isomorphie von Modellen; enaktive, ikonische, symbolische Potenz von Modellen; intermodaler Transfer

Mit dem Spiralprinzip von Bruner eng verknüpft sind vier weitere Prinzipien:
Das *Prinzip der Anknüpfung an Vorwissen/Vorverständnis:* die Behandlung eines Themas im Unterricht soll an die früheren Stufen des Auftretens in der Spirale anknüpfen. Dabei ist zu beachten, daß dies nicht nur Erwähnungen im gedruckten Lehrplan meint, sondern Auftreten in vorangegangenen Entwicklungsstufen des Kindes, also auch außerschulische Erfahrungen.
Das *Prinzip der Fortsetzbarkeit:* »Die Auswahl und die Behandlung eines Themas an einer bestimmten Stelle des Curriculums soll nicht ad hoc, sondern so erfolgen, daß auf höherem Niveau ein Ausbau möglich wird.«[15]
Das *Prinzip des vorwegnehmenden Lernens:* »Die Behandlung eines Wissensgebietes soll nicht aufgeschoben werden, bis eine endgültig-abschließende Behandlung möglich erscheint, sondern ist bereits auf früheren Stufen in einfacher Form einzuleiten.«[15]
Ein Spezialfall dessen ist das Präfigurationsprinzip, nach dem spätere symbolische Darstellungen schon auf niedrigerer Stufe ikonisch und enaktiv (z. B. Lernspiele) vorbereitet werden sollen.
Das *Prinzip der Vereinfachung/Elementarisierung:* Die für den Unterricht gewählte vereinfachende Darstellung des Lerngegenstandes soll dem Schüler den Zugang erleichtern, ohne den mathematischen Kern zu verfälschen. Zum Vereinfachen als Zugänglich-machen erörtert Kirsch[16] vier Aspekte:

1. Zugänglich-machen durch Konzentration auf den mathematischen Kern des Gegenstands,
2. Zugänglich-machen durch Hinzunahme des »Umfeldes« der Mathematik,
3. Zugänglich-machen durch Anerkennung und Aktivieren von Vorwissen,
4. Zugänglich-machen durch Wechseln des Mediums der Repräsentation.

5.2 Exemplarisches Prinzip

»›Vielwisserei Vernunft haben nicht lehrt‹ (Heraklit)«[17]. Dieses Zitat setzt Wagenschein 1957 im Kampf gegen die Stoffülle der Lehrpläne ein:
»Man ist sich darüber einig, daß man nicht einfach in den Lehrplänen dies und jenes wegstreichen kann. Man muß auf eine konstruktive Weise das Dickicht lichten. Unter den Vorschlägen, die es gibt, heißt nun einer: ›Exemplarisches Lehren‹.«
Zur Klärung des Begriffs nennt Wagenschein »notwendige (nicht hinreichende) Elemente des Exemplarischen«[18]:

1. Gründlichkeit (Verweilen, Auswahl)
   abfragbares Wissen versus Sich-in-eine-Sache Versenken
2. Selbsttätigkeit
   passives Hinnehmen des Begreiflichen versus Sich-Aneignen

3. Ergriffenes Ergreifen (Spontaneität)
   Hagel von Wissen versus natürliches Aufnehmen und Suchen
4. Beziehung zum genetischen Verfahren
   ... die Wissenschaft als eine werdende und gewordene zu sehen, sie den Werdestufen des Kindes zuzuordnen
5. Erwartende Aufmerksamkeit
   ... das volle Verstehen einer Fragestellung ruft bei dieser Aufmerksamkeit auch schon die Antwort herbei.

Durch exemplarisches Lehren will Wagenschein »aus einer Einzelfrage das Ganze des Faches erreichen«[19], durch »In-die-Tiefe-Gehen«, durch gründliches Nachdenken über einzelne Probleme. Daß dies gelingen kann, behauptet seine These[20]:
»Je tiefer man sich eindringlich und inständig in die Klärung eines geeigneten Einzelproblems eines Faches versenkt, desto mehr gewinnt man von selbst das Ganze des Faches.«
Das »von selbst«, den Automatismus dieses Transfers, darf man wohl nicht überschätzen. Die Wirkung hängt von sehr scharfen – und sehr teuren – organisatorischen Unterrichtsbedingungen (die Wagenschein auch nennt), vom Lerninhalt und von der Problemauswahl ab:
»In der Tat ist das Prinzip des exemplarischen Lernens an bestimmte Gegenstände und Inhalte gebunden. Man wird nicht erwarten können, daß es alle Fragen der Stoffbeschränkung bewältigen könnte. Es müssen andere Prinzipien hinzutreten. Exemplarisches Lehren ist überall da möglich, wo der bildende Wert einer Schuldisziplin oder eines Studiengebietes in der Methode bzw. in der Struktur liegt, nach der es aufgebaut ist.«[21]
Für die Mathematik gelten diese Voraussetzungen als besonders gut erfüllt. Jedenfalls darf man das aus der Tatsache schließen, daß sie – wie die Physik – besonders häufig auch von Nichtmathematikern benutzt wird, wenn sie – exemplarisch! – demonstrieren wollen, wie ›exemplarisch Lehren‹ aufzufassen ist.
Am Beginn steht die Suche nach dem besten Beispiel, an dem man einen Lerngegenstand möglichst einsichtsvoll und möglichst ökonomisch lernen kann; d. h. nach einem Paradigma für die »Struktur des Gegenstandes«, um Bruners Vokabel aufzugreifen. Dafür genügt nicht irgendein Anwendungsfall eines Gesetzes, eines allgemeinen Prinzips oder einer Struktur, man will vielmehr »den ›prägnanten Fall‹, den ›Modellfall‹ suchen, der dem Zögling den Zugang zum Allgemeinen in einfacher Weise erschließt.«[22]
Mit dem Prinzip des Exemplarischen hängen weitere Prinzipien eng zusammen: Das paradigmatische Prinzip, das Prinzip des Auslotens, das sokratische Prinzip und das genetische Prinzip.

5.2.1 Das Paradigmatische Prinzip:

»... exemplarisches Lernen heißt es auch, wenn man das Paradigma im Lernen betont.«[23]
Dem Mathematiker ist geläufig, mit Repräsentanten zu operieren, wenn ihm die Äquivalenzklassen zu unhandlich sind oder in der Allgemeinheit ihrer Symbolik den Blick auf das Wesentliche verschleiern; er zeigt dann die ›Unabhängigkeit von der Wahl des Repräsentanten‹.
Den Kern dieses Vorgehens empfiehlt Freudenthal auch dem Wissenschaftler niederer Weihen: Die Suche nach dem aufschlußreichen Musterbeispiel, dem Paradigma, das die Erkenntnis stellvertretend für eine ganze Gattung ähnlicher Fälle trägt. So wie man die lateinische a-Deklination am Musterbeispiel mensa, die französische er-Konjugation an donner oder aimer lernt[24], so ist dieser Versuch, den Begriff Paradigma zu erläutern, selbst ein paradigmatisches Vorgehen: Die Klärung des Begriffs am Musterbeispiel.
Der Mathematikunterricht pflegt paradigmatisches Lehren – in Abhebung vom Einsatz eines ›Schauers von Beispielen‹[25] – auch seit langem: Die Vektoraddition wird an *einem* Pfeilpaar erläutert (ein Pfeil als Repräsentant seines Vektors), die Übertragung auf die Spaltendarstellung an *einer* aufschlußreichen Skizze verstanden – eine Fülle von Beispielen trägt zum Verständnis des Prinzips nichts bei, sondern dient der Übung, Festigung, dem Aufbau von Fertigkeiten.
Die Entwicklung leistungsfähiger Paradigmen ist eine der wirklich unterrichtsrelevanten Tätigkeiten der Gegenstandsdidaktik[26]. Die paradigmatische Potenz gewisser Schlüsselaufgaben, -probleme, -begriffe in bestimmter Zielsetzung auszuschöpfen, ist ein Teil der Unterrichtplanung.

5.2.2 Das Prinzip des Auslotens

Bruner[27] erwähnt die Bedeutung der Fähigkeit, einen Gedanken in seiner ganzen Reichweite auszuloten. Einen Denkansatz in Breite und Tiefe hinein möglichst erschöpfend zu verfolgen, scheint für die Entwicklung mathematischer Fähigkeiten ebenso bedeutungsvoll zu sein wie für die didaktische Reflexion.
Hierzu gehört das hypothetische Denken: Testen von Hypothesen, Idee der Nullhypothese, indirekter Beweis; Schülervorschläge für Vektorprodukte in die Gültigkeit von Gesetzen und die möglichen geometrischen und physikalischen Interpretationen hinein zu verfolgen.
Im fachdidaktischen Bereich etwa der Versuch, das paradigmatische Prinzip auszuweiten, indem man ein Erzeugendensystem für exemplarisches Lehren aufstellt, mit dem sich ein Unterrichtsgebiet in seinen fundamentalen Ideen erfassen läßt.[28]

5.2.3 Das sokratische Prinzip

Um den Begriff ›sokratisches‹ Prinzip verdeutlichen zu können, ist ein Blick auf seine Herkunft unerläßlich. Er bezieht sich zunächst auf die Unterrichtsmethode des Sokrates, die Platon im Menon-Dialog vorstellt.
In diesem Gespräch versucht Sokrates seinem Gesprächspartner Menon zu beweisen, daß Lernen ein ›Wiedererinnern‹ sei: Jegliches Wissen sei in der unsterblichen Seele des Menschen gespeichert, wirklich neue Erkenntnis könne es deshalb nicht geben, vielmehr bestünde der Vorgang des Lernens darin, die verborgenen Kenntnisse aus der Tiefe der Seele in die Klarheit des Bewußtseins zu heben; die angemessene Unterrichtsmethode dafür sei geschicktes Fragen (Mäeutik, d. h. Geburtshilfe). Sokrates demonstriert diese Methode an einem vorher nicht in Geometrie unterrichteten Sklaven.[29]
Comenius knüpft an das sokratische Prinzip an, wenn er sagt: »Es ist also nicht nötig, in den Menschen etwas von außen hinein zu tragen. Man muß nur das, was in ihm beschlossen liegt, herausschälen, entfalten und im einzelnen aufzeigen.«[30]
In modernerer Fassung ging das Verfahren in die ›fragend-entwickelnde-Methode‹ über[31], bei der das Unterrichtsgespräch durch ein System minimaler Impulse gesteuert wird, Impulse, die so dosiert sind, daß sie die Denktätigkeit des Schülers anregen, ohne sie zu kanalisieren.

5.2.4 Nacherfindung unter Führung

Speziell auf Mathematik bezieht sich die *Nacherfindung unter Führung*[32], die sich stärker auf die Steuerungsfunktion des Lehrers stützt als das *entdeckende Lernen.* Vor einer naiven Vorstellung, »das Entdecken sei das grundlegende Vehikel von Unterricht und Erziehung«, warnt schon Bruner[33]: »Man kann Erziehung nicht betrachten, ohne gleichzeitig zu überlegen, wie eine Kultur eigentlich weitergegeben wird«, ... es schiene »höchst unrealistisch, von jedem Organismus erwarten zu wollen, daß er seine gesamte Kultur wieder neu entdecken sollte«, das Entdecken sei »die denkbar ineffektivste Technik zur Rückeroberung dessen, was in einem langen Zeitraum kulturell angesammelt wurde«.
Bruner zieht deshalb ›Erfinden‹ dem ›Entdecken‹ vor und erläutert am Beispiel des Erlernens der Sprache das Wechselspiel von kindlicher Erfindung und Modifikation des Erfundenen im Kontakt mit der Umwelt.
Eine wesentliche Phase dieses Prozesses – Bruner zerlegt ihn in sechs Teilprobleme – besteht darin, »das Kind so zu aktivieren, daß es seine eigene Fähigkeit, Probleme zu lösen, erfährt und dabei so erfolgreich ist, daß es die Tätigkeit des Denkens als lohnend erlebt«.

5.3 Das genetische Prinzip

Mit dem genetischen Prinzip fordert Wittmann[34], sich an der genetischen Konzeption des Mathematikunterrichts zu orientieren. Da diese bereits ausführlich dargestellt worden ist, sollen hier nur noch einige dem genetischen zuzuordnende weitere Prinzipien genannt werden.

»Mit dem genetischen Prinzip wird eine Synthese zwischen einer Konzentration auf den Stoff und auf den Schüler verbunden. Diese beiden Pole werden vertreten durch die Prinzipien der Strukturorientierung und der Schülerorientierung.«[35]

Zum Prinzip der Strukturorientierung siehe 5.6!

Im *Prinzip der Schülerorientierung* drückt sich die psychologisch-genetische Komponente (s. 4.3.6.2) der Konzeption aus; Überschneidungen bestehen vor allem mit dem Spiralprinzip.

Zur Schülerorientierung gehört das *Prinzip der Stufengemäßheit:* Bei der Behandlung von Piagets Stufentheorie ist bereits erwähnt worden, daß auch, wenn man eine altersmäßige Fixierung ablehnt und unterschiedliche Lage der Stufenübergänge in verschiedenen Gegenstandsbereichen annimmt, das kognitive Stadium, in dem sich der Schüler (individuell und gegenstandsabhängig) befindet, für den Lernvorgang entscheidend ist. Die gegenstandsbezogene Berücksichtigung dieses jeweiligen Stadiums fordert das Prinzip der Stufengemäßheit. Welcher Rückgriff auf frühere Stufen sinnvoll ist und in welchen Darstellungsformen der Schwerpunkt liegen soll, wie das Tempo des Nachholens von Übergängen – die für andere Gegenstandsbereiche bereits erfolgt sein mögen – anzusetzen ist, hängt vom aktuellen kognitiven Stadium der Schüler ab. Wichtig im Sinne dieses Prinzips ist auch eine Anpassung der Sprache (Argumentationsniveau, Fachsprache).

Das *Prinzip der Beziehungshaltigkeit* fordert dazu auf, mit neuen Lerngegenständen an Bereichen anzuknüpfen, die dem Schüler vertraut sind: Eingliederung von Problemen in vertraute Situationen (Schule und Umwelt), Behandlung neuer Inhalte mit vertrauten Lösungsverfahren, Assoziationen zu vertrauten Inhalten schaffen, Analogien ausnutzen, Berücksichtigung bekannter Interessen, Einbeziehen von persönlichen Erfahrungen. Ziel ist es, mit vielen Anknüpfungen neue Lerngegenstände in ein Netz von Beziehungen einzuweben. Anknüpfungsmöglichkeiten bestehen auch durch Widersprüche, Paradoxien etc. (Kontrastprinzip). Ein mathematisches Beispiel ist etwa der ›rote Faden »Funktion«‹, der eine Beziehung zwischen vielen Themenkreisen der Schulmathematik knüpfen soll.

5.4 Operatives Prinzip

Zunächst sei an Frickes 6 operative Prinzipien (siehe Abschnitt 4.2.4.3) erinnert: Gesamtbehandlung, operative Durcharbeitung, heuristisch-forschende Erarbeitung, Verhältnis vom Allgemeinen zum Speziellen, Abstraktion und Begriffsbildung, operative Übung.

Im weiteren Sinne werden diejenigen Prinzipien »operativ« genannt, die sich auf Piagets Phasenmodell der kognitiven Operationen gründen. Ziel eines am operativen Prinzip ausgerichteten Mathematikunterrichts ist also die Erhöhung von Allgemeinheit, Komplexität und Mobilität der verfügbaren Denkstrukturen. Damit hebt sich dieser Unterricht in der Regel ab von einem linear-sukzessiven Aufbau.

Zu nennen sind noch daraus abgeleitete Prinzipien:

Das *Integrationsprinzip:* Neue Lerninhalte sind bewußt in den Zusammenhang schon bestehender Denkstrukturen zu integrieren (siehe Piaget, und siehe Prinzip der Beziehungshaltigkeit).

Davidovs Prinzip des Vorgehens vom Allgemeinen zum Besonderen und *Ausubels* Prinzip der Verankerung von Begriffen an *advanced organizers* sind ebenfalls in diesem Sinne operativ.

Ein Spezialfall des Schreitens vom Allgemeinen zum Besonderen ist Diénès *deep-end-Prinzip:* Statt kleinschrittig fortschreitender Extrapolation (behavioristische Lerntheorie, insbesondere Skinner) empfiehlt sich mitunter »Extrapolation in Sprüngen« mit nachfolgender Interpolation. Es kann leichter sein, den allgemeinen Begriff zu lernen und anschließend Spezifikationen zu betrachten, als induktiv vorzugehen, d. h. aus mehreren speziellen Begriffen den allgemeinen zu abstrahieren. Bild: Man läßt das Kind am ›tiefen Ende‹ des Beckens Schwimmen lernen.

5.5 Variationsprinzipien

Die *Variation der Darstellungsformen* (Variation der Repräsentationsebenen, intermodaler Transfer) bezieht sich auf den bewußten, sprachlich kommentierten Wechsel zwischen enaktiver, ikonischer und symbolischer Darstellung (ausführlicher in Abschnitt 4.2.4.1, Bruner).

Spezieller gehört hierzu die Variation innerhalb der Ebenen: Variation der Sprachebenen, Variation der Veranschaulichungen.

Beim Mathematisierungsprozeß sind die *Variation der Situation* und die *Variation des Modells* gefordert worden (siehe Abschnitt 4.3.3.3!).

Die *operative Variation* wurde unter Frickes operativen Übungen aufgeführt: Variation der Rechenwege, der Lösungswege, der Kontrollen, schließlich aller in die Rechnung eingehender Größen.
Bei der Begriffsbildung kann die Variation ein Konstruktionsprinzip sein (siehe 4.2.3.1): Komprehensiv wird ein Begriff gebildet, indem man an vielen Einzelbeispielen ein gemeinsames Merkmal erkennt. Der Vorgang ist also durch Variation unspezifischer Merkmale des Begriffs gekennzeichnet.
Dieses Bildungsprinzip kann sich direkt auf Piaget berufen: Unwesentliches soll variiert werden, um das Wesentliche als Invariante in diesen Variationen hervorzuheben.

5.6 Strukturell-fachliche Prinzipien

›Struktur‹ wird hier in dem Sinne Bruners gebraucht: »Struktur des Gegenstands«[36]; ähnlich wurde der Begriff bereits im Kapitel über Transfer verwendet: struktureller Transfer.
Ob die Struktur des Gegenstandes bei mathematischen Themen stets durch die ›strukturmathematische‹ Betrachtung erfaßt wird, wäre also zu klären und ist nicht von vornherein anzunehmen.
Deshalb ist es für das Lernen von Mathematik nötig, zu warnen:

> Mathematikdidaktisches Lemma:
> Die Bruner-›Struktur‹ mathematischer Lehrgegenstände ist nicht immer identisch mit der Bourbaki-›Struktur‹.

oder kürzer: Bruner-›Struktur‹ ist kein Synonym von Bourbaki-›Struktur‹.
Beispiele für Bruner-Strukturen in mathematischen Lehrgegenständen, in denen nicht (ohne weiteres) die Rückführung auf Bourbaki-Strukturen erkennbar ist[37], sind Heuristische Strategien, die Idee der Simulation (Zufallsziffern, Monte-Carlo-Methoden) oder ikonische Schematisierungen (z. B. Baumdiagramm).
Um der Struktur des Gegenstands gerecht zu werden, gibt Bruner – keineswegs nur auf Mathematik gemünzt – eine allgemeine Leitlinie im *Prinzip der Strukturorientierung*[38]: Der Unterricht soll sich an den »fundamentalen Ideen« der zugrundeliegenden Fachwissenschaft orientieren.
Ausführlicher: »... das entscheidende Unterrichtsprinzip in jedem Fach oder jeder Fächergruppe ist die Vermittlung der Struktur, der »fundamental ideas«, der jeweils zugrundeliegenden Wissenschaften und die entsprechende Wiederholung der Einstellung des Forschers durch den Lernenden, dessen Bemühungen, wie bescheiden sie auch sein mögen, sich nicht in der Art, sondern nur dem Niveau

nach von der in einer bestimmten Wissenschaft geforderten Forschungshaltung unterscheiden.«[39]
Zu klären, welches die in der jeweiligen Unterrichtseinheit zentralen ›fundamentalen Ideen‹ sind, ist eine der wichtigsten Aufgaben der »didaktischen Analyse« im Rahmen einer Unterrichtsplanung und der fachdidaktischen Forschung.[40]
Zu den fachlichen Prinzipien gehört das *Permanenzprinzip,* das 1867 von H. Hankel[41] formuliert worden ist. Es sagt aus, daß bei einer Zahlbereichserweiterung eine Verknüpfung, die bestimmten Gesetzen gehorcht, im neuen Bereich so zu definieren ist, daß diese Gesetze erhalten bleiben.
Beispiel: Bei der Erweiterung $\mathbb{N} - \mathbb{Z}$ ist die Multiplikation in $\mathbb{Z}$ so zu wählen, daß die Einbettung ein Isomorphismus auch bezüglich der Multiplikation ist.[42]

6. Planung von Mathematikunterricht

Es wäre ein Widerspruch zu den Ausführungen der vorigen Kapitel, hier ein detailliertes Planungsschema anzugeben, das den Lehrer in die Lage zu versetzen behauptet, minutengenau den Unterrichtsverlauf prognostizieren zu können. Solche Schemata wären einer dirigistischeren Unterrichtskonzeption angemessen, als sie in diesem Bändchen favorisiert wurde.[1]

Um den genetischen Prinzipien, insbesondere dem der Schülerorientiertheit, gehorchen zu können und die Betonung des Prozesses, des Dynamischen im Lernvorgang leisten zu können, die auch für die problemorientierte Unterrichtskonzeption kennzeichnend ist, muß Planung offen sein. Damit sind bereits Weichen für die Auswahl eines Planungsmodells gestellt:

6.1 Das Berliner Modell

»Von der didaktischen Grundlegung her erweist sich das *Berliner Modell* als das denkbar offenste, weiteste und flexibelste zur Unterrichtsplanung. Es ist offen für alle Positionen und Disziplinen und deren Ergebnisse, sofern sie sich auf Lehr- und Lernvorgänge beziehen lassen. Es ist so weit gefaßt, daß alle Seiten didaktischer Probleme in den Blick genommen werden können. Es ist so flexibel angelegt, daß neuere Einsichten ohne Schwierigkeiten aufgenommen werden können.«[2]

In der Vorstellung des Berliner Modells[3] hat Unterricht eine formale Struktur, die durch sechs Strukturmomente bestimmt ist: Anthropogene Voraussetzungen, sozialkulturelle Voraussetzungen (die beiden »Bedingungsfelder«), Intentionalität, Thematik, Methodik, Medienwahl (die vier »Entscheidungsfelder«).

Für alle den Unterricht konstituierenden Momente gilt das *Prinzip der Interdependenz.*

Dies veranschaulicht zunächst nur die Reflexionsebene des Lehrers, auf der er seine unterrichtlichen Entscheidungen gewinnen soll: »Wer auch immer Unterricht zu steuern hat, muß, so wird hier versuchsweise unterstellt, vier Gruppen von Entscheidungen beachten und sich dabei auf zwei Gruppen von Voraussetzungen beziehen.«[4]

Zu den sechs Strukturmomenten im einzelnen:

Intentionen:

In dem erwähnten Konzept von 1965 hat Schulz eine Zieltaxonomie angegeben:[5] (s. Tabelle S. 113)

Zur Vergleichsmöglichkeit gebe ich die Taxonomie von Bloom und anderen an: (s. Tabelle S. 114)

Die sechs Dimensionen der Unterrichtskonzeption
»Berliner Modell«

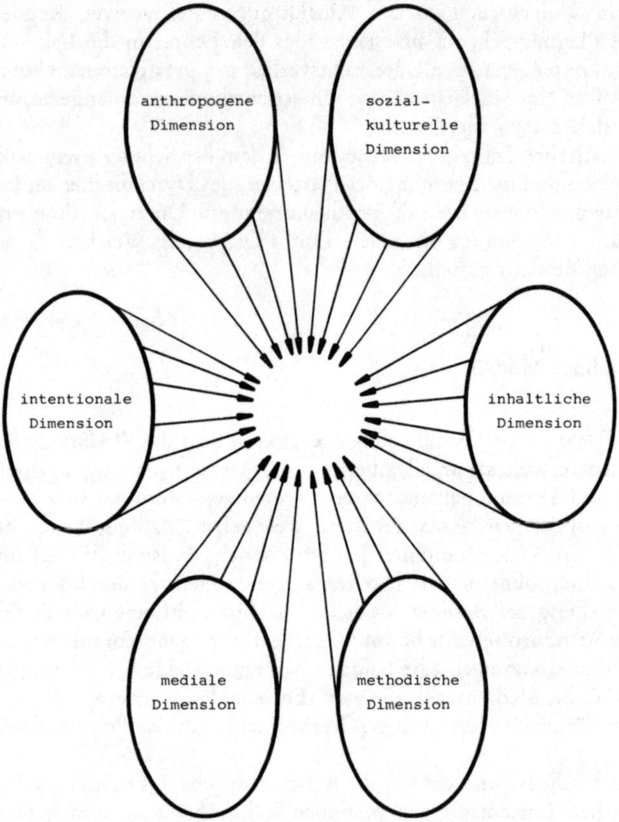

Häufig wird in Seminaren der zweiten Phase der Lehrerausbildung eine je nach Planungsumfang verfeinerte Zieleinteilung (z. B. in den Stufen Richtziele, Grobziele, Feinziele o. ä.) empfohlen oder verlangt. Prinzipiell ist gegen eine reflektierte Präzisierung des Anspruchs als Unterlage für eine spätere (Selbst!)-Kontrolle wenig einzuwenden.

Eine Schematisierung birgt nach aller Erfahrung jedoch die starke Gefahr, sich zu verselbständigen: Die formalisierten Zielangaben werden am Ende der dominante

Qualitätsstufe	kognitive Dimension	pragmatische Dimension	emotionale Dimension
Anbahnung	Kenntnis	Fähigkeit	Anmutung
Entfaltung	Erkenntnis	Fertigkeit	Erlebnis
Gestaltung	Überzeugung	Gewohnheit	Gesinnung

Maßstab für die Unterrichtsreflexion, dem auch das Prinzip der Schülerorientierung zum Opfer gebracht wird.

Im Berliner Modell ist deshalb dem Prinzip der Kontrollierbarkeit das der Schülerorientierung vorgeschaltet. Um die erwünschte Flexibilität gegenüber kreativen, spontanen, divergenten Schülerbeiträgen nicht durch die Planung von vornherein zu ersticken, wird gefordert, »wegen der prinzipiellen Unvorhersehbarkeit von Schülerreaktionen in der Planung mehrere Verlaufsmöglichkeiten vorzusehen *(Prinzip der Variabilität)*«.[6]

Die Qualitätsstufen der kognitiven Dimension seiner Taxonomie erläutert Schulz durch Beispiele:

Kenntnisnahme von Sachverhalten: $2 \times 2 = 4$;

Erfassen von Erkenntniszusammenhängen: Einsicht in mathematische Gesetze;

Überzeugungen: Haltungen gegenüber dem kognitiven Bereich gewinnen, die wieder das Erfassen neuer Kenntnisse und Erkenntnisse beeinflussen.

In einer jüngeren Modifikation[7] kommt Schulz auf das bewährte Dreigestirn der Intentionalität

Kompetenz – Autonomie – Solidarität

zurück[8] und verbindet diese Zieldimensionen mit drei »Erfahrungsaspekten« – Sacherfahrung, Gefühlserfahrung, Sozialerfahrung – zu einer Matrix von neun Feldern, die die Wechselwirkung der Dimensionen verdeutlicht. Eine so definierte Zielsetzung wäre etwa: Kompetenzförderung, bezogen auf Sozialerfahrung. Schulz führt das an Beispielen aus dem politischen Bereich näher aus.

Zur Erörterung mathematischer Zielsetzungen verweise ich auf das Kapitel 3.2, Ziele des Mathematikunterrichts.

Schulz' Matrix kann vielleicht eine Hilfe sein, Zielsetzungen auf die Sachstruktur des mathematischen Gegenstands und auch auf die Sozialformen des Unterrichts zu beziehen. Eine derartige Gewohnheit, Wechselwirkungen zu bedenken, kann langfristig vielleicht den Lehrer auf Einseitigkeiten seiner Zielsetzungen oder Sozialformen aufmerksam machen.

Medien:[9]

Die Auswahl der Medien ist weitgehend durch die Ausstattung der Schule bestimmt; eine ausführliche Diskussion ist hier unmöglich. Generell folgt aus dem Interdependenzprinzip des Berliner Modells, daß nicht die leichte Verfügbarkeit allein für den Einsatz eines Mediums ausschlaggebend sein darf, sondern seine Bindung an Zielsetzung, Sozialform und Thema des Unterrichts beachtet werden muß.

Vergleichen Sie Blooms kognitive Ziele mit den »operations« bei Guilford!

Hierarchisierung verhaltensbezogener Lernziele

Verhaltensbereich	kognitiv	affektiv	psychomotorisch
Ordnungskriterium	Komplexität Grad der Schwierigkeit Bewußtheit	Grad der Verinnerlichung	Grad der Koordination
Autoren	Bloom, 1956	Krathwohl, Bloom, Masia, 1964	Dave, 1968
Stufen 1	Wissen (Einzelheiten, Terminologie, Fakten; Methoden; Prinzipien, Theorien)	Beachten von Phänomenen	Imitation
Stufen 2	Verstehen (Übertragen, Interpretieren, Extrapolieren)	Reagieren auf Aufforderung	Manipulation (Handlung nach Anweisung, Selektion, Festigung des Handlungsablaufs)
Stufen 3	Anwenden (Gebrauch v. Abstraktionen)	Wertschätzung (zunehmende Orientierung des Schülers an Werten)	Präzision (Reproduktion, Steuerung)
Stufen 4	Analyse (von Elementen, Beziehungen, Prinzipien)	Wertzuordnung (Rangordnung von Werten bilden)	Gliederung einer Serie (Sequenz, Harmonie)
Stufen 5	Synthese (Elemente zu Ganzem fügen, Plan entwerfen)	Festlegung der Persönlichkeit auf ein Wertsystem (Ausbildung einer Weltanschauung)	Naturalisierung – höchste Form der Beherrschung (Automatisieren, Interiorisieren)
Stufen 6	Evaluieren/Urteilen		

Zu häufiger Medieneinsatz kann schöpferische Tätigkeiten der Schüler überflüssig erscheinen lassen. Bei hoher Methodenvielfalt und geeigneten – nicht zu stark vorstrukturierten – Medien besteht andererseits die Möglichkeit, die Schüler gerade durch die Medien zu besserer Mitarbeit anzuregen.
Die Isolierung der Dimension Medien im Berliner Modell will der mit der technischen Entwicklung wachsenden Bedeutung der »Repräsentation der Unterrichtsinhalte durch bestimmte Medien ... in ihrer modifizierenden und lernförderlichen oder -hemmenden Wirkung«[10] gerecht werden. Aus Sicht der Brunerschen Forderung nach Variation der Darstellungsebenen erscheint diese Aufwertung der Medien gegenüber früheren didaktischen Modellen besonders für den Mathematikunterricht angemessen, weil die Veranschaulichungen in enaktiver oder ikonischer Ebene in aller Regel medienintensiv sind.
Die aktuelle Mediendiskussion in der Öffentlichkeit macht deutlich, daß die Interdependenz Medien – sozialkulturelle Dimension in der Unterrichtsreflexion besondere Beachtung verdient, eine Beachtung, die die Wechselbeziehungen zwischen Medien, Methoden und Inhalten schon lange genießen.
Methodik:
Die im vierten Kapitel erörterten Konzeptionen von Mathematikunterricht sind in erster Linie methodische Leitlinien. Sie alle begründen sich aus bestimmten Interpretationen der Wechselbeziehungen zu den anderen Strukturmomenten des Unterrichts.
Es wurde ausführlich erläutert, daß sie zum Teil als Reaktion auf die zu enge Bindung der Methode an bestimmte Inhalte in der ›neuen Mathematik‹ anzusehen sind. Es ist eine nützliche Übung für den Prüfungskandidaten, sich für die anderen Konzeptionen Argumente für und wider den Vorwurf vergleichbarer Einseitigkeiten zu überlegen.
Als *zentrales methodisches Prinzip* hat H. Roth 1949 die »originale Begegnung zwischen Kind und Gegenstand« herausgearbeitet und dazu ausgeführt, »daß der Gegenstand in seiner ›Ursprungssituation‹ aufgesucht und, ›wieder in seinen Werdensprozeß aufgelöst‹, dem Kind nahegebracht« werden solle.[11] Man beachte die Nähe dieses Prinzips zu der genetischen Unterrichtskonzeption in ihrem gegenstandsgenetischen Aspekt!
Heimann beschreibt die methodische Struktur des Unterrichts in fünf »Hauptformen«:[12]
Die *Artikulation* des Unterrichtsprozesses nach Stufen oder Phasen (Lernphasen, Sequenzbildung),
die *Gruppen- und Raumorganisation* (Sozialformen, Kommunikationsstruktur),
die *Lehr- und Lernweisen* (Aktionsformen von Lehrern und Schülern),
die Ausrichtung an *methodischen Modellen* (Lerntypen und Konzeptionen im Mathematikunterricht, exemplarisches Lehren, programmiertes Lernen etc.),
die Orientierung an einem *Prinzipienkanon* (Anschaulichkeit, Schülerorientiertheit, Strukturorientiertheit etc.).[13]

Sozialkulturelle Voraussetzungen
beziehen sich auf kulturhistorische Traditionen ebenso wie auf aktuelle Einflüsse des sozialen Umfeldes der Schüler und Lehrer, zum Beispiel:
Menschenbild, allgemeine Erziehungstrends, konfessionelle Einflüsse, Begabungshypothesen, curriculare Setzungen, Bild der Mathematik in der Gesellschaft, Bild der Technik, Schultyp, Schulorganisation, räumliche Situation der Schule, Ausstattung, Frequenz; Rangordnung in der Lerngruppe, soziologische Gruppenstruktur (Soziogramm), Formen der Binnendifferenzierung oder der äußeren Differenzierung.
Anthropogene Voraussetzungen
sind solche, die von den beteiligten Personen in die Unterrichtssituation induziert werden, zum Beispiel:
fachliche Kompetenz, Lehrkapazität, Lehrstil, Duldsamkeit, Erfahrungen, intellektuelle Redlichkeit, Sensibilität, politischer oder ideologischer Standort des Lehrers; Kommunikationsstil im Kollegium;
Selbsteinschätzung, Einstellung zum Fach, zum Lernen, zum zukünftigen Beruf, zum ›Schulstreß‹; Geschlecht, geschlechtsspezifische und allgemeine Begabungshypothesen, Konfliktverhalten, Fluchtstrategien (Abwahl von Mathematik im nächsten Jahr), Anpassungsoffenheit, Kommunikationsstil in der Klasse, Kooperationsbereitschaft, Rivalisationsformen der Schüler etc.
Aspekte der Interdependenz mit anderen Dimensionen:
Vertrautheit mit Lehr- und Lernmethoden, Arbeitsformen, Sozialformen aus der bisherigen Unterrichtserfahrung, Zielstrebigkeit, intellektuelle Neugier, Akzeptation bestimmter Medien, fachliche Vorkenntnisse, spezielle Arbeitstechniken verbunden mit individuellem Lerntempo.

6.2 Didaktische Analyse

Die *inhaltliche Dimension* in ihrer Wechselwirkung mit den anderen Dimensionen zu analysieren, ist Aufgabe der *Didaktischen Analyse*. Daraus erhellt, daß auch die Sachanalyse im engeren Sinne nicht auf einer beliebigen fachwissenschaftlichen Plattform abgehandelt werden darf, sondern von Anfang an in den Rahmen der didaktischen Analyse zu stellen ist, das heißt: die anderen Dimensionen zu reflektieren hat. Es gibt, wie Roland Fischer für die Analysis ausgeführt hat, zum Beispiel keine global gültige mathematische Exaktheit, sondern kontextabhängige – das heißt insbesondere ziel- und adressatenbezogene – Stufen.
In der Sachanalyse folgt man zunächst dem ›Prinzip der Strukturorientierung‹ (siehe Kapitel 5; man beachte die Verwechslungsgefahr!), man versucht also die ›Struktur des Gegenstands‹ zu erfassen und zu beschreiben:
Welches sind die »fundamentalen Ideen« des Lerngegenstandes? Welche Schwer-

punktbildung folgt daraus für die unterrichtliche Behandlung? An welcher mathematischen Darstellung des Inhalts richtet man sich aus? (Notfalls ist diese Darstellung erst zu leisten!)
In der Gliederung der Einheit für den Unterricht folgt man den Leitlinien seiner Unterrichtskonzeption:
Genetische Aspekte:
Vorerfahrungen der Schüler, innermathematische und außermathematische Anknüpfungen (Prinzip der Beziehungshaltigkeit); Beziehungen zu schon bekannten Strategien, Eingliederung in vertraute Erklärungsmuster (Integrationsprinzip); Widersprüche zu bisherigen Erklärungsmustern (Kontrastprinzip).
Eignet sich die Problemsituation so zum Einstieg, daß an ihr der mathematische Inhalt entfaltet werden kann? (Problemorientierung, Nacherfindung unter Führung)
Gibt es historische Anknüpfungspunkte, aus denen der Lehrer Anregungen für die Begriffsgenese gewinnen kann?
(Historisch-genetischer Aspekt)
Gibt es ein Paradigma, daß die Struktur des Gegenstands repräsentieren kann?
(Paradigmatisches Prinzip)
Welche Parameter (von Situation, Modell, Problem, Rechenweg etc.) sind zu variieren, um das Wesentliche *als Invariante* erscheinen zu lassen?
(Operatives Prinzip, Variationsprinzip)
Trat der Lerngegenstand – ähnlich – schon früher auf? Welche Darstellungsform wurde dabei gewählt? Wo und wie tritt er später auf?
(Spiralprinzip)
Welche Anwendungen, außermathematische Analogien etc. gibt es?
(Anwendungsorientierung)
In welche Situationen hinein ist Transfer wahrscheinlich? Gibt es identische Elemente? Identische Strukturen? Ist es eine Anwendungs- oder eine Lernsituation? Welche transferierenden Maßnahmen erscheinen angemessen?
(siehe Transfer!)
Welche lernpsychologischen Voraussetzungen sind bekannt oder können erschlossen werden?
(siehe Piaget; seine Altersangaben sind zu grob und individuell nicht maßgebend!)
Welche enaktiven oder ikonischen Veranschaulichungen gibt es? Welche Übertragungen in andere Ebenen – oder innerhalb der Ebene auf andere Veranschaulichungen – sollen durchgeführt werden?
(Variation der Darstellungsebenen)
Welche Begriffe des Lerngegenstandes haben umgangssprachliche Wurzeln? Welche sprachliche Präzisierung erfordert der Lerngegenstand?
(siehe Mathematik und Sprache!)
Sollen heuristische Strategien entwickelt werden?
Welche globalen Strategien kommen in Frage (z. B. Skizze, Teilprobleme suchen, Stufigkeit eines Prozesses erkennen), welche gegenstandsspezifischen Strategien

(zum Beispiel Rückwärts»beweisen«)? Welche sparsamen Hilfen lassen sich einsetzen (behutsames Fokussieren, minimale Impulse)?

In der Wechselwirkung der inhaltlichen Dimension mit den anderen sind wichtig:

- Begründung von inhaltsspezifischen Zielsetzungen;
- Bezug von Inhalt zu zweckvollen Sozial- und Arbeitsformen: Arbeitsteilung, Diskussionsvorbereitung, wechselseitige Korrektur, Spielgemeinschaften, ist Einzelarbeit aussichtsreich? Erfährt der Schüler Gruppenarbeit an diesem Gegenstand als sinnvoll und hilfreich oder durchschaut er ein progressiv hohles Ritual? Schult diese Partnerarbeit Solidarität/Kooperation oder Rivalität?
- Bezug zu Medien: Hebt das Medium die Struktur des Gegenstandes hervor oder verdeckt es sie durch liebevoll ›motivierende‹ Farbgebung? Fördert der Einsatz dieses Arbeitsbogens als Ordnungshilfe beim Beweisen die kommunikative Komponente des Argumentierens oder die statisch-ergebnisorientierte des bewiesen-Habens?
- Bezug zur sozial-kulturellen Dimension: Erlaubt der Gegenstand, einen neuen Aspekt der Mathematik zu enthüllen? Kann man bisher leistungsschwache Schüler aktivieren (zum Beispiel: Wahrscheinlichkeitsrechnung in der Oberstufe, die ohne Vorkenntnisse aus der Analysis auskommt und bei problemorientiertem Zugang immer wieder Problemlösung ab ovo erlaubt)? Kann man im Thema ›Testen von Hypothesen‹ die Geschlechtsabhängigkeit von Mathematiknoten untersuchen, vielleicht die Hypothese minderer mathematischer Begabung von Mädchen? Welches Bild vermittelt das Fernsehen von der Mathematik (Ist der Mann, der auf Anhieb die 13. Wurzel aus einer hundertstelligen Zahl zieht, ein Mathematiker? Was sagt die Tagesschaumitteilung, daß die Inflationsrate gestiegen (gesunken) sei, über die Preise aus – und wer versteht das?)

Die didaktische Analyse wird in der Regel die Einsicht des Lehrers in die Struktur des Gegenstandes erheblich vertiefen. Durch die Analyse der Beziehungen zu den anderen Strukturmomenten des Unterrichts gewinnt das Thema auch für ihn eine andere Bedeutung als es in der Beschränkung auf die fachwissenschaftliche Sicht hatte. Man kann sagen, daß die didaktische Analyse den Gegenstand anreichert.

Insofern ist dieser Kern der Unterrichtsplanung im Prinzip für jede Unterrichtseinheit auch dann zu leisten, wenn kein äußerer Zwang zu einer schriftlichen Planung besteht.

6.3 Unterrichtsentwurf

Die äußere Form der Unterrichtsentwürfe sollte man nicht zu stark schablonisieren wollen. Eigentlich müßte die äußere Form dem erwogenen Unterrichtsablauf angepaßt werden dürfen; also auch schlichte Aufsatzform haben dürfen. Darauf soll hier jedoch nicht eingegangen werden.
Wie schon im Abschnitt Sequenzbildung ausgeführt worden ist, ist der Unterrichtsablauf stets durch Phasen gekennzeichnet. Der Anlaß dieser Phasierung kann dabei je nach Unterrichtskonzeption durchaus verschieden sein.
Sehr häufig dürfte die Zergliederung des Inhalts in Teilthemen die Phasen bedingen. Aber auch die Gliederung nach Lernschwierigkeiten (»vom Leichten zum Schweren«, »deed-end«) kann die Abfolge der Phasen bestimmen; auch Erwartungen an Schüleraktivitäten auf ein bestimmtes Materialangebot oder einen bestimmten Reiz hin können Phasen festlegen.
Grundsätzlich müßte zu jeder Phase synchron angegeben werden können, inwiefern die Aktivitäten dieser Phase die sechs Unterrichtsdimensionen betreffen, wobei man den Aspekt anthropogen und sozial-kulturell zu der Maßnahmenspalte Sozialformen zusammenfassen kann. Damit wäre folgendes Muster gegeben:

Phase	Inhalte	Intentionen	Methoden	Medien	Sozialformen
Zeit ↓					

Meist wird dieses Schema zu kompliziert sein, ohne sehr aufschlußreich zu sein, weil die wesentlichen Punkte in den Vorüberlegungen behandelt worden sind und nicht in jeder Phase neu in Erscheinung treten müssen.
Man wird sich deshalb in der Verlaufsplanung auf die geplanten Aktivitäten von Schülern und Lehrern konzentrieren und diese kommentieren.
Insgesamt ergibt sich dabei folgendes Muster eines Unterrichtsentwurfs:

1. Unterrichtsthema
1.1 Thema der Stunde
1.2 Thema der Einheit
1.3 Curriculare Einordnung
2. Unterrichtsvoraussetzungen
2.1 Allgemeine Voraussetzungen
(anthropogen, sozial-kulturell)
2.2 Spezielle Arbeitsvoraussetzungen
(fachlich, arbeitstechnisch, Hausaufgaben)
3. Didaktische Analyse

4. Methodische Entscheidungen
   Phaseneinteilung
   Sozialformen/Aktionsformen
5. Verlaufsplanung

Phase	Aktionen Schüler	Aktionen Lehrer	Alternativen und didaktischer Kommentar

6. Literaturangaben
   (Schulbücher, Unterrichtsentwürfe, wissenschaftliche Literatur)
7. Anhang
   Arbeitsblätter, Folien etc.

7. Durchführung von Mathematikunterricht

7.1 Sozialformen

»Sozialformen des Unterrichts variieren das Verhältnis zwischen dem Lernen von etwas und dem Lernen mit anderen.«[1]

Nach der Gruppengröße und nach der Lehrer-Schüler-Zentrierung der Aktivität unterschieden kann man bestimmte Kommunikationsfiguren angeben:

Gruppengröße[2]	Lehrerzentriert	Schülerzentriert
Plenum	»Frontalunterricht« *Stern* Gespräche laufen über Steuerung und Vermittlung durch den Lehrer.	*Kreis* Form der Gesprächsrunde, in der jeder mit jedem direkt reden kann.
Gruppenunterricht	Kommunikation weitgehend durch die Art des Arbeitsauftrags determiniert; vom Lehrer korrigiert. arbeitsteilig oder themengleich 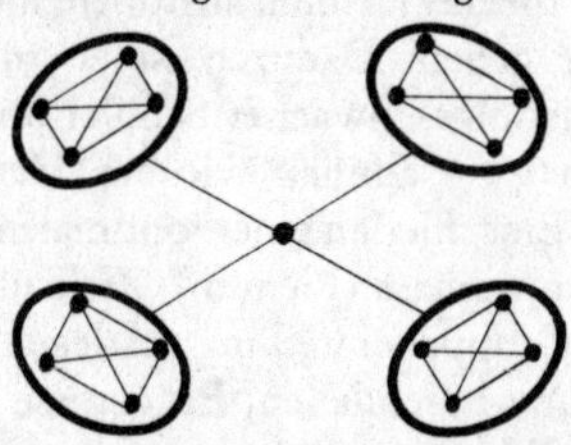	Informelle Gruppenstruktur, die häufig Sternform hat. arbeitsteilig oder themengleich. 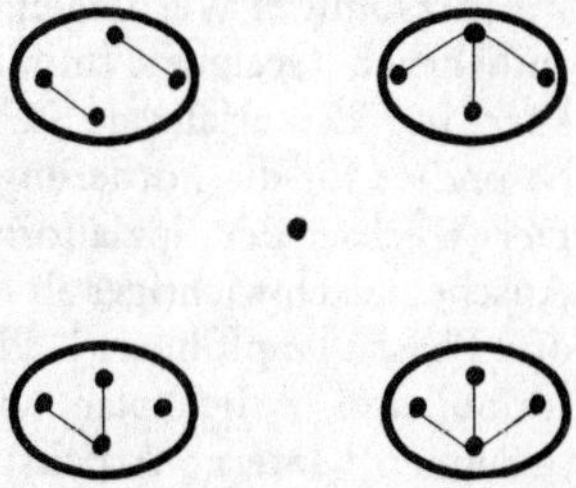
Partnerarbeit	Vorstufe zur gezielten Einführung in kooperative Arbeitsformen	
Einzelarbeit	Einziger Ansprechpartner ist der Lehrer	keine spontane Sozialform

Aus den Überlegungen des vorigen Kapitels geht hervor, daß auch die Wahl der Sozialform ein Element der bewußten Planung unter Berücksichtigung aller Strukturmomente sein muß.

Wer stets dem Frontalunterricht den Vorzug gibt – aus der subjektiv durchaus glaubwürdigen Einschätzung, diese Form sei für ihn effektiver hinsichtlich der kognitiven Lernergebnisse der Schüler –, mißachtet eine soziale Zielsetzung: Die Schüler sollen lernen, daß und wie kooperative Lern- und Arbeitsformen effektiv sein können; darin müssen sie geschult werden.

Wer stets spontane Gruppenbildung zuläßt, verkennt, daß vom einzelnen Schüler als ineffektiv – aber vielleicht vergnüglich – erlebte Gruppen bei ihm eine Einstellung gegen Kooperation bei produktiver Arbeit bewirken werden. Hat sich spontan eine Sternstruktur ergeben, ist die soziale Wirkung der Gruppe nicht positiver als beim Frontalunterricht; auch Solidarität muß *gelernt* werden.
Es ergibt sich, daß die Sozialform des Unterrichts in funktionalem Zusammenhang mit Lerngegenstand und sinnvollen Arbeitsteilungen – aber auch mit der Möglichkeit einer Delegation von Betreuungsaufgaben an einzelne Schüler – geplant werden muß.
Bei Gruppenunterricht ist eine Arbeitsteilung in der Gruppe wünschenswert, damit möglichst jeder Schüler seinen Arbeitsbeitrag als wichtig empfinden kann. Deshalb sollte auch ein Ergebnis in der Verantwortung der Gruppe angestrebt werden. Wie effektiv Gruppenunterricht in sozialer Hinsicht und im kognitiven Lernfortschritt ist, hat weitgehend der Lehrer durch das Vorstrukturieren des Materials, durch die Aufgabenstellung bzw. die Beratung bei Aufgabenentscheidungen der Gruppe in der Hand.[3]
Das Plenum behält auch im Mathematikunterricht seine Bedeutung. Unter dem Gesichtspunkt der Sprachpflege, der Schulung im Argumentieren, des Trainings der Meinungsäußerung in großen Gruppen, der Förderung von Toleranz und Sachbezogenheit, der psychologisch sehr schwierigen Extinktion kurzfristiger Erfolgsrezepte wie ›persönliche Wertungen statt Argumente‹ etc. ist das Gespräch im Plenum nicht entbehrlich. Geeignete Impulse, die das Denken anstoßen, nicht überflüssig machen, kann nur der erfahrene Lehrer geben. Dadurch ist er im Mathematikunterricht besonders für die Förderung leistungsschwacher Schüler unersetzlich.
Der Wechsel der Sozialformen ist – ähnlich wie der Methodenwechsel – allem Anschein nach wichtiger als das Einschleifen einer ›optimalen‹ Form. Häufig werden drei Phasen empfohlen: 1. Planungsphase (Plenum): Ziele und Bewertungskriterien formulieren, Arbeitsplan und Gruppeneinteilung festlegen; 2. Erarbeitungsphase (Gruppen): Interne Arbeitsteilung beschließen, Ergebnisse erarbeiten und zusammenfassen; 3. Evaluationsphase (Plenum): Referieren der Gruppenergebnisse, Diskussion und Bewertung.

7.2 Differenzierung

7.2.1 Äußere Differenzierung

»Auf schulorganisatorischer Ebene unterscheidet man zwischen Differenzierung
– nach Leistung,
– nach Interesse.
Bei *Leistungsdifferenzierung* findet man wiederum zwei Grundformen: das Streaming-System und das Setting-System.

Im Streaming-System befindet sich ein Schüler in allen Fächern in Lerngruppen (Klassen) desselben Leistungsniveaus. Unter dieses Differenzierungssystem fallen die additiven (schulformbezogenen) Gesamtschulen als auch das dreigliedrige Schulsystem (Hauptschule-Realschule-Gymnasium).
Im Setting-System dagegen kann sich ein Schüler in verschiedenen Fächern in verschiedenen Leistungskursen (Fachleistungskursen) befinden. Dieses System wird in Förderstufen und integrierten Gesamtschulen praktiziert.«[4]
Im Setting-System sind drei (ABC-Modell) oder vier Leistungsniveaus (FEGA-Modell) üblich.
Die Kritik an der äußeren Differenzierung in beiden Systemen entzündet sich vor allem an der generellen Beobachtung, daß in leistungshomogenen Lerngruppen besonders die leistungsschwachen Schüler in ihrem Niveau fixiert werden. In heterogenen Gruppen sind ihre Chancen auf Verbesserung größer.
In der Leistungsdifferenzierung spiegelt sich zugleich eine soziale Schichtung. Auf Erklärungsmöglichkeiten dafür möchte ich hier nicht eingehen; jedoch muß betont werden, daß dies eine statistische Aussage über die Varianzen der beiden Merkmale in einem Jahrgang ist, die nicht ohne weiteres Aussagen über einzelne Schüler erlaubt!

7.2.2 Innere Differenzierung

Aus dem Wunsch nach innerer Differenzierung, d. h. nach Differenzierung innerhalb der Klasse aufgrund anthropogener Merkmale, entsteht im Mathematikunterricht häufig Gruppenunterricht. Dieser Wunsch beruht auf dem *Prinzip der Individualisierung*, das jedem Schüler die seinen Entwicklungsmöglichkeiten angemessene Förderung zu geben verlangt.
Das verbreitetste Differenzierungskriterium ist die Leistung. Hierbei ist im Grunde angestrebt, die Gruppierung aufzulösen, sowie der Leistungsrückstand behoben ist. Auch hier birgt die Zuweisung in homogene Leistungsgruppen nämlich die Gefahr, daß sich das Merkmal ›Leistungsschwäche‹, nach dem differenziert worden ist, stabilisiert.
Für diese stabilisierende Wirkung des Zuordnungsmerkmals (»labeling effect«) werden mehrere Erklärungen angeboten:
- die Selbsteinschätzung der Schüler als leistungsschwach
- das geringere Anregungspotential in der Gruppe im Vergleich zu heterogenen Gruppen
- die Art der Hilfen durch Mitschüler ist auf niedrigem Niveau, der Lehrer hat ein Monopol auf wirksame Hilfen für leistungsschwache Schüler
- die geringe Erwartung des Lehrers an die leistungsschwachen Schüler.

Der letzte Punkt – Erwartung des Lehrers – ist vielfach untersucht worden. Trotz einiger Widersprüche kann die stereotypisierende Wirkung der Lehrererwartung – »Pygmalion-Effekt«, »self-fullfilling prophecy«[5], »Etikettierungseffekt« – als nachgewiesen gelten: »Die positive und negative Einstellung des Lehrers (Vorurteil) gegenüber seinen Schülern wirkt über sein gesamtpersönliches Verhalten (Mimik, Gestik, Führungsstil) und seine Erziehungs- und Lehrstrategien prägend auf den Schüler ein und bringt dort das erwartete positive und negative Verhalten insbesondere im Bereich der Lernleistung hervor.«[6]

Die Gefahr simplifizierender Deutungen dieses Phänomens, die durch die Assoziation ›Vorurteil‹ nahegelegt wird, läßt sich wohl vermindern, wenn man den Parameter »Selbsteinschätzung« bei Lehrer und Schüler in die Überlegungen einbezieht.[7] »Die Leistungen im Fach Mathematik korrelieren signifikant sowohl mit allgemeinem Selbstkonzept als auch mit spezifischem Selbstbild.« Die niedrige Einstufung bzw. die Information über niedrige Leistung in Mathematik kann beim Schüler also eine Veränderung des allgemeinen und fachspezifischen Selbstkonzepts und damit einen tatsächlichen – nicht nur in der Meinung des Lehrers bestehenden – Leistungsabfall bewirken.

Niedrige Selbsteinschätzung erzeugt
– Unsicherheit, ungewöhnlichen Gedanken nachzugehen
– Verletzbarkeit gegenüber anderen
– ein Beschäftigtsein mit eigenen Problemen
– Kraftlosigkeit, Situationen zu meistern
– Neigung, äußere Faktoren, wie andere, Schicksal oder Zufall für das Nichterreichen von Zielen verantwortlich zu machen.

Hohe Selbsteinschätzung bewirkt
– Vertrauen in eigene Wahrnehmungen und Urteile
– Glauben, Probleme zu einer zufriedenstellenden Lösung zu bringen
– Selbstvertrauen bei Konfrontation mit anderen Meinungen
– Mut, neue Wege zu begehen
– soziale Unabhängigkeit und Kreativität.[8]

So vermitteln sich zum Beispiel die negative Wirkung des ›billigen‹ Lobes wie die positive Wirkung des »Du kannst es besser«[9] über die Selbsteinschätzung des Schülers – als Folge dieser Information über die Meinung des Lehrers von der Leistungsfähigkeit des Schülers.

Die stabilisierende Wirkung homogener Leistungsgruppen ist bei äußerer Differenzierung natürlich besonders hoch. Bei innerer Differenzierung, in der die Gruppen als Therapiegruppen auf kurze Zeit interpretiert werden, ist der negative Effekt entsprechend schwächer. Deshalb scheint häufige Neubildung der Gruppen vorteilhaft zu sein.[10]

Günstiger als die Zuweisung nach allgemeiner mathematischer Leistung – zum Beispiel ausgewiesen durch die Schulnoten – ist die nach speziellen inhaltlichen Defiziten, die als Ursachen von Leistungsschwäche erkannt worden sind. Dies setzt eine Diagnose voraus, die nicht immer leicht ist. In solcherart unter thematischen Zielsetzungen gebildeten Gruppen – zum Beispiel: quadratische Gleichungen lösen können, Bruchzahlen addieren können – kann ein ›besserer‹ Schüler eine Betreuungsfunktion übernehmen. Diese Aufgabe würde auch ihn qualifizieren und dem Betreuten nützen, könnte also von allen Beteiligten als effektive Gruppenarbeit erlebt werden.

Mit der Betreuung einer Gruppe ›allgemein leistungsschwacher‹ Schüler im Mathematikunterricht dagegen wäre ein Tutor in aller Regel überfordert; hier wäre allenfalls in Partnerarbeit Hilfe durch Schüler zu erwarten, soweit es punktuell die Arbeit im Unterricht betrifft. Für die Organisation außerschulischer Lerngruppen gilt diese Einschränkung nicht: Hier kann der Lehrer mit einer Zusammenstellung geeigneter Aufgaben, eventuell mit einem Nachhilfeprogramm, Beistand leisten.

Als weitere Differenzierungskriterien kommen in Fragen:

– spezielle Interessen (besondere Problemstellungen, besondere Anwendungsbereiche),
– spezielle Schwerpunkte (Symbolverständnis, Bevorzugung einer bestimmten Darstellungsform).[11]

Brunnhuber[12] nennt sieben Differenzierungsformen:

1. nach Arbeitsweisen,
2. nach stofflichem Umfang,
3. nach Schwierigkeitsgraden,
4. nach sozialen Motiven (spontane Gruppenbildung nach Sympathie, Hilfestellung oder Betreuung durch andere Schüler),
5. aus methodischen Gründen (verschiedene Intensität der Betreuung durch den Lehrer, weitgehend selbständige Arbeit anderer Gruppen),
6. nach Lern- und Arbeitstempo,
7. aus sachlichen Gründen (zum Beispiel thematische Differenzierung ohne Zeitlimit).

Eine automatische Differenzierung nach Lerntempo erfolgt beim Einsatz von Lernprogrammen.

Schließlich soll noch auf die Möglichkeit hingewiesen werden, Hausaufgaben differenziert zu erteilen.

Auch bei der Planung innerer Differenzierung ist es wichtig, die methodischen Maßnahmen in Beziehung zu den anderen Strukturmomenten zu reflektieren: so zum Beispiel bei thematischer Differenzierung den Aspekt der Individualisierung des Lernens gegen den der Schulung kooperativer Arbeitsformen abzuwägen.

7.3 Medien im Mathematikunterricht

Für den Medieneinsatz im Mathematikunterricht sind drei Aspekte vorherrschend:

Medien erlauben eine Variation der Darstellungsebenen (Bruner), der Arbeitsformen (individuelle Differenzierung der Tätigkeiten nach Aufgaben und Tempo,

Möglichkeit der Selbststeuerung durch den Schüler) und der Sozialformen (Auflösung des Plenums zu Partner- oder Gruppenarbeit, unterschiedliche Kooperationsformen in den Gruppen). In diesem Kontext muß der Wert eines Mediums in der Unterrichtsarbeit für jeden Lerngegenstand neu beurteilt werden.
Ein generelles Vertrauen darauf, daß durch Medieneinsatz allein der Unterrichtserfolg zu sichern sei, wäre naiv.
Das kommerzielle Angebot an Lernmaterialien im weitesten Sinne – also auch Lernspiele, strukturierte Materialien etc. umfassend, nicht nur audiovisuelle Medien – ist kaum noch zu übersehen. Für genauere Informationen verweise ich auf Lehrmittelausstellungen, die insbesondere in Verbindung mit Fachtagungen stattfinden, und auf Verlagskataloge.
Hier nur einige Stichworte zu den wichtigsten der an allen Schulen üblichen Medien.
Wandtafel: Die Tafel ist wohl noch immer das am häufigsten benutzte Lehrmedium. Für die Planung des Tafelbildes sollte sich der Anfänger – besonders für die zweiflügelige Klapptafel – eine Übersichtsskizze machen, am zweckmäßigsten auf einem der Tafel entsprechend gefalteten Papier. Damit lassen sich alle für Schüler sichtbare Kombinationen von Innen- und Außentafeln planen, die sich beim Auf- oder Zuklappen der Tafel ergeben.

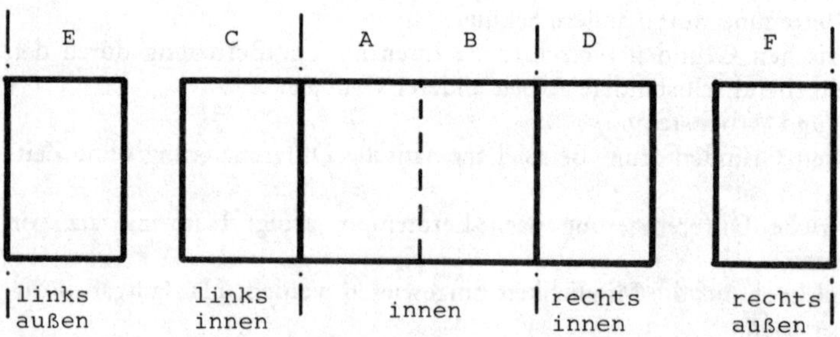

Sichtbare Kombinationen: E, F
E, B, D
C, A, F
C, A, B, D

OH-Projektor: Der OH-Projektor kann im wesentlichen wie die Wandtafel eingesetzt werden.
Einige Unterschiede:
- Beim Einsatz fertiger Folien besteht die Gefahr zu stark rezeptiv orientierten Lernens.
- Das Entstehen des Bildes kann mit vorbereiteten Folien verdeutlicht werden, wenn man einen Foliensatz herstellt. Auf jeder Folie ist nur eine Phase der Entstehung des Bildes dargestellt. Je nach dem Fortgang des Unterrichtsgesprächs werden

Folien übereinandergedeckt und dadurch die Darstellung schrittweise ergänzt. Es gibt Folienrahmen aus Hartplastik, die eine genaue Überdeckung erleichtern.
- Folien oder Ergänzungsfolien können auch im Unterricht von Schülern hergestellt werden und dann zum Vergleich von Lösungen oder zur Zusammenstellung einer arbeitsteiligen Lösung projeziert werden.
- Man kann Folien übereinander bewegen (dynamische Folien). Dies eignet sich für Verschiebungen, Spiegelungen und auch Drehungen – der Drehpunkt läßt sich mit einem Reißnagel oder eine Öse fixieren.
- Will man Schüler eine Grundfigur ergänzen lassen, so kann man diese Figur auf der Rückseite der Folie vorbereiten. Die Benutzung beider Seiten der Folie empfiehlt sich auch bei mehrfarbigen Bildern und Schraffuren. Die Kombination von wasserlöslichen mit wasserfesten Folienschreibern schließt die Gefahr des Verwischens nicht aus, vermindert sie aber.
- Gerade weil der OH-Projektor expositorisches Lehren begünstigt, sollte man jede Gelegenheit benutzen, die Aktivität der Schüler anzufachen und in die Arbeit mit dem Medium einzubeziehen.
- Von Folien lassen sich leicht Fotokopien herstellen. Umgekehrt kann man auch Folien mit dem Thermokopierer (farbig durchfärbend, absolut wischfest) oder dem Fotokopierer (oberflächlich aufgebracht, nicht sehr wischfest) herstellen. Auf diese Weise sind Folien und Arbeitsblätter in einem Arbeitsgang herstellbar; zu diesem Zweck ist auch eine Kombination Folie/Ormigmatrize im Handel.
- Für den Einsatz auf dem OH-Projektor gibt es viele Lern- und Versuchsmaterialien: Für Stochastik, für Geometrie, darstellende Geometrie etc.

Arbeitsblätter: Arbeitsblätter sind in erster Linie für ›Stillarbeit‹ konzipiert. Das führt bei exzessivem Einsatz zu einer sträflichen Vernachlässigung der verbalen Kommunikation; diese Gefahr muß unbedingt vermieden werden. Bei dosiertem Einsatz bieten Arbeitsblätter andererseits wertvolle Möglichkeiten:
- Der Schüler kann bei Einzelarbeit sein Arbeitstempo selbst steuern.
- Durch differenzierte – bis hin zu individueller – Aufgabenstellung können Arbeitsblätter die arbeitsteilige innere Differenzierung erleichtern.
- Bei Problemstellungen mit mehreren Lösungswegen können alle Lösungsalternativen synchron bearbeitet werden. Ein Unterrichtsgespräch im Plenum gestattet dies nicht ohne weiteres, kann aber anschließend zur Vorstellung der Lösungen benutzt werden.
- Durch Ausgabe verschiedener Arbeitsblätter können für verschiedene Gruppen verschiedene Darstellungsebenen favorisiert werden. So können Schüler mit höherem Symbolverständnis angemessen gefordert werden, ohne daß deshalb den schwächeren Schülern nur die Beantwortung von Trivialitäten überlassen bleibt.

Schulbuch: Neben den notwendigen Bedingungen, die ein Schulbuch erfüllen muß – zum Beispiel: Verträglichkeit mit dem Lehrplan, Korrektheit der Darstellung,

Verträglichkeit mit der Unterrichtskonzeption des Lehrers, der Klassenstufe angepaßter Formalisierungsgrad – ist das Kriterium ›Verständlichkeit‹ besonders hervorzuheben: Gemeint ist Verständlichkeit für den Schüler. Häufig wird übersehen, daß das Schulbuch für den Schüler gedacht ist, also ihm Hilfe und Orientierung auch bei selbständigem Arbeiten geben soll.

Die Verständlichkeit von verbalen Texten – dies betrifft natürlich in gleicher Weise die Texte in Arbeitsblättern und in mündlichem Vortrag – weist sich an vier Merkmalen aus[13]:

Einfachheit
Gliederung – Ordnung
Kürze – Prägnanz
Zusätzliche Stimulanz.

Einfachheit: Gemeint ist sprachlich einfach in Wortwahl und Satzbau; dies bezieht sich also nicht auf den dargestellten Inhalt.

Gliederung – Ordnung: Der Text soll eine durch Überschriften, Absätze und Hervorhebungen erreichte äußere Gliederung zeigen und eine innere Ordnung (logische Gliederung, sinnvolle Reihenfolge der Informationen) aufweisen.

Kürze – Prägnanz: Der Text soll unnötige Weitschweifigkeit vermeiden. Andererseits erschwert eine zu hohe Dichte der Information die Aufnahme – eine gewisse Redundanz erleichtert den Zugang.

Zusätzliche Stimulanz: Hilfreiche Assoziationen, Denkanstöße, provozierende Fragen – natürlich wird dieser Zusatz mit ein wenig Redundanz erkauft!

Zu den konzeptionellen Forderungen an das Schulbuch sind keine Ausführungen mehr nötig. Die hier favorisierte Ausrichtung an der genetischen Unterrichtskonzeption ist in den Kapiteln 4.3 und 5 skizziert worden.

Taschenrechner: Noch vor einigen Jahren war die Diskussion üblich und wohl auch zweckmäßig, ob Taschenrechner im Mathematikunterricht eingesetzt werden sollten. Heute kann man sich für den Bereich der Sekundarstufe auf die Fragen beschränken, welche Rechner am günstigsten sind und wie sie eingesetzt werden sollen. Die Befürwortung des Rechnereinsatzes hat sich stellenweise schon auf die Primarstufe ausgedehnt.

Unter den verschiedenen Angeboten haben sich für die Schule die AOS-Rechner bewährt und durchgesetzt, weil sie die Eingabe entsprechend den Papier-und-Bleistift-Regeln gestatten. Dieser Punkt scheint mir kaum noch diskussionswürdig.

In der Diskussion über die Zielsetzung des Rechnereinsatzes zeigen sich zwei Aspekte:

– Der *Werkzeugaspekt:* Der Rechner wird als Hilfsmittel angesehen, das die Funktionen von Rechenstab und Zahlentafel erfüllt und mit der Selbstverständlichkeit wie eine Uhr verwendet werden soll. Er ordnet sich damit ganz den Zielsetzungen des bisherigen Mathematikunterrichts unter. Besondere Aufmerksamkeit verdienen unter diesem Aspekt die Grenzen des Rechnereinsatzes: Genauigkeitsfragen, Überschlagsrechnungen und Kontrollrechnungen, Grenzwertprobleme, Konvergenzpro-

bleme, Abhängigkeit des Schülers vom Werkzeug, Zeitpunkt des Einsatzes, Verdrängung der Bruchrechnung.
– *Curricularer Aspekt:* Mögliche Ausweitung von mathematischen Themenkreisen durch die Möglichkeiten des Rechnereinsatzes (zum Beispiel Approximationen in der Mittelstufe) bis hin zum Rechner als Lerngegenstand mit eigenen Gesetzen (zum Beispiel Rechnerkonvergenz als neuer mathematischer Begriff, nicht nur als Genauigkeitsproblem).
Zeitungen, Fernsehen, Radio: Abschließend sind die öffentlichen Medien zu erwähnen. In ihnen wird Mathematik sowohl dargestellt als auch argumentativ verwendet. Aus beiden Ansatzpunkten lassen sich lohnende Unterrichtsgegenstände des Mathematikunterrichts gewinnen. Die dabei am häufigsten berührten mathematischen Gebiete sind Statistik und Wahrscheinlichkeitsrechnung (Mittelwerte, Stichproben, Korrelationen, Meinungsumfragen, Wahlprognosen, Glücksspiele), aber auch Analysis in der Tagesschau (Inflationsrate und deren Änderung etc.). Leider bietet die Schulbuch- und Zeitschriftenliteratur dem Lehrer hier wenig Hilfe.

7.4 Motivation

Häufig werden zwei Arten von Motivation unterschieden, die intrinsische und die extrinsische Motivation.
Intrinsisch motiviert nennt man ein Verhalten, das wegen des Verhaltens selbst ausgeführt wird. Etwa gleichbedeutend benutzt man: autonomes, durch Neugier motiviertes Lernverhalten.
In der Deutung durch Piagets Äquilibrationstheorie (siehe Abschnitt 4.1.1) entsteht die intrinsische Motivation durch einen Konflikt zwischen Umwelt und dem Bild, das der Lernende sich von ihr macht; durch Widersprüche zwischen beobachteten Phänomenen und bestehenden Erklärungsmustern, kognitiven Schemata.
Die Reizsituation ist gekennzeichnet durch Neuheit, Veränderlichkeit, Komplexität, Mehrdeutigkeit, Unbestimmtheit; Zweifel, Perplexität, Widerspruch. Für den Mathematikunterricht läßt sich aus der Konflikttheorie der Motivation zum Beispiel der Schluß ziehen, daß Paradoxa besonders geeignet sind, intrinsisch zu motivieren.
Der Lernende wird durch diesen Reiz zu Zyklen von Aufbau und Lösung des Konflikts angeregt: Im Problemlösezyklus (Abschnitt 4.2.3.2) beginnt der Vorgang mit dem Erkennen von Konflikten/Problemen/Schwierigkeiten und setzt sich nach einem Lösungsversuch eventuell mehrfach mit der Präzisierung und Neuformulierung des Problems und weiteren Lösungsversuchen in Schleifen fort.
Dieser zyklische Auf- und Abbau von Konflikten ändert das Aktivierungsniveau des Lernenden; zu jedem Zeitpunkt gibt es ein optimales Aktivierungsniveau. Die

situative Anregung muß stark genug sein, um ein Lösungsverhalten auszulösen; zu starke Konflikte andererseits können den Konfliktabbau blockieren: Der Lernende muß eine Lösungschance erwarten. Die Komponente des Neuartigen, des Widerspruchs zur Erwartung, in der Reizsituation wird als wichtig angenommen, um einen Lösungsversuch anzuregen und nicht nur Abhärtung gegenüber der Reizhöhe zu bewirken.

Extrinsisch motiviert nennt man ein Verhalten, das wegen der Folgen des Verhaltens ausgeführt wird. Es ist umstritten, in welchem Ausmaß extrinsische Motivation eine intrinsische Motivation induzieren kann – wie weit man also etwa durch Belohnung eines Verhaltens erreichen kann, daß langfristig dieses Verhalten selbst als erstrebenswert angesehen wird.

Es gilt jedoch als gesichert, daß die Entwicklung intrinsischer Motivation durch Mangel an Zuwendung in der frühen Kindheit, durch Einschränkung der sozialen Kontakte (Isolation) und durch Retardation der Wahrnehmungsentwicklung behindert wird. Negative Einflüsse auf die Entwicklung intrinsischer Motivation schreibt man auch einer an Verboten und Strafen orientierten Erziehung zu.[15]

Eine über situationsbedingte Anregungen hinaus dauerhaft wirksame *Leistungsmotivation* beginnt sich als individuelles Merkmal im Alter von etwa drei Jahren zu entwickeln. »Erfolg bzw. Mißerfolg werden als ›persönliches Gelingen‹ bzw. als ›persönliches Versagen‹ erlebt. Mit 4½ Jahren liegt ein ›zielstrebiges‹, ›ausdauerndes‹ und ›sachbezogenes‹ Leistungsverhalten vor.«[16]

Nach Heckhausen wird die Leistungsmotivation durch Verstärkung (durch die Eltern), durch Beobachtungs- bzw. Imitationslernen und durch die Anregungen der Sachumwelt (strukturiertes Lernen) hervorgerufen.[17] Sie ist im wesentlichen also eine Folge familiärer Erziehung und Anregung und verfestigt sich bis zum Alter von sechs Jahren, das heißt bis zur Einschulung.

Maßnahmen zur bewußten Förderung der Leistungsmotivation beim Kind sind:

- Verstärkung der Eigeninitiative
- affektive Zuwendung beim Lernen
- hohe (*nicht* extrem hohe) Erwartungen der Eltern
- Autoritätsausübung der Mutter nur, wenn sie in Verbindung mit affektiver Zuwendung steht
- dagegen hemmen negative Sanktionen bei Mißerfolg und ein Ausbleiben der Anerkennung bei Erfolg die Entwicklung der Leistungsmotivation.[18]

Übereinstimmend wird in allen Motivationstheorien eine hohe Leistungsmotivation als günstig für die Motivation des Lernens angenommen.

Heckhausen hat 1968 für die *Lernmotivation* zehn Einflußgrößen angegeben[19]: Als wichtigste die Leistungsmotivation (LM); weiter das Bedürfnis nach Identifikation mit dem Erwachsenenvorbild (bId); das Bedürfnis, Zustimmung zu erhalten (bZust), das bei Mädchen stärker ausgeprägt ist als bei Jungen; das Bedürfnis nach Abhängigkeit von Erwachsenen (bAbH); das Bedürfnis nach Geltung und Anerkennung (bGelt) bei Lehrern und Mitschülern; das Bedürfnis nach Strafvermeidung

(bStrafv.); der sachbezogene Anreiz (As) von Lehrstoffen in der persönlichen Wertung.
Diese Variablen bezeichnet Heckhausen als »relativ überdauernde Persönlichkeitszüge«[20].
Als situationsabhängige Anregungsvariablen nennt er: den Erreichbarkeitsgrad (E) – das ist die erlebte Erfolgswahrscheinlichkeit in Prozent –; den Anreiz von Aufgaben (Ae) – er ist bei leichten Aufgaben meist gering –; den Neuigkeitsgehalt des Lernstoffes (N).
Heckhausen faßt diese Variablen zu einer »Formel« der Lernmotivation (MotL) zusammen:
MotL = (LM·E·Ae) + As + N + (bId + bZust + bAbh + bGelt + bStrafv.)
Anscheinend stellte sich Heckhausen für alle Variablen Maßzahlen zwischen 0 und 100 vor; dem Ausdruck in der ersten Klammer schrieb er die größte Bedeutung zu.
1975 modifizierte Heckhausen den Begriff der Leistung, indem er die Schülerleistung durch zwei ›einander durchdringende‹ Komponenten, die fähigkeitszentrierte und die anstrengungszentrierte Leistung, beschrieb.
Als Erklärungsmöglichkeit der Lernmotivation bietet sich auch das Modell der *»kognitiven Dissonanz«* an[21]: Die Steuerung der Lernaktivität erfolgt danach durch die Selbsteinschätzung des Lernenden – er strebt solche Leistungsergebnisse an, die seiner Selbsteinschätzung entsprechen. Kognitive Konsonanz besteht bei Übereinstimmung von Selbsteinschätzung und Ergebnis, kognitive Dissonanz bei Abweichung.
Entsteht nun trotz der Bemühungen des Schülers um Konsonanz durch ein Leistungsergebnis eine Dissonanz, so kann er in drei Weisen reagieren:
1. durch Änderung der Selbsteinschätzung,
2. durch perspektivische Änderung des Leistungsergebnisses (nachträglich andere Deutung des Schwierigkeitsgrades oder Verdrängung des Ergebnisses),
3. durch Annahme verzerrender äußerer Ursachen für das Ergebnis (Zufall, fremde Hilfe, Leugnen der Selbstverantwortung).

Aus diesen Überlegungen zur Theorie der kognitiven Dissonanz leitet sich eine Tendenz von Maßnahmen zur Motivationsförderung in der Schule ab:
- Verbesserung der fähigkeitsspezifischen Selbsteinschätzung des Schülers
- Erhöhung der Selbstverantwortung des Schülers für die Leistung
- klare, eindeutige Rückmeldung über das Zustandekommen und die Beurteilung des Leistungsergebnisses.

Faßt man die Folgerungen aus Heckhausens Ansatz und dem der kognitiven Dissonanz zusammen, so zielen *motivierende Maßnahmen im Mathematikunterricht* insgesamt in zwei Richtungen[22]:
1. Verbesserung der Selbsteinschätzung und Selbstverantwortung des Schülers (Modell kognitive Dissonanz),
2. Verbesserung der situativen Bedingungen des Lernangebots (Modell der Lernmotivation nach Heckhausen).

Einige Folgerungen:
ad 1:
- Offenlegung von Thematik und Zielsetzung der Unterrichtseinheit
- angemessene Aufgabenstellung, um die Schaffung relevanter (nicht auf Glück oder fremde Quellen zurückführbare) Erfolgserlebnisse zu begünstigen
- Offenlegung von Bewertungsmaßstäben, präzise Rückmeldung über das Leistungsergebnis, Ausrichten des Lobens an der Selbsteinschätzung des Schülers (kein billiges Lob)
- die Lernatmosphäre soll durch Anspruch und Freundlichkeit geprägt sein

ad 2:
- Wahl der angemessenen Darstellungsebene und deren Variation
- Anknüpfung an Vorverständnis und Umgangssprache
- Neuheit, Komplexität, Inkongruenz, Provokation des neuen Lerngegenstandes in Bezug zu vorhandenen kognitiven Strukturen anstreben; dies bezieht sich auf die Darstellung und den Inhalt
- Anwendungsbezüge (siehe aber Hiltons Warnung in Anmerkung 14, Kapitel 3.2!), Umweltbezüge, pragmatische Aspekte erschließen – das heißt das Prinzip der Beziehungshaltigkeit beachten
- Individualisierung des Lernens zur Ausnutzung der Leistungsmotivation, Kooperationsaspekt (Leistung der Gruppe) beachten.

7.5 Leistungsbewertung

»Man darf wohl als erwiesen ansehen, daß alle bisher verwendeten Formen von Leistungsmessung außerordentlich problematisch sind; und zwar ist ›die Variabilität oder Unzuverlässigkeit der Urteile ... in einem Fach so große wie im anderen. Mathematikzensuren sind entgegen der üblichen Meinung genauso wenig verläßlich wie jene für Sprache oder Geschichte‹.«[23]

Trotz aller Skepsis muß man – selbst wenn man rechtliche Erwägungen einmal außer acht läßt – nach den Überlegungen zur Motivation eingestehen, daß eine schulische Leistungsmessung unverzichtbar ist:
- Der Lernende braucht die aus der Leistungsmessung erhaltene Information zur Entwicklung und laufenden Überprüfung der Selbsteinschätzung, und zwar sowohl hinsichtlich eines allgemeinen Selbstkonzepts der Leistungsfähigkeit als auch anstrengungsbezogener Ergebnisbewertung und lerninhaltsspezifischer Selbsteinschätzung. Es wäre keineswegs hilfreich, wenn man auf den nach Heckhausen stärksten stabilen Motivationsfaktor und die wichtigste Regelgröße im Modell der kognitiven Dissonanz – die Abweichung von Leistungsmessung und Selbsteinschätzung – grundsätzlich verzichtete.

- Der Lehrende braucht die Information als Lernerfolgskontrolle, also als Regelgröße für die Fortsetzung des Unterrichts.

Aus beiden Aspekten jedoch folgt, daß die Leistungsmessung mehr als Bestandteil des Lernprozesses aufzufassen ist, denn als sein Abschluß.

Ernstzunehmende Kritiker an schulischer Leistungsmessung bezweifeln deshalb auch nicht ihre Notwendigkeit, wohl aber die üblichen Spielarten der Durchführung, die Art der Information über das Ergebnis und – vor allem – die Verwendung der Schulzensuren durch die Abnehmer dieser Information.

Die Bemühungen der Lehrer müssen darauf zielen, diese drei Punkte zu verbessern.

Im folgenden sollen einige Bemerkungen zur Aufgabenstellung und Bewertung in schriftlichen Klassenarbeiten der herkömmlichen Form gemacht werden und abschließend einige Gesichtspunkte zur Arbeit mit multiple-choice-Tests erörtert werden.

Zur Aufgabenstellung in schriftlichen Klassenarbeiten: Zunächst muß jedem Lehrer klar sein, daß die geforderte Leistung den Lernerfolg im Unterricht nachweisen soll. Dieser Bezug muß sich an den inhaltlichen Forderungen ebenso deutlich erkennen lassen wie an der Einhaltung trainierter Arbeitsformen.

Häufige Fehler:

- Im Unterricht wird jede Leistung durch die Gruppe erarbeitet, in der Prüfungssituation wird dagegen übergangslos Einzelleistung verlangt. Ein Schüler, der mit den verstreuten Impulsen aus der Gruppe gut weiterarbeiten konnte, sitzt plötzlich vor leerem Blatt und kann die fehlenden Impulse nicht durch eigene Leistung substituieren.
- Im Unterricht wird unterschiedliches Lerntempo durch Betreuung, Arbeitsteilung und Sammlungsphasen ausgeglichen, in der Klassenarbeit dagegen scheitert der langsamer arbeitende Schüler an Zeitmangel.
- Im Unterricht werden Begründungen zwar verlangt und informell gegeben, aber vielleicht nur selten schriftlich vom Schüler festgehalten, in der Klassenarbeit dagegen muß der Schüler selbständig korrekte schriftliche Begründungen geben; man kann ihm nicht zugute halten, daß er vielleicht das Richtige gemeint hat.
- Im Unterricht besonders der Oberstufe werden elementare Rechnungen wegen der wichtigeren zentralen Themen (der Struktur des Gegenstands) eher beiläufig ausgeführt; in der Klassenarbeit scheitert der Schüler oft an den elementaren Rechnungen, nicht an den ›zentralen‹ Begriffen. (Man muß die subjektiven Schwierigkeiten der Schüler schon in der Unterrichtsarbeit lokalisieren und ernstnehmen.)
- Im Unterricht werden virtuos Darstellungsebenen und Methoden variiert, in der Klassenarbeit wird ausschließlich analytisch-symbolische Tätigkeit gefordert.
- Manche Lehrer halten sich etwas darauf zugute, alle Aufgaben so gestellt zu haben, daß man sie mit dem ›gesunden Menschenverstand‹ allein hätte lösen können; der Schüler aber sieht daran, daß seine gezielte Vorbereitung und die spezifischen Lernergebnisse des Mathematikunterrichts bedeutungslos waren.

- Die Aufgaben sollen inhaltlich-strukturelles Problemverständnis prüfen, sind aber vielleicht so formuliert, daß die höhere Klippe im Sprachverständnis liegt. (Man beachte den Absatz über Verständlichkeit von Texten im vorigen Kapitel!)
- Die Aufgaben geben vor, gute von schlechten Lösern zu unterscheiden; wenn sie aber alle gleichen (mittleren) Schwierigkeitsgrad haben, testen sie oberhalb eines Schwellenwertes tatsächlich nur die Lösungsgeschwindigkeit. (Man sollte also in der Klassenarbeit ein thematisch und im Schwierigkeitsgrad differenziertes Aufgabenspektrum anstreben.)

Zur Bewertung schriftlicher Klassenarbeiten:
Der Lehrer sollte den Bewertungsmaßstab in Punkten vor der Klassenarbeit festlegen und die in jeder Aufgabe erreichbare Punktzahl den Schülern vor der Klassenarbeit mitteilen – es sei denn, die Einschätzung des Schwierigkeitsgrades jeder Aufgabe ist bewußt als vom Schüler zu erbringende Leistung einkalkuliert.
Bei der Punkteverteilung auf die Aufgaben ist zu beachten: Gibt man schwierigen Aufgaben hohe Punktzahlen, so wird eine große Zahl von Schülern geringe Punktzahlen erreichen.

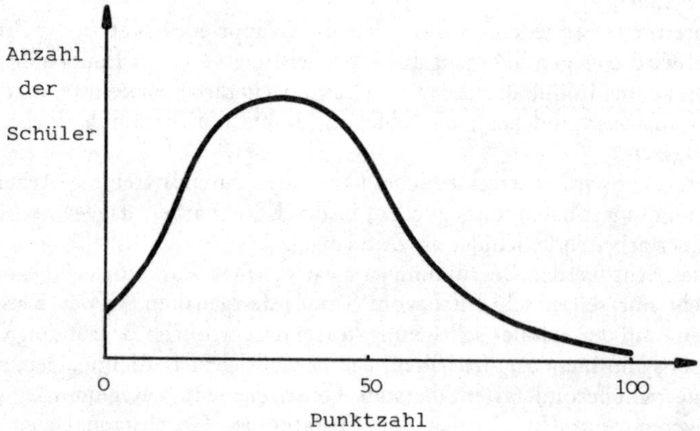

Dieses Verfahren ist empfehlenswert, wenn man zwischen wenigen guten Schülern deutliche Punktunterschiede erzeugen will, um zum Beispiel eine möglichst scharfe Grenze zwischen ›gut‹ und ›sehr gut‹ zu erhalten (Beispiel: Eingangstest bei geringer Aufnahmequote). In normalen Klassenarbeiten strebt man eher einen ausgeglichenen Ausfall an – natürlich nicht durch nachträgliche Manipulation an der Bewertung! Das könnte man etwa erreichen, indem man die Punktzahl jeder Aufgabe an dem Zeitaufwand für die Aufgabe orientiert. In jedem Fall sollte die zu Verfügung stehende Zeit reichlich bemessen sein.
Der Lehrer sollte sich angewöhnen, vor der Korrektur eine detaillierte Musterlösung

zu erstellen, die jede honorierbare Teilleistung nennt und ihr eine Punktzahl zuordnet. Dieses Muster sollte Grundlage der Korrektur sein.
Die Zuordnung von Zensuren zu den von den Schülern erreichten Punktzahlen sollte fest sein (Fachkonferenzbeschluß, der sich etwa an die Festsetzung für die gymnasiale Oberstufe halten könnte). Beispiel:

Erreichte Punktzahl	100	95	90	85	80	75	70	65	60	55	50	45	35	20	10	< 10
Note	+	1	–	+	2	–	+	3	–	+	4	–	+	5	–	6

Die *Verwendung der schulischen Zensuren* durch die Adressaten dieser Information ist höchst problematisch. In aller Regel wird verkannt, daß die Zensurenskala eine Rangskala ist, deren Aussagekraft auf die Lerngruppe beschränkt ist. Vergleichende Aussagen zwischen verschiedenen Lerngruppen sind mit großer Vorsicht zu genießen; so etwa könnte die Erfahrung eines Lehrers in zwei Lerngruppen ihm einen Anhaltspunkt geben. Mit größerem zeitlichen Abstand und größeren Unterschieden der Lernbedingungen und der Prüfungssituationen wird der Vergleich immer unzuverlässiger. Das heißt, daß ein Vergleich über die einzelne Schule hinaus, über Schultypen hinweg, über die Grenzen der Bundesländer hinweg und zwischen verschiedenen Altersstufen geradezu einen Mißbrauch der im besten Falle möglichen Aussage von Schulzensuren darstellt.[24]
Die Hoffnungen einiger Lehrer richteten sich vor einiger Zeit auf *multiple-choice-Tests.*
Ich will hier nicht auf die Schwierigkeiten der Testkonstruktion eingehen – tatsächlich wird ein Lehrer kaum in der Lage sein, die Antwortmöglichkeiten zu einer Frage so zu formulieren, daß sie einem unsicheren Schüler gleich attraktiv erscheinen: Auch ohne sichere Kenntnis wird er aus der Frage, den Antwortmöglichkeiten und anderen Fragen des Tests Hinweise auf die richtige Antwort gewinnen können.
Gehen wir also davon aus, daß der Test in allen Einzelheiten optimal konstruiert sei und einem unwissenden Schüler bei jeder einzelnen Frage nur zufälliges Raten bliebe.
Um den Nutzen eines multiple-choice-Tests für schulischen Einsatz anstelle von herkömmlichen Klassenarbeiten abschätzen zu können, gebe ich im folgenden die Ratewahrscheinlichkeiten für einen 4er-Auswahl-Test von 20 Fragen an.
Bei einem 20-Fragen-Test ergibt sich mit der oben angegebenen Zuordnung von Punkten zu Zensuren eine Zuordnung von richtigen Antworten zu Zensuren:

Anzahl richtiger Antworten	20	19	18	17	16	15	14	13	12	11	10	9	7	4	2	< 2
Zensur	+	1	–	+	2	–	+	3	–	+	4	–	+	5	–	6

Man sieht, daß man den Umfang von 20 Fragen schon braucht, wenn man die Notenskala ausschöpfen will.

Die folgende Tabelle gibt die Wahrscheinlichkeit an, mit der man durch rein zufälliges Ankreuzen *mindestens k Antworten richtig* hat:

k	p(k)
20	$9 \cdot 10^{-13}$
19	$5{,}6 \cdot 10^{-11}$
18	$1{,}6 \cdot 10^{-9}$
17	$2{,}9 \cdot 10^{-8}$
16	$3{,}8 \cdot 10^{-7}$
15	$3{,}8 \cdot 10^{-6}$
14	$2{,}9 \cdot 10^{-5}$
13	$1{,}8 \cdot 10^{-4}$
12	$9{,}3 \cdot 10^{-4}$
11	0,4%
10	1,4%
9	4,1%
8	10,2%
7	20,4%
6	38,2%

Die Wahrscheinlichkeit, durch Raten ohne Kenntnisse eine ausreichende Note zu erhalten (mindestens), erscheint Ihnen mit unter 5% vielleicht hinreichend klein. Interessanter und im Hinblick auf schulische Bewertung wirklichkeitsnäher ist die nächste Tabelle. Der in seiner Not ratende Schüler habe gewisse Vorkenntnisse – er möge k Fragen des 20-Fragen-Tests aus eigener Kenntnis richtig beantworten können. Kann er eine weitere Frage durch Raten zusätzlich beantworten, so steigt er in der Bewertung zum Beispiel von »4-« auf »4«; kann er dagegen drei Fragen durch Raten zusätzlich beantworten, so steigt er in der Bewertung zum Beispiel von »4-« auf »3-«.

Die Wahrscheinlichkeit für solche Verbesserungen durch reines Raten zeigt die Tabelle S. 137.

Die Tabelle macht wohl deutlich, daß man nicht gut beraten ist, die herkömmliche Klassenarbeit durch einen mutiple-choice-Test zu ersetzen. Die Mühe, beim Erstellen eines schulischen Tests die hier unterstellte optimale Form der Fragen zu erreichen, ist ohnehin keinem Lehrer zuzumuten.

Mit diesem Vergleich wollte ich verdeutlichen, daß es derzeit wohl keinen technischen Weg gibt, das Bewertungsproblem oder das der schulischen Leistungsmessung zu lösen. Dem Lehrer bleibt nur die Möglichkeit, die Bedingungen des Lernens und die des Prüfens so sorgfältig wie er kann in sein Urteil einzubeziehen. So begrenzt es auch sein mag: Das Lehrerurteil ist das bisher tauglichste Meßinstrument für schulische Leistung.

Die Wahrscheinlichkeit, daß ein Schüler, der k Fragen des 20-Fragen-Tests (4er-Auswahl) richtig beantworten kann, durch reines Raten *mindestens eine* bzw. *mindestens drei* weitere Antworten richtig gibt:

k	p (›mindestens eine‹)	p (›mindestens drei‹)
6	98%	72%
7	98%	67%
8	97%	61%
9	96%	54%
10	94%	47%
11	92%	40%
12	90%	32%
13	87%	24%
14	82%	17%
15	76%	10%
16	68%	5,1%
17	57%	1,6%
18	44%	0
19	25%	
20	0	

Die letzte Spalte zeigte also die Wahrscheinlichkeit, sich um mindestens eine Note der ganzzahligen Notenskala zu verbessern, wenn man rät.

8. Anmerkungen

8.1 Anmerkungen zu Kapitel 2: Zum Begriff Fachdidaktik Mathematik

[1] Wittmann, 1981[6], S. 1.
[2] Wittmann, 1981[6], S. 2.
[3] Auch Schulz hat diese Elemente nicht nur auf den Unterricht, sondern auch auf die Didaktik bezogen: Schulz, W.: Aufgaben der Didaktik, in: Kochan, 1972, S. 403ff.
[4] in: ZDM 74/3, S. 114 und S. 116.
[5] ..., die auch die KMK für eine Definition zugrundelegte. Bigalke, H.-G.: Sinn und Bedeutung der Mathematikdidaktik, S. 110, in: ZDM 74/3, S. 109ff.
[6] Bigalke in ZDM 74/3, S. 113f., wie auch in den folgenden Fragen. Schon hier sei darauf hingewiesen, daß sich Bigalke selbst dieser Frage beherzt angenommen hat: siehe Kapitel 3.
[7] Kirsch, A.: Über die ›enaktive‹ Repräsentation von Abbildungen, insbesondere Permutationen, in: DdM 1977/3, S. 169.
[8] Steiner, 1978, S. XL.
[9] in: DdM 1982/3, S. 229 und S. 233.

8.2 Anmerkungen zu Kapitel 3: Ziele des Mathematikunterrichts

8.2.1 Anmerkungen zu 3.1: Allgemeine Erziehungsziele

[1] Meyers Großes Taschenlexikon in 24 Bänden, Bibliographisches Institut, Mannheim 1981, Band 6, S. 237.
[2] »Nicht das ist also der Vorwurf, daß die Pädagogiker große und edle Ziele haben, sondern daß sie die Erziehung – ungeprüft – zur Vollstreckerin dieser Ziele machen. Daß sie nicht fragen: Ist dies ewige Menschideal erreichbar? Uns erreichbar? Durch Erziehung erreichbar? Erst nach Bejahung der drei Fragen wäre die dritte zu stellen: Durch das von mir erfundene Mittel?« (Bernfeld, S. 39f.).
Wäre das Ziel durch Erziehung prinzipiell nicht erreichbar, so: »Und die Pädagogiker, die unentwegt den Felsblock der pädagogischen Mittel auf den Gipfel des Idealbergs wälzten, erschienen lächerlich und unnütz: sisyphische Überhebung, von boshaften Göttern mit Mühsal und Erfolglosigkeit bestraft.« (Bernfeld, S. 39) »Schon die völlig fehlende empirische Basis bei einer Reihe von sehr bedeutenden und einflußreichen Pädagogikern stützt die Allgemeinheit des Vorwurfes der Unwissenschaftlichkeit.« (Bernfeld, S. 31).
[3] Nicht immer werden diese Vorstellungen explizit formuliert; hier einige Beispiele:
»Das umfassende Ziel der Bildung ist die Fähigkeit des einzelnen zu individuellem und gesellschaftlichem Leben, verstanden als seine Fähigkeit, die Freiheit und die Freiheiten zu verwirklichen, die ihm die Verfassung gewährt und auferlegt.« (Strukturplan, S. 29).
»Ziel muß die Heranbildung von Persönlichkeiten sein, welche fähig sind, der Ideologie des

Nationalsozialismus und allen anderen zur Gewaltherrschaft strebenden politischen Lehren entschieden entgegenzutreten sowie das staatliche und gesellschaftliche Leben auf der Grundlage der Demokratie, des Friedens, der Freiheit und der Menschenwürde zu gestalten. Diese Persönlichkeiten müssen sich der Verantwortung gegenüber der Allgemeinheit bewußt sein, und ihre Haltung muß bestimmt werden von der Anerkennung einer grundsätzlichen Gleichberechtigung aller Menschen, von der Achtung vor jeder ehrlichen Überzeugung und von der Anerkennung der Notwendigkeit einer fortschrittlichen Gestaltung der gesellschaftlichen Verhältnisse sowie einer friedlichen Verständigung der Völker.« (aus § 1 des Schulgesetzes für Berlin).

»So bildet die Entwicklung sozialistischer Persönlichkeiten mit hoher Allgemeinbildung das zentrale Anliegen des neuen Lehrplanwerkes. ... Besonders hervorzuheben sind die Beziehungen zwischen den geistigen Fähigkeiten und dem die Persönlichkeit charakterisierenden System der politisch-ideologischen Grundüberzeugungen,« und »Unsere Jungen und Mädchen sollen künftig die ideologischen und ökonomischen Auseinandersetzungen zwischen Sozialismus und Imperialismus führen, die wissenschaftlich-technische Revolution unter sozialistischen Bedingungen meistern sowie die sozialistische Demokratie und Kultur weiterentwickeln.« (Pippig, 1971, S. 7f.)

»Jedermann hat das Recht auf Bildung. ...

Die Bildung muß auf die volle Entfaltung der menschlichen Persönlichkeit und auf die Stärkung der Achtung vor den Menschenrechten und Grundfreiheiten gerichtet sein. Sie muß Verständnis, Toleranz und Freundschaft zwischen allen Völkern und allen rassischen oder religiösen Gruppen fördern und die Tätigkeit der Vereinten Nationen zur Aufrechterhaltung des Friedens unterstützen«, aus Artikel 26 der Allgemeinen Erklärung der Menschenrechte vom 10. 12. 1948 – Vereinte Nationen (zitiert nach Benden, 1982, S. 74f.).

[4] Welche Verwirrung der Zeitfaktor in Überlegungen zu Erziehungsnormen stiften kann, zeigt ein Beispiel aus aktueller Diskussion über Erziehungsziele mit dem Trugschluß, der den historischen Ablauf von Erziehungseinflüssen als vom heutigen Schüler erlebt unterstellt: Das mißbräuchliche Verabsolutieren der ›Tugenden‹ Ordnung, Pflichtgefühl etc. in der Vergangenheit führte in vordergründiger Argumentation zu ihrer Verketzerung für die jetzige Generation, so als wäre die erste Überspitzung durch die zweite kompensierbar. ›Der deutsche Schüler‹ jedoch, in dem sich die Wirkungen der Erziehungstendenzen verschiedener Generationen akkumulieren und kompensieren könnten, ist ein anachronistisches Phantom.

»Den Begriff (Sekundär-Tugenden) hat der katholische Schriftsteller Carl Amery geprägt. Von ihm übernahm ihn der deutsche Namensvetter eines berühmten französischen Fabeldichters und hat in polemischem Zusammenhang – herausgerissen oder nicht – an Amerys Formulierung erinnert, mit Sekundärtugenden ließe sich auch ein KZ betreiben. Der Bundeskanzler wird den Disput aushalten ... ... Der Feuerwehrmann wird sich womöglich durch leichtfertigen Umgang mit scharfsinnigen philosophischen Betrachtungen bei seiner alltäglichen Beanspruchung mehrerer Sekundärtugenden nicht irritieren lassen. Doch wer ermißt die prägende Wirkung solcher Konfliktschablonen etwa auf Jugendliche?« (Matthes: Die Rangfolge der Tugenden, in: Der Tagesspiegel, Sonntag, 18. Juli 1982)

»Wir wenden uns gegen den Irrtum, die Tugenden des Fleißes, der Disziplin und der Ordnung seien pädagogisch obsolet geworden, weil sie sich als politisch mißbrauchbar erwiesen haben. – In Wahrheit sind diese Tugenden unter allen politischen Umständen nötig. Denn ihre Nötigkeit ist nicht systemspezifisch, sondern human begründet.« These 3 aus »Mut zur Erziehung – Neun Thesen zu einer neuen Bildungspolitik« (zitiert nach Benden, 1982, S. 171)

[5] Als Beispiel für Normen mögen hier die christlichen dienen. Ihre Formulierung etwa in den zehn Geboten erscheint so verpflichtend, daß an ihrer Konsensfähigkeit mitunter gezweifelt wird. Dennoch werden sie als so elastisch empfunden, daß sich Gegner wie Befürworter von Krieg, Todesstrafe oder Abtreibung ohne offensichtliche Verletzung der Deduktionsregeln auf diese Normen zu berufen pflegen.

Daß diese Normen nicht Axiome in mathematischem Sinne, wohl aber Leitlinie pädagogischen Handelns sein können, formuliert der Rat der evangelischen Kirche in Deutschland so: »Zur Beurteilung des sich in der Geschichte verändernden Bildungswesens gibt es keine allgemeinen, in jeder Zeit gültigen Normen. Deshalb besteht die Notwendigkeit, sich jeweils um Kriterien neu zu bemühen. ... Gottes Gebot ist (dem Menschen) dafür als Leitlinie gegeben.« Rat der evangelischen Kirche in Deutschland: Pädagogisches Handeln unter dem Anspruch christlichen Menschenverständnisses (zitiert nach Benden, 1982, S. 78)

[6] Ähnlich argumentiert H. Winter, 1972, S. 69. Ausführlich geht H. Blankertz, 1974[8], S. 19ff., auf die Problematik normativer Didaktik ein.

[7] Dies gesteht sogar Bernfeld zu, wenngleich (bis 1924) mit negativer Bilanz:

»So wenig Einsicht haben wir in die eigentlichen Bildungs- und Erziehungsprozesse der Gesellschaft, daß wir nicht zu sagen vermögen, welchen Anteil das Schulwesen an dem schließlichen Resultat der vereinten Bemühungen geheimer Kräfte hat. Aber wer wollte zweifeln, daß es einen hat. Nur freilich, leider, einen anderen als man, als die Schule von sich selbst behauptet.« (Bernfeld, 1973, S. 28)

[8] Die Zielfindung beschreibt v. Hentig (am Beispiel der Bielefelder Laborschule) als einen Rückkopplungsprozeß in fünf Schritten:

»1. Aufstellung von Hypothesen über sinnvolle mögliche und nötige Lernziele der Schule,
2. Bestimmung der Ziele (aims and objectives) durch Konsens,
3. Wahl der Mittel und Verfahren auf diese Ziele hin,
4. Entwicklung und Erprobung der konkreten Unterrichtsvorgänge, -situationen und -materialien,
5. Rückkopplung der Erfolge an die Zielbestimmung und deren Korrektur.« (von Hentig, 1970, S. 24)

[9] v. Hentig, 1969

Die Zusammenfassung der Lernziele folgt der Übersicht in Wittmann, 1981, S. 40.

Von Hentig beabsichtigte damit, »Ziele aus einem Konsens über die Gefährdungen und Chancen in unserer Welt zu setzen, denen das Individuum ohne pädagogische Hilfe nicht gewachsen wäre.« Obwohl Lernzielkataloge infolge des unreflektierten Optimismus der ersten Stunde in Verruf geraten seien, hält von Hentig sie für notwendig; er sieht in ihnen nicht logische Prämissen, aus denen man die Tätigkeiten des Unterrichts einfach deduziert, sondern Kriterienkataloge zur Beurteilung von Projekten, Lehrmaterialien etc. (v. Hentig, 1972, S. 190).

[10] Bigalke, 1976, S. 25–34.

[11] Bigalke, 1976, S. 30f.

[12] Bigalke, 1976, S. 31.

[13] Kirsch, 1979, S. 9.

8.2.2 Anmerkungen zu 3.2: Ziele des Mathematikunterrichts

[1] H. Lenné, 1969.
[2] Winter, 1975, S. 106f.
[3] Winter, 1975, S. 107, mit Bezug auf G. C. Lichtenberg (Negation) und H. Tietz: Zur Didaktik der Mathematik, ZDM 6/74/3.
[4] Winter, 1975, S. 107, mit Bezug auf H. Meschkowski: Die Bildung des Menschen durch die moderne Mathematik, MPhS 1965, H. 2.
[5] Winter, 1975, S. 107.
[6] Dieser hat sich übrigens insofern eher als Vorteil erwiesen, als er der curricularen Diskussion viel Brennstoff geliefert hat.
[7] Winter, 1975, S. 107.
[8] »Im Namen ihrer insgesamt 36 000 Mitglieder – Wissenschaftler in Forschung, Lehre und Anwendung –« Deutsche Mathematiker-Vereinigung (DMV), Deutsche Physikalische Gesellschaft (DPG), Deutscher Verein zur Förderung des mathematischen und naturwissenschaftlichen Unterrichts (MNU), Gesellschaft Deutscher Chemiker (GDCh), Verband Deutscher Biologen (VDB) (1981 verfaßt, 1982 in vielen Fach- und Verbandszeitschriften veröffentlicht).
[9] Ob der Aufruf selbst für diese Methoden repräsentativ sei, ist mehrfach kritisch, z. T. polemisch gefragt worden – da der Aufruf erkennbar demonstrativ-appellatives Design trägt und nicht den Anspruch wissenschaftlich differenzierender Argumentation erhebt, ist dieser Maßstab in voller Strenge wohl erst auf der Ebene der Begründungsversuche anzulegen.
Dennoch: Eine angemessen differenzierende Argumentation bewirkt, wie Steiners sorgfältige Analyse belegt, eine so starke Akzentverschiebung, daß die plakativ verkürzten Thesen als Verfälschungen erscheinen. s. H.-G. Steiner, 1982.
[10] Winter, 1975, S. 107.
[11] Mit der Abgrenzung des »wirklichen« Lernens (an der Entstehung von Mathematik) von der Betrachtung fertiger Mathematik bezieht sich Winter ausdrücklich auf Freudenthal, 1974; Winter, 1972; Wittmann, 1974.
[12] Auszüge aus Winter, 1975, S. 107–109, der diese Angaben an drei Beispielen illustriert; auch die folgenden drei Postulate (Lernziele) folgen Winter.
[13] P. Hilton nimmt an, daß das Lehren und Lernen von Mathematik für die Entwicklung des ethischen Empfindens relevant sei: »... ich glaube, daß durch eine wirkliche mathematische Ausbildung Normen der intellektuellen Ehrlichkeit und eine solche Hochachtung vor der Wahrheit entwickelt werden, daß ich in der Tat von einem Studenten, der einen Kurs in echter Mathematik (nicht bloß einen Kurs zur Ausbildung der rechnerischen Fähigkeiten) erfolgreich absolviert hat, Qualitäten moralischen Verantwortungsbewußtseins erwarte, die man leider in den typischen Verhaltensweisen vieler einflußreicher Leute heutzutage ganz vergeblich sucht.« (P. Hilton, 1974, S. 435).
Godement ist da skeptisch: »Es ist traurig, aber wahr, daß die beste Art, solche Menschen heranzubilden, nicht darin besteht, daß man sie in Mathematik und Physik unterrichtet ... Aber selbst im Mathematikunterricht ist es zumindest möglich zu versuchen, den Sinn für Freiheit und Vernunft zu vermitteln und die jungen Leute daran zu gewöhnen, daß sie als vernunftbegabte, menschliche Wesen behandelt werden.« (ebda, S. 434)
[14] P. Hilton warnt davor, die angewandte Mathematik unter dem Motivationsaspekt zu überschätzen:

»Und es gibt einen rührenden, weit verbreiteten Irrtum, der glaubt bei intelligenten und ziemlich widerspenstigen Studenten, die weder an der Mathematik noch am Gegenstand Interesse haben, durch das Aufzeigen einer Verbindung zwischen diesen Dingen ein gewisses Interesse für beides wecken zu können. Man muß einsehen, daß das Studium der Anwendungen von Mathematik, um sinnvoll zu sein, bereits ein bestimmtes Interesse voraussetzt. Das Studium wäre somit entweder durch eine echte Neugier gegenüber dem Gegenstand oder ein Interesse an der Mathematik begründet.« (P. Hilton, 1974, S. 439)

15 Winter, 1975, S. 114.
Für alle vier Lernziele gibt er Beispiele. Entsprechend seiner Einschätzung sind seither die genannten algebraischen Strukturen (Gruppe, Vektorraum) als eigenständige Unterrichtsgegenstände eher zurückgetreten – unter Wahrung ihrer instrumentellen Bedeutung in der Bindung an traditionelle Inhalte (z. B. Kongruenzabbildungen, Zahlbereiche, analytische Geometrie). Die Stellung der Informatik als Lerninhalt des Mathematikunterrichts ist bundesweit nach wie vor ungeklärt; methodisch wie technologisch jedoch hat sie sich fest etabliert, mancherorts hat sie auch Nischen der Stundentafel erobert: als Wahlfach oder Wahlpflichtfach in der Sekundarstufe I, als Kurswahlmöglichkeit in der Sekundarstufe II. Der Wunsch der Informatik nach Eigenständigkeit als Schulfach und der nach Modifikation des Mathematikunterrichts durch Informatik halten sich derzeit in der Diskussion etwa die Waage.

16 Bigalke, 1976, S. 32–33; er verweist auf Lenné 1969, Kirsch 1974, Winter 1972.

17 Bigalke, 1976, S. 32–33.

18 »Zum anderen erfordert unser Schulsystem (mit der Möglichkeit des Sitzenbleibens) und der oft notwendige Schulwechsel eines Schülers sowie die Forderung nach Chancengleichheit und Gleichbehandlung in den Anforderungen einen bestimmten inhaltlichen Lehrplan, der den Lehrstoff jedes Schuljahres verbindlich festlegt. Schließlich besteht auch durch die über große Gebiete der Mathematik und damit auch über lange Zeiträume im Unterricht herrschende Fachsystematik und durch die hierarchische Struktur des Aufbaus der Mathematik ein großer Zwang, bestimmte Inhalte vor anderen zu behandeln.« (Bigalke, 1976, S. 33)

8.2.3 Anmerkungen zu 3.3: Ziele sozialen Lernens

1 Für ausführlichere Betrachtungen zum Einfluß der Parameter Inhalt und Organisation auf schulisches Lernen siehe Pfeiffer, 1981, S. 6 ff.

2 Nach dem Heimann-Schulz-Modell z. B. Anthropogene Voraussetzungen, sozial-kulturelle Voraussetzungen, Intentionalität, Thematik, Methodik, Medienwahl.

3 nach Pfeiffer, 1981, S. 21 ff.

4 V. Reiß: Fachspezifische Sozialisation in der Ausbildung von Gymnasiallehrern mit naturwissenschaftlichen Unterrichtsfächern.
zitiert nach Pfeiffer, 1981, S. 23.

5 Pfeiffer, 1981, S. 50.

6 nach Pfeiffer, 1981, S. 53.

7 Selbst wenn man historische Beispiele und Anregungen lediglich mit dem Ziel einsetzt, den Unterricht zu bereichern – was nur ein kleiner Teilaspekt der genetischen Konzeption wäre (s. Abschnitt 4.3.6) – kann man bereits einen gewissen Einstellungswandel der Schüler zur Mathematik erhoffen:

s. McBride/Rollins: The effects of history of mathematics on attitudes toward mathematics of college algebra students (in: Journal for Research in Mathematics Education, Reston, USA, Jan 1977, p. 57).
Damit ist allerdings noch kein ›soziales Lernen‹ nachgewiesen, aber wenigstens eine affektive Zielkomponente berührt.

[8] Pfeiffer, 1981, S. 20.

[9] Bernfeld, 1973 (Original 1924)
siehe auch Zitat im Abschnitt ›Allgemeine Erziehungsziele‹.

[10] Zinnecker: Der heimliche Lehrplan, Beltz, Weinheim 1976.

[11] Bölts, zitiert nach Pfeiffer, 1981, S. 28.

[12] Neander: Mathematik und Ideologie.

[13] Bernfeld, 1973, S. 98–106.

[14] Kritik einer Fachdidaktik, S. 257.

[15] Vor allem Tausch, A. und R.: Erziehungspsychologie.

8.2.4 Anmerkungen zu 3.4: Zielangaben in Lehrplänen

[1] Zitiert nach Damerow, 1977, S. 253.

[2] Beispiel: »Wissen, daß die Bildpunkte von Zustand und Gegenzustand vom Bezugspunkt 0 gleichen Abstand besitzen und auf verschiedenen Seiten von 0 liegen.« (in: Rahmenrichtlinien Sekundarstufe I Mathematik, Hessen, Kapitel 15.1, Ganze Zahlen und Zustände, Lernziel 15. 1[7].

[3] In der Erleichterung der Erfolgskontrolle an Schülern und Lehrern sehen manche Kritiker ein Motiv für die hohe Detaillierung der Zielangaben.

[4] König, Vorbemerkungen, ZDM 82/3, S. 129.

[5] »... Placebo-Effekt. Der Lehrer, der niemals über seinen Unterricht nachgedacht hat, wird zum Nachdenken gezwungen, sobald er den Lehrstoff der nächsten Stunde nach der ›Taxonomie‹ oder sonst einem Schema einteilen muß, der Ausbilder fühlt sich sicherer, wenn er seinen sachgerechten, aber nicht schematisierten Unterricht an einem – nichtsachgerechten – Schema aufhängen kann, der Lehrbuchverfasser, der Lernziele formuliert, stellt sich – vielleicht zum ersten Male – die Frage: ›muß der Schüler dies *können* oder muß er es *wissen*?‹.
Insoweit diese Unterrichtskunde effektiv ist, ist sie placeboeffektiv. Müssen wir uns dem fügen, oder sollen wir gestehen, daß es uns anwidert? Sind wir Demagogen, oder ist es unsere Aufgabe, unsere Nebenmenschen als vernünftige und kritische Geschöpfe zu behandeln?« (Freudenthal, 1978, S. 159).
Nur der Vollständigkeit halber sei die Selbstverständlichkeit erwähnt, daß sich Freudenthal vor seiner Kritik mit Taxonomien eingehend befaßt hat. Diesen Prozeß verkürzen zu wollen, indem man sich mit seinem Ergebnis begnügt, wäre nicht nur im Hinblick auf Examensanforderungen fatal, sondern auch für die didaktische Erörterung ebenso abzulehnen wie die unkritisch-beflissene Übernahme der geforderten Schematisierung.

[6] siehe Damerow, 1977, S. 259ff.; besonders S. 264–266.

[7] So verwahrt sich H.-G. Steiner gegen einen emotionalen, naiv pauschalen Vorwurf dieser Tendenz in einer lesenswerten Entgegnung:
»1. Wer betreibt das ›permanente Gerede‹ über Validisierung etc., die ›totale Atomisierung‹

des Schulstoffs, die ›totale Gängelung‹ des Lehrers? Mit der Mathematikdidaktik an den Hochschulen hat das wohl wenig zu tun. Nennen Sie also Roß und Reiter!
2. Wollen Sie andererseits behaupten, daß in der Taxonomie- und Lernzielfrage, im Lehrplan und Curriculum keine ernstzunehmenden Sachprobleme liegen?« (H.-G. Steiner: Eine Entgegnung zu Herbert Zeitlers ›Gedanken zur Mathematikdidaktik‹, in: DdM 1982/3, S. 242).

[8] Damerow u. a.: Dokumentation der Mathematiklehrpläne allgemeinbildende Schulen (II); IDM 1981/24, S. 28 und 33.

[9] Es gibt auch Lehrpläne mit deutlich geringerer Detaillierung und geringerer Verbindlichkeit als der oben kritisierte Lehrplan sie aufweist; Beispiel: der Berliner Rahmenplan.

8.3 Anmerkungen zu Kapitel 4: Beiträge der Grundwissenschaften

[1] Beachtenswert ist Piagets Aussage, daß er (durch Dieudonné) das mathematische Konzept der drei Mutterstrukturen erst kennengelernt habe, nachdem er seine Theorie der drei Strukturen des operationalen Denkens bei Kindern entwickelt hatte. (Piaget, 1973, S. 34f.)

[2] »opérer« hat im Französischen über das bloße Handeln hinaus bereits einen didaktischen Beigeschmack – so das Dictionnaire des Synonymes von Larousse – den man vielleicht mit der Übersetzung ›handelnd etwas bewirken‹ einfangen könnte.

[3] Das Ermöglichen einer Assimilation des neuen Stoffes durch bekannte Strukturen, die als Analogie oder konkretes Modell dienen, nennt Montada »lateralen strukturellen Transfer«. (Montada, 1972, S. 114)

[4] Piaget nimmt in Anlehnung an das biogenetische Grundgesetz Haeckels auch für die kognitive Entwicklung eine Parallelität von Phylogenese und Ontogenese an. (Piaget, 1973, S. 21)

[5] nach Montada, 1972, S. 107.

[6] Die Bezeichnungen sind uneinheitlich; statt ›operational‹ wird auch ›operativ‹, ›operatorisch‹, sogar ›operationell‹ benutzt – der Leser mag diejenige Übersetzung wählen, mit der er sich der oben erklärten Bedeutung von ›Operation‹ am nächsten glaubt.

[7] Piaget, 1973, S. 29.
In diesem seinem Ergebnis psychologischer Forschung sieht Piaget einen Beleg für Chomskys Behauptung, »daß nicht die Logik auf der Sprache beruhe und von ihr abgeleitet sei, sondern daß umgekehrt die Sprache auf der Logik, auf der Vernunft beruhe«. (Piaget, 1973, S. 16)

[8] nach Rauh, 1974, S. 239.

[9] Piaget (1973, S. 55) betont, daß sprachliche Repräsentation nur ein Spezialfall der allgemeineren ›symbolischen Funktion‹ oder ›semiotischen Funktion‹ sei:
»Diese Funktion ist die Fähigkeit, etwas durch ein Zeichen oder ein Symbol oder ein anderes Objekt zu repräsentieren. Außer der Sprache umfaßt die semiotische Funktion Gesten, idiosynkratische ebenso wie – im Falle der Taubstummensprache – systematisierte; sie umfaßt ferner verschobene Nachahmung, d. h. Nachahmung, die stattfindet, wenn das Vorbild nicht mehr gegenwärtig ist; sie umfaßt zeichnen, malen, modellieren;«

...»Die Sprache ist nur einer unter diesen vielen Aspekten der semiotischen Funktion, wenngleich in den meisten Fällen der wichtigste.«

10 Piaget, 1973, S. 39f.
Damit sind die drei wichtigsten Aspekte des genetischen Prinzips der Mathematikdidaktik angesprochen: Historisch-genetisch, psychologisch-genetisch und wissenschaftsgenetisch, was die Orientierung an denjenigen Begriffen und Ideen bezeichnen soll, die die Wissenschaft als fundamental ausweist.

11 nach Denis-Prinzhorn/Grize, 1964.
Eine Auswahl von Experimenten der psychologischen Forschung besonders des Piaget-Kreises beschreibt Wittmann, 1982.

12 Diese Schwerpunktbildung wird aus pädagogischer Sicht mitunter beklagt: Erstens sei der kognitiven Entwicklung eine zu hohe Priorität eingeräumt worden, was in der Folge zu einer Vernachlässigung der affektiven und sozialen Erziehungskomponenten beigetragen habe; zweitens sei dem präoperationalen Stadium zu wenig Beachtung geschenkt worden, in dem die formenden äußeren Einflüsse viel stärker seien.

13 Piaget, 1973, S. 29f.

14 Rauh, 1974, S. 245.

15 Seidel/Ulmann: Ansätze zu einem neuen Konzept der Intelligenz (in: Schmid, 1978, S. 105f. mit Bezug auf Lompscher, 1972).

16 van Hiele/van Hiele-Geldorf: Die Bedeutung der Denkebenen im Unterrichtssystem nach der deduktiven Methode (in Steiner, 1978, S. 127ff.).

17 Hier muß noch einem Mißverständnis vorgebaut werden. Auch wenn Piaget oder andere meinen, der Phasenablauf der kognitiven Entwicklung des Kindes sei im wesentlichen durch die Zeit bestimmt (Reifung), so ist ihnen selbstverständlich bewußt, daß noch andere Voraussetzungen wichtig, ja notwendig sind:
Sauerstoff z. B. ist notwendig – da diese Bedingung jedoch universell erfüllt ist, ist Sauerstoff als Erziehungsparameter uninteressant, weil konstant bzw. in Mindestausstattung vorhanden; Gegenstände, an denen das Kind seine Handlungsschemata entwickeln kann, sind notwendig, aber stets vorhanden.
Piaget geht davon aus, daß – zumindest in unserem Kulturkreis – die Umwelt der Kinder genügend reich ausgestattet ist, um alle wichtigen Erfahrungen zu ermöglichen, so daß die Zeit als einziger Faktor wesentlich ist.

18 van Hiele, a.a.O., S. 139.
»Ein Lehrer muß fähig sein, in jedem Moment des Unterrichtsgeschehens das Denken des Schülers an die Stelle seines Denkens zu setzen« sagt H. Bussmann (Entwicklung und Förderung mathematischer Fähigkeiten im Unterricht, Paderborner Arbeitspapiere Bd. 5, 1978, S. 1–56).
van Hieles präzisieren die Vorstellung der Denkebenen durch folgende Merkmale:
a) Auf jeder Ebene erscheint das als nebensächlich, was auf der vorhergehenden Ebene wesentlich war.
b) Jede Ebene hat ihre eigenen sprachlichen Symbole und ihr eigenes Beziehungsnetz, das diese Zeichen verbindet. Eine »exakte« Beziehung auf einer Ebene kann sich als unexakt auf einer anderen erweisen.
c) Zwei Menschen, die auf verschiedenen Ebenen denken, können sich nicht verstehen.
d) Der Lernprozeß, der zu einer höheren Ebene führt, läuft nach einem besonderen Schema ab. (van Hiele, a.a.O., S. 129f.)

Eine Spezifizierung der These (b) von verschiedenen Exaktheitsstufen in verschiedenen Denkebenen zeigt Fischer, 1978: »Exaktifizieren bedingt die Existenz verschiedener Ebenen in der Darstellung mathematischer Inhalte und damit verbunden Begriffsveränderung.«

19 van Hiele, a.a.O., S. 128.

20 van Hiele, a.a.O., S. 130.

21 van Hiele, a.a.O., S. 131.
Die Beschreibung dieses Phasenverlaufs wird dort an einem Beispiel aus der Geometrie illustriert.

22 Herder, 1974, S. 231.

23 nach Herder, 1974, und Kritisches Lexikon der Erziehungswissenschaft, rororo 1975.

24 s. Bergius, 1972, S. 88ff.

25 Tausch/Tausch, 1971.

26 Bredenkamp: Was ist Lernen? (in: Weinert, u. a., 1974, S. 616)
Montada/Aschersleben: Lernen (in: Herder, 1974, S. 235)
Bergius, 1972, S. 43.
Drögemüller, 1977, S. 44–53.

27 Bergius, 1972, S. 133.

28 Bergius, 1972, S. 16.

29 z. T. nach Drögemüller, 1977, S. 30ff.

30 Bussmann, 1981, S. 26f.

31 »Seit Plato und Aristoteles hat man gemeint, daß Kenntnis ein hierarchisches System von Begriffen sei, und so hat man lange auch geglaubt, unterrichten zu müssen: Einprägung von Begriffen. In der Methodologie ist diese Aristotelische Auffassung von Kenntnis und Wissenschaft mindestens seit diesem Jahrhundert verlassen, aber in der Psychologie gilt immer noch Begriffserwerb als Essenz kognitiver Entwicklung, und was dann Begriff heißt, wird angeblich als Verallgemeinerung aus zahllosen Beispielen für den Begriff erworben: Allgemeinheit durch *Komprehension,* durch *Zusammen*fassen. Demgegenüber steht: Allgemeinheit durch *Apprehension,* durch *An*fassen. So wird in der Tat unterrichtet: ein Schauer von Beispielen, statt des einen, das zieht, statt des *Paradigmas. In Wirklichkeit lernt man durch Paradigmen ...*« (Freudenthal: Nacherfindung unter Führung, in: Volk, 1979, S. 189f.)

32 nach Bussmann, 1981, S. 29ff.
Dem Leser wird empfohlen, die ausgezeichnete Analyse dort nachzulesen.

33 z. B. Freudenthal, H., 1978, S. 186ff.:
›Allgemeinheit durch Komprehension und durch Apprehension‹
Freudenthal bezieht seine Ausführungen allgemeiner auf Vorstellungen, Begriffe, Erkenntnisse, ja auf Lernen von Verhalten überhaupt.

34 siehe Abschnitt »Didaktische Prinzipien«: Paradigmatisches Prinzip.

35 Willer, J.: Repetitorium Fachdidaktik Physik. Klinkhardt, Bad Heilbrunn 1977.

36 nach Meyer-Lexikon, Bd. 5, S. 107.
Wittmann, 1978[5], S. 90, nennt sie »operative« Begriffsbildung.

37 Auch Besuden warnt vor einer Überschätzung der komprehensiven Begriffsbildung: »Es würde hier gar nichts nützen, einem Lernenden den ›Turm‹ vorzustellen, indem man ihn an zehn verschiedenen Schachspielen zeigt: einmal ist er vielleicht reich verziert, mit Sockel und Brüstung versehen, das andere Mal besteht er aus Ebenholz, im dritten Fall ist er klein

und zierlich, und schließlich ist er zu einem merkmalsarmen Symbol reduziert. Diese Betrachtung trägt offensichtlich zur Begriffsbildung nichts bei.« (in: Fricke, 1970, S. 120)

38 Ausubel, D. P.: Die Verwendung von »advanced organizers« beim Lernen und Behalten von bedeutungsvollem sprachlichen Material (in: Weinert, u. a., 1973, S. 218f.)
Für den Mathematikunterricht gibt er (1960!) eine negative Bilanz (a.a.O. S. 225): »Der Unterricht in Mathematik und Naturwissenschaften z. B. stützt sich noch immer im wesentlichen auf das Auswendiglernen von Formeln und Vorgehensweisen, auf das Wiedererkennen von sich ständig wiederholenden ›Problemtypen‹ und auf mechanischen Umgang mit Symbolen.« (vergleiche Abschnitt ›Konzeptionen des Mathematikunterrichts‹: Aufgabendidaktik!).

39 Bruner, 1974, S. 129f.

40 Literatur zu diesem Bereich:
Pfeiffer, 1981.

41 Bergius, 1972, S. 103.

42 Wittoch, 1973, S. 33.

43 zitiert nach Wittmann, 1978[5], S. 95.

44 Über Versuche zu feineren Facettierungen des Fähigkeitsprofils siehe z. B. Bauer oder Bussmann oder Abschnitt 4.5.

45 Wagenschein, 1970, Bd. 2, S. 81.
Ein »immer vom ›Einfachen zum Komplizierteren‹ fortschreitendes, ›Stoff‹ auf Vorrat häufendes Lehrverfahren« hält Wagenschein für den »tiefsten Grund des Mißerfolgs« manchen Mathematikunterrichts. (Wagenschein, 1980, S. 210)

46 Nach M. Wittochs vergleichender Untersuchung, 1973, ist problemzentrierter Mathematikunterricht dem operativen und dem programmierten Mathematikunterricht in keinem Punkt unterlegen, für die Ausbildung heuristischer Fähigkeiten dagegen deutlich überlegen. s. auch Abschnitt ›Konzeptionen des Mathematikunterrichts‹.
Daß beim Problemlösen Lernen stattfinden kann, zeigte eindrucksvoll ein Experiment mit einem Kraken: Er hatte – nach längerem Probieren – eine Languste aus einem fest verkorkten Glas geholt. Beim zweiten Versuch wendete er ohne Zögern oder erneutes Probieren sofort das erfolgreiche Verfahren an.

47 Tietze, 1982, S. 51.

48 zitiert nach Beck, 1982, S. 156.

49 Maria Montessori, zitiert nach Wagenschein, 1980, S. 211.

50 Becker, 1979, S. 10 und S. 20.

51 Glatfeld, 1983, S. 49.

52 Wittoch, 1973, S. 33.

53 Bruner, 1974, S. 54.

54 Im wesentlichen nach Polya, 1967[2].

55 Wittmann, E.: »Mutter«-Strategien der Heuristik (in: Steiner, 1978, S. 202ff.)

56 Webb, N. C.: An Exploration of Mathematical Problem-Solving Processes (Diss. Stanford 1975, zitiert nach Tietze, 1982, S. 66/67).

57 Tietze, 1982, S. 63 und S. 66f.

58 Bruner, 1974, S. 56.

59 Wittmann, 1978[5], S. 95.

60 Riedel, K.: Lehrhilfen zum entdeckenden Lernen, Hannover, 1973 (zitiert nach Bussmann, 1981, S. 24f.)

[61] Bruner, 1974, S. 53.

[62] Fricke, A.: Operative Lernprinzipien im Mathematikunterricht der Grundschule (in: Fricke, 1970, S. 81).

[63] Natürlich ist nicht für jedes Gebiet jede Art sinnvoll oder brauchbar. Bruner, 1974, S. 49, selbst hält eine ikonische Darstellung juristischer Probleme für unzweckmäßig.
Anmerkung im Original: Jerome S. Bruner, The Cours of Cognitive Growth, American Psychologist 19, 1–15 (Jan. 1964).

[64] nach Z. P. Diénès: Beispiel eines Weges vom Konkreten bis zum Umgang mit formalen Systemen (in: Steiner, 1978, S. 181 ff.)

[65] Fricke, 1970, S. 89 ff.
Aebli, H.: Psychologische Didaktik, Stuttgart 1963.

[66] Pippig, 1971, S. 217.

[67] Pippig (S. 197) bezieht sich hier auf Galperin. Man vergleiche jedoch auch Ausubels »advanced organizers« beim Verankern neu erworbener Begriffe.

[68] Davidov, W.: Arten der Verallgemeinerung im Unterricht. Volk und Wissen, Berlin 1977. Der Abriß folgt stark verkürzend Bussmann, 1981, S. 187 ff.

[69] Bussmann, 1981, S. 211, S. 212, im Anschluß an Pippig und Davidov.

[70] Glatfeld, 1977, S. 77.

[71] Es geht hier wohlgemerkt *nicht* um die Frage, ob solche Lehrveranstaltungen geeignet sind, Studenten Mathematik zu lehren, also um den Lehrgegenstand ›Mathematik‹. Vielmehr geht es hier um den für Lehrerstudenten wichtigen Lehrgegenstand ›Lehren‹ bzw. ›Lernen organisieren‹.

[72] Freudenthal (1973, I, S. 129) zur Mathematik in »integriertem« naturwissenschaftlichem Unterricht: »Man hat auch wohl die Mathematik in solche integrierten Projekte einbeziehen wollen. Hier und da gibt es ja was zu addieren oder zu multiplizieren, und oft hat man Prozente auszurechnen. Es erübrigt sich zu betonen, daß das der Mathematik kein Recht widerfahren läßt. Schon 8–9-Jährige pflegen tiefere Mathematik zu betreiben, als bei solchen Projekten für 14-Jährige auftaucht.«

[73] Im Heimann-Schulz-Modell ist das eine Konsequenz der behaupteten Interdependenz der sechs Strukturmomente des Unterrichts, hier insbesondere von Inhalt-Intention-Methode. Im genetischen Unterricht ist es ebenfalls wesentlich, die Schwerpunkte der anderen Konzeptionen flexibel zu integrieren.

[74] Lauter/Röhrl, 1974, S. 13 f.

[75] verkürzt nach Ellrott/Schindler, 1975, S. 42.

[76] Ellrott/Schindler, 1975, S. 43.

[77] Es ist hier nicht der Ort, die Fehlentwicklungen der Reform in Ursachen und Wirkungen zu verfolgen und zu bewerten. Die öffentliche Reaktion, im Höhepunkt etwa 1974 (»Spiegel«-Artikel: Macht Mengenlehre krank?), gibt für eine curriculare Analyse wenig her. Sie ist wohl eher ein psychologisches Signal für eine Reihe von Überforderungen gewesen:

- Unzureichend vorbereitete Lehrer wurden durch den geringen Informationsvorsprung vor den Schülern verunsichert.
- Verängstigte Eltern, besonders solche, die ihren Kindern zu helfen gewohnt waren, flüchteten in den schnell reagierenden Buchmarkt, der das Bild von der ›Neuen Mathematik‹ weiter verzeichnete.
- Bedrohte Autorität: Schon 6-Jährige entlarvten plötzlich Wissenslücken der Eltern. Was ehemals als unterschichtsspezifisches Phänomen besonders beim Übergang zum Gymna-

sium galt, wurde empörenderweise jetzt auch bei Ärzten und Lehrern virulent. Es entstand das Bedürfnis, diese neuen Inhalte als wissensunwürdig und unzumutbar nachzuweisen.

78 gekürzt nach Ellrott/Schindler, 1975, S. 44. Unter ›Mengenlehre‹ ist natürlich auch hier nicht die mathematische Disziplin zu verstehen, sondern das Konglomerat, als das die geforderte Mengensprechweise und der Einsatz strukturierten Materials in der Grundschule in Erscheinung getreten sind.

79 Hier gab es damals auch die Gegenposition: Die Möglichkeit, Mathematik sprachfern zu unterrichten, sei ein Vorteil für Kinder mit niedrigem häuslichem Sprachniveau, weil sich dann die Defizite weniger stark auswirkten als im sprachbetonten Unterricht.

80 Obwohl Einflüsse des Bourbaki-Kreises auch auf die Schulmathematik unverkennbar sind, ist auch das unter Lehrern gebräuchliche Schlagwort »Strukturmathematik« eine Verkürzung der Reformabsichten auf einen inhaltlichen Teilaspekt.

81 »Der Tagesspiegel« Nr. 11207 vom 20. 08. 82 gibt auf S. 26 eine triumphale dpa-Meldung über die Änderung der Mathematik-Lehrpläne in den Bundesländern unter der Überschrift »Mengenlehre auf dem Rückzug« weiter: »Die gute alte Rechenfibel der Großeltern kann von Speichern oder aus verstaubten Regalen wieder hervorgekramt werden: denn die moderne Mathematik befindet sich laut einer dpa-Umfrage bundesweit – wenn auch angesichts der Kulturhoheit der Länder natürlich nicht einheitlich – auf dem Rückzug. Die Anfang der siebziger Jahre an den Grundschulen verordnete Mengenlehre zur Einführung der sechsjährigen in die Welt der Zahlen feiert offenbar vielerorts ein stilles Begräbnis.« ... »Das Einmaleins kommt wieder zu Ehren: Nun heißt es für viele Kleinen, erstmal ›und‹ und ›weniger‹, ›mal‹ und ›durch‹ zu lernen.«

82 Ausführlicher im Abschnitt »Zielangaben in Lehrplänen«. Die leichte Überprüfbarkeit von Unterricht und Lernerfolg aufgrund fixierter Ziele warb der Welle schnell Freunde in einigen Bildungsinstanzen. Der zweite Virus dieses behavioristischen Stammes, der programmierte Unterricht, war weniger virulent; er ist heute in den Schulen fast bedeutungslos.

83 Damerow u. a., 1974, S. 133. Dabei hielten sie sich von der Modewelle der Lernzieloperationalisierung bewußt fern. Eine erschöpfende wissenschaftliche Erörterung ist man dieser Arbeit Damerows über Jahre schuldig geblieben. Der prononzierte politisch-ideologische Standpunkt verbunden mit einem recht apodiktischen Gültigkeitsanspruch erschwerte einerseits den Zugang zum analytischen Teil der Arbeit und weckte andererseits einigen schnellen Beifall, der den gehaltvollen Ansatz verengte und diskreditierte.
Damit setzt sich Glatfeld, 1983, S. 18 ff., ausführlicher auseinander.

84 Freudenthal, 1973, I, S. 132.
Dieser Richtschnur scheinen mir neuere Vorschläge anwendungsorientierten Mathematikunterrichts zu folgen, etwa Beck, 1982, der sich nach eigenem Zeugnis auch der genetischen Unterrichtskonzeption zuordnen läßt.

85 Neander, J.: Curriculare Perspektiven für den Mathematikunterricht (in: Rolff, u. a., 1974, S. 182).

86 Münzinger, W.: Projektorientierung (in: Volk, 1979, S. 214 f.).

87 Stubenrauch, H.: Projektorientiertes Lernen im Widerspruch des Systems; in Geisler, 1976, S. 12 ff.
Münzinger schreibt in Volk, 1979, S. 214: »Projektunterricht ist mit Notwendigkeit fächerübergreifend angelegt. Insofern kann es keinen Projektunterricht Mathematik geben.« ... »um die vielfältigen oft sehr ungünstigen schulischen Ausgangsbedingungen zu berücksich-

tigen – man denke nur an die Auffächerung des Lernprozesses an allgemeinbildenden Schulen – kann realistischerweise der Mathematikunterricht allenfalls an den Merkmalen des Projektunterrichts orientiert sein, und wir sprechen deshalb von einem projektorientierten Mathematikunterricht.« und (S. 218): »Projektorientierter Mathematikunterricht ist das bewußte und gezielte ›Sicheinlassen‹ auf gesellschaftliche Verhältnisse, und er geht von einem Bewußtsein um konfliktträchtige Machtstrukturen aus.«

88 Münzinger, 1977, S. 36

89 Münzinger, in Volk, 1979, S. 217f.

90 Von Chr. Keitel zurückhaltender und treffender ›problemorientiert‹ genannt, was für die sorgfältige Standortreflexion der Verfasserin spricht. Ich führe es hier auf, weil es höhere Ansprüche erfüllt als manches Beispiel mit prätentiöserem Titel.

91 alle dargestellt in Münzinger, 1977

91a Genauer in: Lindenau/Schindler 1978, S. 18f.
Zu mathematikhaltigen Situationen siehe auch Abschnitt ›Problemlösen‹!

92 Nach Strehl, 1979, S. 247ff.

93 Hinzufügen möchte ich: Die häufig geforderte Tabuisierung gewisser Inhaltsbereiche, also Zensur, ist ebenso fragwürdig: »kritische Aufklärung« verlangt Behandlung und Diskussion offen wählbarer Inhalte.

94 Glatfeld, 1983, S. 16

95 Strehl, 1979, S. 10ff.

96 Strehl, 1979, S. 24.

97 Glatfeld, 1983, S. 14.

98 Siehe besonders Beck 1982!

99 Ausführlicher beschäftigt sich damit Weber 1980

100 Siehe Abschnitt ›Zum Begriffslernen‹!

101 Siehe etwa Beck 1982!

102 Neu veröffentlicht in Steiner, 1978, S. 343ff.

103 Becker, u. a., 1979, S. 10

104 Weber, 1980, S. 87, mit Bezug auf O. Pollak und A. Engel

105 Becker, 1980, S. 132

106 Engel, 1973 und 1976

107 Stowasser: Materialien zum problemorientierten Unterricht I (in: MU 1976/3, S. 51, Anm. 12)

108 Glatfeld, 1977, S. 76

109 Lenné, 1969, S. 35

110 von der Wittmann noch in der 6. Auflage seiner »Grundfragen ...« (S. 143) sagt, sie sei »auch in der heutigen Unterrichtspraxis noch weit verbreitet«.

111 So erlaubt der Berliner Rahmenplan (E-Phase) großzügig: »Die Folge kann als Funktion eingeführt werden«, benutzt dann aber die masochistische Schreibweise $(h_k)_{k \in N}$ zur Bezeichnung einer Folge; das 10. Folgenglied wäre danach h_{10}.
Wollte man den Schüler tatsächlich den Nutzen aus Kleins Bemühungen – 80 Jahre danach! – ziehen lassen, so müßte man wohl die besagte Folge schlicht h und ihr 10. Glied (Folgenwert an der Stelle 10) eben h(10) nennen, weil diese sinnvolle Schreibweise für Funktionen im Rahmenplan benutzt wird.

112 Siehe auch den Abschnitt ›Genetisches Prinzip‹. die wichtigste Quelle ist Schubring, 1978.

113 Wittmann, 1978[5], S. 124.

114 Wittmann: ›Mutter‹-Strategien der Heuristik (in: Steiner, 1978, S. 213f.).

115 Schubring, 1978, S. 1, als Charakterisierung des genetischen Vorgehens.

116 Gelegentlich wird die Aufnahme solcher Lehrgegenstände als Beleg für die Anpassungsfähigkeit der genetischen Konzeption ins Feld geführt. Ich folge darin lieber Wittmann, der auch in Zeiten verbreiteter Strukturphobie strukturellen Aspekten ihren Platz in der von ihm favorisierten dynamischen Auffassung von Mathematikunterricht läßt: »Die Axiomatik spielt im Rahmen der genetischen Methode sogar eine ganz entscheidende Rolle. Axiomatische Darstellungen sind aufzufassen als *Endstufe* des genetischen Prozesses, sind also *Teil* des genetischen Prozesses.« (Wittmann, 1981[6], S. 147).

117 Schubring, 1978, S. 187, S. 191.

118 Nach Schubring, 1978, S. 161. Freudenthal stößt in dasselbe Horn: »Daß die Ideen nach ihrer Entstehungsweise unterrichtet werden sollen, bedeutet nicht, daß wir sie so unterrichten müssen, wie sie entstanden sind – auch nicht, nachdem wir Sackgassen abgeschnitten und Umwege kurzgeschlossen haben. Von dem, was die Blinden erfunden und entdeckt haben, wissen die Sehenden hinterdrein, wie man es hätte erfinden und entdecken müssen, wenn man Lehrer gehabt hätte, die gewußt hätten, was wir nun wissen.« ... »Als Erzieher interessiert mich, wie Mathematik bei einem entsteht, der einen guten *Lehrer* hat«. (Freudenthal, 1973, I, S. 99).

119 Nach Schubring, 1978, S. 185.
Vielleicht sollte man noch anmerken, daß dieser Abschnitt *nicht* von der Frage handelte, ob die Geschichte der Mathematik ein Gegenstand des Mathematikunterrichts sein soll oder nicht. Nach Antworten auf diese Frage schaue man in die Hefte ZDM 77/4 und ZDM 78/2!

120 Motto: »Ich versichere ehrenwörtlich, daß ich jemanden kenne, in dessen Berufspraxis das Problem wirklich existiert.« oder: »Die Daten wurden von zwei Schülern mit ihren eigenen Füßen in die Klasse getragen.«

121 Auf die Vermutung, daß der Einfluß einer bereits vorhandenen Motivation überschätzt werden könnte, wirft das Yerkes-Dodson-Gesetz ein interessantes Schlaglicht: Eine starke Motivation wirkt sich nur bei leichten Aufgaben günstig auf die Leistung aus; bei höherem Schwierigkeitsgrad ist eine geringere Motivation, die die Aktivität gerade noch in Gang hält, günstiger (Bergius, 1972, S. 131). Kann man das so deuten, daß bei schweren Aufgaben die Motivation, die aus der Arbeit am Problem erst entsteht (das Motivieren durch das Problem), wichtiger ist: ›Der Appetit kommt beim Essen‹?

122 Hilton, P.: Education in Mathematics and Science Today: The Spread of False Dichotomies (in: ICME III, 1977, S. 75ff.).

123 Lenné, 1969, S. 122
Definition von Mc Geogh und Irion.

124 Becker, 1980, S. 33.

125 Weinert, 1974 Bd. 2, S. 695.

126 Bergius, 1974, S. 234–244. Mit strukturellem Transfer beschäftigt sich ausführlich: Montada, in Halbfas, 1972.

127 In diesem Zusammenhang möchte ich noch einmal (wie schon im Abschnitt 4.3.1.4) auf das Unterrichtsmodell von Damerow hinweisen, in dem die geforderten (mathematischen) Qualifikationen selbst als die »identischen« generalisierbaren Elemente von Unterrichts- und künftiger Lebenssituation zu deuten sind. Dies setzt natürlich voraus, daß es gelingt, den Schülern die jeweilige Qualifikation – und nicht etwa nur ihre Verkörperung im Resultat des einzelnen Beispiels – als Lernelement bewußt zu machen.

[128] Bergius, 1972, S. 103f.
Anastasi definiert Intelligenz als die Fähigkeit, die allen in der Gesellschaft Erfolgreichen gemeinsam ist. (Schmid, 1978, S. 51)
[129] Bauer, 1978, S. 23.
[130] Nach Bauer, 1978, und Schmid, 1978.
[131] Schmid, 1978, S. 49.
[132] Cattell, R. B.: »Theorie der fluiden und kristallisierten Intelligenz« (Original 1963) (in: Skowronek, 1973, S. 29)
[133] Siehe Schmid, 1978.
[134] Freudentahl, 1978, S. 148ff.
[135] Siehe z. B. Lenné, 1969, S. 146f.
[136] Weinert, 1974 Bd. 2, S. 697f.
[137] Siehe z. B. »Wegemodell« bei Freudenthal, 1978, S. 201.
[138] G. Fölsch in der Vorbemerkung zum Themenheft »Die Stellung der begabten Schüler im Mathematikunterricht« (ZDM 77/1, S. 1).
[139] Descartes' Ausspruch zu Beginn des 1637 veröffentlichten Discours de la Méthode, »Der gesunde Verstand ist die bestverteilte Sache der Welt, denn jedermann meint, damit so gut versehen zu sein, daß selbst diejenigen, die in allen übrigen Dingen sehr schwer zu befriedigen sind, doch gewöhnlich nicht mehr Verstand haben wollen, als sie wirklich haben«, scheint uns eher zynisch als unbefangen.
[140] Jensen, A. R.; Original 1969. In Deutschland auszugsweise veröffentlicht in Skowronek, 1973, S. 63–155.
[141] v. Hentig, H.: Erbliche Umwelt – oder Begabung zwischen Wissenschaft und Politik (in: Skowronek, 1973, S. 163).
[142] Vorwurf von H. Mühle in Bildungsrat, 1974, S. 77.
[143] These von Watson; zu dieser These siehe Freudenthal, 1978, S. 59.
[144] In Weinert, 1974, Bd. 1, S. 279.
[145] v. Hentig, in Skowronek, 1973, S. 158.
[146] Es gibt Hinweise auf eine zu erwartende Bestätigung der Tendenz durch Arbeiten des Milieutheoretikers (!) Bouchard in Minnesota; siehe von Dittfurt, Geo 83/5, S. 38–54. Man muß wohl v. Hentigs Meinung folgen und sich mit den Konsequenzen der »inopportunen« Theorie auseinandersetzen.
[147] Husen, T.: Begabung und Bildungspolitik, Schroedel, Hannover 1975, S. 12.
[148] Jensen, in Skowronek 1973, S. 97.
[149] Jensen selbst nennt die Körpergröße. Deren Unterschiede in der Bevölkerung gelten als überwiegend genetisch bedingt; dennoch steigt die mittlere Körpergröße selbst seit vielen Jahrzehnten, vor allem durch Umwelteinflüsse (Ernährung, Hygiene, Medizin, neuerdings vermutet man auch schon: durch akustischen Streß). Für den IQ hat sich nach Husen, a.a.O., S. 66, ebenfalls ein durchschnittlicher Anstieg gezeigt.
[150] Heckhausen, in Weinert, 1974, Bd. 1, S. 280.
[151] Fölsch, ZDM 77/1, S. 1.
[152] Freudenthal, 1978, S. 53, fährt noch fort: »Er ist nun einmal da, und die Schule scheint nichts anders tun zu können, als die Chancen derer mit Rückstand immer weiter zu reduzieren.«
[153] Siehe Wöhler, 1979, S. 18.
[154] B. L. Whorf: Sprache, Denken, Wirklichkeit – Beiträge zur Metalinguistik und Sprachphilosophie, Rowohlt, Reinbek 1963, S. 110f.

155 Kenny, A.: Wittgenstein, Suhrkamp, Frankfurt 1974, S. 178.
156 Furth, H.: Denkprozesse ohne Sprache, Schwann, Düsseldorf 1972.
157 Bergius, 1972, S. 98f.
158 Haas, W. S.: Östliches und westliches Denken, Rowohlt, Reinbek 1967, S. 101.
159 v. Weizsäcker, C. F.: Sprache als Information (in: v. Weizsäcker, 1972, S. 117).
160 Siehe Abschnitt 4.2.4.1.
161 Winter, H.: Umgangssprache – Fachsprache im Mathematikunterricht (in: IDM 18/78, S.5–56).
162 Zur Unterscheidung ›expositorisches Lernen/rezeptives Lernen‹ versus ›entdeckendes Lernen‹ siehe Beginn von Abschnitt 4.3.
163 Eine nähere Erörterung der nicht fachspezifischen Aspekte dieses Themas muß hier unterbleiben. Deshalb nur zwei Literaturhinweise: Becker, G. E.: Optimierung schulischer Gruppenprozesse durch situatives Lehrtraining, Quelle & Meyer, Heidelberg 1973; Grell, J.: Techniken des Lehrerverhaltens, Beltz, Weinheim 1974.
164 v. Weizsäcker, C. F.: Die Sprache der Physik (in: v. Weizsäcker, 1972, S. 89).
165 Siehe Abschnitt 4.2.3.1! Es ist sicherlich eine nützliche Übung besonders für den angehenden Lehrer, sich für die »Verankernden Maßnahmen« Anteile von Fachsprache und Umgangssprache zu überlegen.
166 Winter, 1978, S. 29.
167 Griesel, 1978, S. 164f.
168 Rechtsachse, Hochachse, Rechtswert, Hochwert werden in Schulbüchern bis zur Orientierungsstufe recht häufig verwendet.
169 Winter benutzt die Ausdrücke »Werkstattsprache« und »methodische Zwischensprache«, während Griesel die damit gemeinten Wortprägungen »Arbeitsausdrücke« nennt. (IDM 18/78, S. 13 und Griesel 1978, S. 166).
170 Griesel, 1978, S. 166f.
171 Winter, IDM 18/78, S. 42, mit Bezug auf Wygotzki.
172 Dinges, H.: Spekulationen über die Möglichkeiten angewandter Mathematik (in: Otte, 1974, S. 476).
173 Dieses Vorgehen ist auch auf wissenschaftlich höherem Niveau, als es die Schule erreichen kann, möglich und empfehlenswert, wie Dinges/Rost in ihrem Lehrbuch »Prinzipien der Stochastik«, Teubner, Stuttgart, 1982, eindrucksvoll gezeigt haben. Sie skizzieren den von ihnen beschrittenen Weg (S. 4f.): »Manche theoretischen Begriffe wie Zufallsgröße und Unabhängigkeit werden lange schon in Sprechweisen benutzt, ehe sie in einer Definition so scharf gefaßt werden, daß man mit ihnen rechnerisch umgehen kann!« ... »Wir wollen viel eher anhand beispielhafter Fragestellungen die Entwicklung der Begriffe nachzeichnen. So liegt uns z. B. daran, zu zeigen, daß zentrale Begriffe der Stochastik, wie Wahrscheinlichkeit, ... mehrere Wurzeln haben und von daher verschiedene Bedeutungsschattierungen in sich tragen.«
174 Wem daraufhin der axiomatische Aufbau als schneller Weg zum mathematischen Kern vorschwebt, der mißachtet die didaktischen Prinzipien der Beziehungshaltigkeit, der Stufengemäßheit und einige andere. Die schlechte Gesellschaft, in der er sich damit befindet, ist nur ein geringer Trost durch die wissenschaftliche Imagepflege, keine pädagogische Entschuldigung.
175 Zum Thema »Beweisen im Mathematikunterricht« siehe Dörfler/Fischer, 1979.
176 Siehe z. B. Winter, IDM 18/78, S. 23f.

[177] Siehe Fischer, R.: Die Rolle des Exaktifizierens im Analysisunterricht (in: DdM 78/3)

8.4 Anmerkungen zu Kapitel 5: Didaktische Prinzipien

[1] Bauer, 1978, S. 31.
[2] Wöhler, 1979, S. 22f.
[3] Wittmann, E.: Zur Rolle von Prinzipien in der Mathematikdidaktik (in: Beiträge zum Mathematikunterricht 1975, Schroedel, Hannover, S. 226–235)
[4] von Aschersleben 1976 formuliert; siehe Wöhler, 1979, S. 23f.
[5] Bauer, 1978, S. 188.
[6] Dollase, R.: Das Prinzip der Situationsbezogenheit (in: Wöhler, 1979, S. 130–149).
[7] Senecas Ausspruch als Votum für Praxisorientierung zitieren zu wollen, scheint mir übrigens eine Fehldeutung. In seinem 88. Brief an Lucilius, »Über den Wert der ›freien‹ Künste und Wissenschaften«, schreibt Seneca: »Mein Urteil über die ›freien‹ Wissenschaften möchtest du erfahren? Keine schätze ich hoch ein; keine, die auf Geld ausgeht, gilt mir als gut. Brotkünste, nur vom Nutzen einer Vorschule des Geistes, den sie nicht auf Dauer fesseln« ... »In Wahrheit gibt es nur *ein* wirklich freies Studium, ein befreiendes: das der Philosophie, das erhabene, starke, hochgemute. Die übrigen: unbedeutend, kindisch.« Seneca läßt nur einen Weg gelten: den der Weisheit (nicht der Vielwisserei!) mit dem Ziel der Tugend; alle andere wissenschaftliche oder künstlerische Tätigkeit ist dazu nur Vorstufe. (Zitate nach: Rüegg, W.: Antike Geisteswelt II, DTV, München 1967, S. 146–155).
[8] Siehe Abschnitte 3.1.2 und 4.3.1.4.
[9] Dolch, 1982, S. 33 und S. 35.
[10] Bruner, 1970, S. 44 ›Hypothese‹ und S. 61 ›Curriculumspirale‹.
[11] »Ein Kind bestimmten Alters in einem Lehrgegenstand unterrichten bedeutet, die Struktur dieses Gegenstandes in der Art und Weise darzustellen, wie das Kind Dinge betrachtet.« (Bruner, 1970, S. 44).
[12] Bruner, 1970, S. 26.
[13] Zu (O) siehe Abschnitt Piaget und Wittmann, 1982.
[14] Aspekte des Zahlbegriffs in (1) nach Müller/Wittmann 1977, S. 167.
[15] Wittmann, 1981[6], S. 86.
[16] Kirsch, A.: Aspekte des Vereinfachens im Mathematikunterricht (in: DdM 77/2, S. 87–101).
[17] Wagenschein, M., in Roth/Blumenthal, 1965, S. 6. Blochs Übersetzung von Heraklits Ausspruch, »Viel*es*wisserei belehrt nicht«, zeigt den Kern des Gedankens besser. Bloch (Pädagogica, Suhrkamp, Frankfurt, 1972[2], S. 133) stellt der Vieleswisserei, die als Hang zum Vielerlei eitel und oberflächlich der Weisheit im Wege stehe, das »Vielwissen«, das tiefe Wissen ums Wesentliche, das erstrebenswert sei, gegenüber.
Die Kritik an auf Stoffülle angelegten Lehrplänen ist alt. Dolch (1982, S. 44) berichtet zum Beispiel: Im 3. Jhd. kritisiert der Stoiker Zenon, daß die Praxis des Unterrichts nach dem enkyklischen Lehrplan den ursprünglichen Sinn einer Vorbereitung auf die Philosophie verlassen habe und zu einer bloßen Vielwisserei aufgeschwemmt worden sei.
[18] Wagenschein, in: Gerner, 1972, S. 2ff.

[19] Wagenschein, 1980, S. 178.
[20] Wagenschein, 1980, S. 183.
[21] Flitner, W.: Der Kampf gegen die Stoffülle: Exemplarisches Lernen, Verdichtung und Auswahl (in: Gerner, 1972, S. 20).
[22] Klafki: Grundformen des Fundamentalen und Elementaren (in: Gerner, 1972, S. 160).
[23] Freudenthal, 1978, S. 195.
[24] Freudenthal, 1978, S. 195.
[25] Freudenthal, 1978, S. 191.
[26] Ich ziehe diesen Terminus H.-G. Steiners dem mittlerweile überwiegend pejorativ gebrauchten ›Stoffdidaktik‹ vor.
[27] Bruner, J. S.: Einige Elemente des Entdeckens (in: Halbfas, 1972, S. 95).
[28] Wagenschein (»Natur physikalisch gesehen«) in Wagenschein, 1980, S. 344, hat einen Katalog von Hauptphänomenen aufgestellt, der das »Grundgefüge« der »physikalischen Landschaft« aus der Sicht des Lernenden zeichnen soll.
Engel, 1973, 1976, versucht die wichtigsten Verfahren der Wahrscheinlichkeitsrechnung über Schlüsselprobleme zu entwickeln.
[29] Hier ist nicht der Ort, die Beweiskraft dieser Demonstration oder den Inhalt der Wiedererinnerungslehre zu bewerten. Dem Leser sei diese ›Lehrprobe‹ aber zur Lektüre empfohlen, um sie etwa mit Wagenscheins Interpretation von »sokratisch« vergleichen zu können.
[30] Novak, 1976, Bd. 1, S. 49.
[31] Die Zeit der Tabuisierung der »W-Fragen« ist vorbei. Damals konnte man einen guten Lehrer von einem schlechteren Kollegen leicht daran unterscheiden, daß ersterer die Frage »Wieviel ist 4 plus 3?« in »Überlege, wieviel 4 plus 3 ist!« übersetzte.
[32] Freudenthal in: Volk, 1979, S. 185.
[33] Bruner, J. S.: Einige Elemente des Entdeckens in: Halbfas, 1972, S. 84ff.
[34] Wittmann, 1981[6], S. 144.
[35] Wittmann, E.: Zur Rolle von Prinzipien in der Mathematikdidaktik, in: Beiträge zum Mathematikunterricht 1975, Schroedel, Hannover, S. 226.
[36] Siehe zum Beispiel Bruner, 1970, S. 21.
[37] Daß formallogisch in vielen Fällen eine Verbindung dennoch konstruierbar sein wird, davon geben
Wittmann, E.: Zum Begriff ›Gruppierung‹ in der Piagetschen Psychologie (in: Beiträge zum Mathematikunterricht 1972, Schroedel, Hannover 1973)
Steiner, H.-G.: Mathematische Präzisierungen und didaktisch relevante Modelle zum Piagetschen Gruppierungsbegriff (in: Steiner, 1978, S. 223–245)
einen Eindruck.
[38] Nochmals der Hinweis: Nur für Mathematikunterricht besteht eine Verwechslungsgefahr mit »Orientierung an Strukturmathematik«, die in der Unterrichtskonzeption ›Moderne Mathematik‹ (Abschnitt 4.3.1) ausführlicher erörtert wurde.
[39] Bruner, 1970, S. 14 (Vorwort).
[40] Fischer, R.: Fundamentale Ideen bei den reellen Funktionen (in: ZDM 76/4, S. 185–192). Hinweise für die Stochastik gibt: Heitele, D.: Fragmente zu einer Geschichte der Wahrscheinlichkeitsdidaktik (in: DdM 77/4, S. 296–306).
[41] Siehe Bourbaki: Elemente der Mathematikgeschichte, Vandenhoeck & Ruprecht, Göttingen 1971, S. 34.
[42] In der Fachwissenschaft taucht das Prinzip in entsprechender Weise auf: Permanenzprinzip

der Funktionalgleichungen, siehe Mathematisches Begriffswörterbuch im Handbuch über die Mathematik, BI, Mannheim 1972.
Eine grobe Verniedlichung dieses Prinzips findet in manchen Schulbüchern Anwendung:
Bisher wissen wir: $(-1)\times 4 = -4$
$(-1)\times 3 = -3$
$(-1)\times 2 = -2$
$(-1)\times 1 = -1$
$(-1)\times 0 = 0$
Um wieviel unterscheiden sich die Produkte voneinander?
Wie könnte man die Spalte fortsetzen, damit diese Eigenschaft erhalten bleibt?
Die Gefahr solcher Extrapolationen liegt auf der Hand:
$6/3 = 2$, $4/2 = 2$, $2/1 = 2$, ...

8.5 Anmerkungen zu Kapitel 6: Planung von Mathematikunterricht

1 Im Umkreis behavioristischer Vorstellungen sind solche Planungsschemata durchaus logisch. In ihnen wird der Schüler als ein Objekt im Lernvorgang interpretiert, das auf äußere Reize reagierend von der Umwelt gesteuert wird.
»The behavioristic paradigm has run into difficulties due to its definition of man driven by unknown forces, as reacting predominantly to external stimuli, and as an object whose behavior can be determined by control of his environment.« Bauersfeld, H.: Research related to the mathematical learning process (in: New trends in mathematics teaching, Vol. II, Unesco, Paris, 1979, S. 209).

2 Peterßen, 1982, S. 83.

3 Das ursprüngliche Konzept stammt von Paul Heimann. Mit Modifikationen von Wolfgang Schulz – deshalb mitunter auch Heimann-Schulz-Modell genannt – wurde es 1965 veröffentlicht (Heimann, u. a., 1969[4]).

4 Heimann, 1969, S. 27.

5 Heimann, 1969, S. 24.

6 Heimann, 1969, S. 11.

7 Schulz, 1981, S. 85 f.

8 Siehe zum Beispiel Damerow, 1974.

9 Zu einzelnen Medien siehe Kapitel 7.

10 Heimann, P.: Didaktik als Theorie und Lehre (in: Kochan, 1972, S. 132 f.).

11 Hausmann, G.: Ganzheit und Aktualgenese (in: Kochan, 1972, S. 27).

12 Heimann, in Kochan, 1972, S. 132.

13 In der angegebenen Reihenfolge findet der Leser diese methodischen Formen in den Abschnitten 4.2.2 und 4.2.4, 7.1, 4.2.3 und 4.3, 4.3, 5. Unterschiedlich stark machen sie sich auch im Kapitel 4.3 in den Konzeptionen bemerkbar.

8.6 Anmerkungen zu Kapitel 7: Durchführung von Mathematikunterricht

[1] Schulz, S. 32 in: Heimann, 1969.
[2] Einteilung nach Schulz, 1981, S. 117f.
[3] Frustrierende Erfahrungen mit Gruppenunterricht sind oft darauf zurückzuführen, daß der Lehrer Gruppenunterricht und laissez-faire-Stil für eine glückliche Kombination hält. Siehe zum Beispiel: Novak, 1976, Bd. 2, S. 132f. Ob Gruppenunterricht oder Frontalunterricht lerneffektiver ist, konnte bisher nicht überzeugend belegt werden. Siehe zum Beispiel: Andelfinger, in ZDM 77/1, S. 9; Messerle, Neunzig, in: Beiträge zum Mathematikunterricht 1976, Schroedel, Hannover, S. 153ff.
[4] Griesel/Postel: Curriculare und methodische Möglichkeiten der Differenzierung im Mathematikunterricht (in: IDM 17/78, S. 102).
[5] Von Rosenthal/Jacobson: Pygmalion im Unterricht, (Original 1968), Beltz, Weinheim 1971, wurde dieser Effekt behauptet: Einigen zufällig ausgewählten Schülern der Oak School war ›besondere Eignung‹ attestiert worden; daraufhin besserten sich die schulischen Leistungen und Noten.
W. Schrank stellte 1968 fünf Gruppen nach Zufallsauswahl zusammen, stellte sie den Lehrern in Mathematik jedoch als Leistungsniveau-Gruppen vor. »Nach sieben Monaten unterschieden sich diese Pseudo-Leistungsgruppen nach Testdaten und Klausurnoten so voneinander, als habe es sich um echte Niveaugruppen gehandelt.« Siehe Bauersfeld: Probleme der Differenzierung im Mathematikunterricht, in: IDM 17/78, S. 49f. Dagegen haben Elashoff/Snow: Pygmalion auf dem Prüfstand, München 1972, die beschriebene Wirkung großenteils bestritten.
[6] Heiland, 1979, S. 65.
[7] Die Darstellung dieses Aspektes folgt Lorenz, J.-H.: Selbstkonzept und Selbsteinschätzung (in: IDM 4/75, S. 49–65).
[8] Lorenz, a.a.O., S. 57f.
[9] Siehe: Schulische Verstärker.
[10] Siehe zum Beispiel: U. Viet, in: Beiträge zum Mathematikunterricht 1976, Schroedel, Hannover, S. 241ff.
[11] Feil u. a., Möglichkeiten der Differenzierung im Mathematikunterricht der Grundschule (in: Der Mathematikunterricht in der Grundschule, Auer, Donauwörth 1976, S. 65–84) nennen soziale, mediale, methodische, thematische, sukzessive, quantitative und qualitative Formen der Differenzierung.
[12] Brunnhuber, 1977, S. 58.
[13] nach Schulz von Thun/Götz, 1976, S. 15.
[14] Im wesentlichen nach Heiland, 1979.
[15] Heiland, 1979, S. 44
[16] nach Heckhausen in Heiland, 1979, S. 27.
[17] Heiland, 1979, S. 28.
[18] Heiland, 1979, S. 29, nach Wasna.
[19] Heckhausen, in: Bildungsrat 1974, S. 194–196.
[20] Heckhausen, in: Bildungsrat 1974, S. 196.
[21] Heiland, 1979, S. 46.
[22] Zum Teil nach Heiland, 1979, S. 84f.

[23] Jahner, 1978, S. 67, mit Bezug auf Ingenkamp.

[24] Man darf sich nicht der Illusion hingeben, daß das Urteil über die Lernleistung verbessert würde, wenn man das Prüfungsverfahren zentralisierte. Getestet wird dabei ja nicht, ob der Schüler beherrscht, was er im Unterricht gelernt hat, sondern, ob er etwas beherrscht, von dem die Autoren der Prüfungsaufgaben annehmen – ohne die Lernsituation zu kennen – daß er es im Unterricht gelernt haben müßte. Wenn ein zentrales Prüfungsverfahren überhaupt eine Wirkung hat, dann nur durch die Rückkopplung in den Lernvorgang hinein. Diese Rückkopplung ist aber nicht unbedingt wünschenswert, weil sie die Produktion ›abfragbaren‹ Wissens über Gebühr favorisiert.

9. Literatur

9.1 Abkürzungen

Für Literaturangaben aus Zeitschriften werden im Repetitorium folgende Abkürzungen verwendet:

DdM	Didaktik der Mathematik Bayerischer Schulbuch Verlag München
IDM	Schriftenreihe des Instituts für Didaktik der Mathematik Universität Bielefeld
JMD	Journal für Mathematik-Didaktik Schöningh, Paderborn
md	mathematica didactica Franzbecker, Bad Salzdetfurth
MiS	Mathematik in der Schule Volk und Wissen, Berlin
MM-J	MM-Journal für moderne Schulmathematik Herder, Freiburg
MU	Der Mathematikunterricht Klett, Stuttgart
PM	Praxis der Mathematik Aulis, Köln
WPB	Westermanns Pädagogische Beiträge Westermann, Braunschweig
ZDM	Zentralblatt für Didaktik der Mathematik Klett, Stuttgart

9.2 Literaturempfehlungen zu einigen Themenbereichen der Gegenstandsdidaktik

Algebra

Vollrath, H.-J.: Didaktik der Algebra, Klett, Stuttgart 1974

Popp, W.: Algebra, in: Meschkowski: Didaktik der Mathematik, Band 2, S. 138–202, Klett, Stuttgart 1972

Knabe/Koch: Gleichungen, Ungleichungen und Mengen
I.: Methodische Hinweise und Aufgabensammlung zur propädeutischen Behandlung
II: Methodische Hinweise zur Gleichungs- und Ungleichungslehre
Pädagogisches Zentrum Berlin, 1971

Lauter, J.: Aufbau der elementaren Gleichungslehre nach logischen und mengentheoretischen Gesichtspunkten, in: MU 1964/5, S. 59–119

Steiner, H.-G.: Elementare Beweise zum Fundamentalsatz der Algebra – Eine didaktische Analyse, in: MU 1964/2, S. 60–93
Steiner, H.-G.: Menge, Struktur, Abbildung als Leitbegriffe für den modernern mathematischen Unterricht, in: MU 1965/1, S. 20–39
Vollrath, H.-J. (Hrsg.): Funktionen, MU 1982/3
ZDM: Die Darstellung der modernen Gleichungslehre in Schullehrbüchern, in: ZDM 6976/3 und 1976/4

Geometrie
Becker, G.: Geometrieunterricht, Klinkhardt, Bad Heilbrunn 1980
Mitschka, A.: Didaktik der Geometrie in der Sekundarstufe I, Herder, Freiburg 1982
Holland, G.: Geometrie für Lehrer und Studenten, Band 1 und Band 2, Schroedel, Hannover 1974 und 1977
Mitschka/Strehl: Einführung in die Geometrie, Herder, Freiburg 1975
Schupp, H.: Geometrie in der Sekundarstufe I, Beltz, Weinheim 1971
Vollrath, H.-J.: Geometrie im Mathematikunterricht – Eine Analyse neuerer Entwicklungen, in: IDM 3/74, S. 1–22
Wurl, B.: Geometrie, in: Meschkowski: Didaktik der Mathematik, Band 2, S. 203–281, Klett, Stuttgart 1972
Becker, G.: Über Hintergrundtheorien geometrischer Schulkurse, in: md 1978/1, S. 13–20
Bender, P.: Abbildungsgeometrie in der didaktischen Diskussion, in: ZDM 1982/1, S. 9–24
Kirsch, A.: Zur Mathematik-Ausbildung der zukünftigen Lehrer – im Hinblick auf die Praxis des Geometrieunterrichts, in: JMD 1980/4, S. 229–256
Winter, H. (Hrsg.): Umwelterschließung im Geometrieunterricht, MU 1978/5

Sachrechnen
Strehl, R.: Grundprobleme des Sachrechnens, Herder, Freiburg 1979
Kirsch, A.: Eine Analyse der sogenannten Schlußrechnung in: Steiner: Didaktik der Mathematik, S. 391–409, Wissenschaftliche Buchgesellschaft, Darmstadt 1978
Meißner, H.: Eine Analyse zur Prozentrechnung, in: JMD 1982/2, S. 91–120
Damerow, P.; u. a.: Elementarmathematik: Lernen für die Praxis? Klett, Stuttgart 1974
Vollrath, H.-J.: Ware-Preis-Relationen im Unterricht, in: MU 1973/6, S. 58–76

Zahlbereiche
Strehl, R.: Zahlbereiche, Herder, Freiburg 1972
Padberg, F.: Didaktik der Bruchrechnung, Herder, Freiburg 1978
Wurl, B.: Zahlen und Zahlverknüpfungen, in: Meschkowski: Didaktik der Mathematik, Band 1, S. 152–215, Klett, Stuttgart 1972
Schütz, H.: Numerische Verfahren, in: Meschkowski: Didaktik der Mathematik, Band 2, S. 43–137, Klett, Stuttgart 1972
Winter, H.: Bemerkungen zur Einführung der reellen Zahlen, in: MU 1974/6, S. 7–38
Coers, H. (Hrsg.): Reelle Zahlen I und II, MU 1973/3 und MU 1974/6

Analysis
Tietze, U.-P.; u. a.: Didaktik des Mathematikunterrichts in der Sekundarstufe II, Vieweg, Braunschweig 1982

DIFF: Analysis MA 1–5, Studienbriefe zur Fachdidaktik für Lehrer der Sekundarstufe II, Deutsches Institut für Fernstudien an der Universität Tübingen, ab 1978
Kütting, H.: Einführung in die Grundbegriffe der Analysis, Band 1 und Band 2, Herder, Freiburg 1973 und 1977
Griesel, H.: Analysis I und Analysis II, Schroedel/Schöningh, Hannover 1968 und 1970
Wittmann, E.: Infinitesimalrechnung in genetischer Darstellung, I und II, Henn, Ratingen 1973
Blum/Kirsch: Elementare Behandlung der Exponentialfunktionen in der Differentialrechnung, in: DdM 1977/4
Blum/Kirsch: Anschaulichkeit und Strenge in der Analysis IV, MU 1979/3
Bussmann/Wenzelburger: Anschauliche Differentialrechnung; Anschauliche Integralrechnung, Urban & Schwarzenberg, München 1977
Fischer, R.: Fundamentale Ideen bei den reellen Funktionen, in: ZDM 1976/4
Fischer, R.: Die Rolle des Exaktifizierens im Analysisunterricht, in: DdM 1978/3, S. 212–226
Kirsch, A.: Eine »intellektuell ehrliche« Einführung des Integralbegriffs in Grundkursen, in: DdM 1976/2, S. 87–105
Kirsch, A.: Vorschläge zur Behandlung von Wachstumsprozessen und Exponentialfunktionen im Mittelstufenunterricht, in: DdM 1976/4, S. 257–284
Neubrand, M.: Eine genetische Hinführung zum Begriff der Stetigkeit, in: md 1980/3
Vollrath, H.-J.: Treppenfunktionen im Mathematikunterricht, in: DdM 1974/1, S. 52–60
Vollrath, H.-J.: Die Bedeutung methodischer Variablen für den Analysisunterricht, in: MU 1976/5

Analytische Geometrie/Lineare Algebra
Tietze, U.-P.; u. a.: Didaktik des Mathematikunterrichts in der Sekundarstufe II, Vieweg, Braunschweig 1982
Faber/Brixius: Lineare Algebra und Analytische Geometrie, Band 1 und Band 2, Klett, Stuttgart 1974 und 1975
Padberg, F.: Einführung in die lineare Algebra, Herder, Freiburg 1976
Artmann, B. (Hrsg.): Lineare Algebra, MU 1981/2
Bürger, H.; u. a.: Zur Einführung des Vektorbegriffs: Arithmetische Vektoren mit geometrischer Deutung, in: JMD 1980/3, S. 171–187
IDM: Materialien zur Linearen Algebra und Analytischen Geometrie in der Sekundarstufe II, IDM Materialien und Studien 13/1978
Reichel, H.-C.: Zum Skalarprodukt im Unterricht an der Sekundarstufe, eine didaktische Analyse, in: DdM 1980/2, S. 102–132
Seyfferth, S.: Zur Beziehungshaltigkeit der linearen Algebra in Hochschule und gymnasialer Oberstufe, in: JMD 1981/3, S. 195–224
Tietze, U.-P.: Fundamentale Ideen der linearen Algebra und analytischen Geometrie, md 1979/3
Tietze, U.-P.: Analytische Geometrie und lineare Algebra im Mathematikunterricht – unterschiedliche Ansätze und deren didaktische Rechtfertigung, md, Sonderheft 1981

Wahrscheinlichkeitsrechnung/Statistik
Kütting, H.: Didaktik der Wahrscheinlichkeitsrechnung, Herder, Freiburg 1981
Lindenau/Schindler: Wahrscheinlichkeitsrechnung in der Primarstufe und Sekundarstufe I, Klinkhardt, Bad Heilbrunn 1977

DIFF: Stochastik MS 1–4, Studienbriefe zur Fachdidaktik für Lehrer der Sekundarstufe II, Deutsches Institut für Fernstudien an der Universität Tübingen, ab 1978
Engel, A.: Wahrscheinlichkeitsrechnung und Statistik, Band 1 und Band 2, Klett, Stuttgart 1973 und 1976
Cramer, U.: Statistik für Sie 1, Deskriptive Statistik, Hueber-Holzmann, München 1973
Kübler, F.: Statistik für Sie 2, Wahrscheinlichkeitsrechnung, Hueber-Holzmann, München 1974
Pehl/Cramer: Statistik für Sie 3, Induktive Statistik, Hueber-Holzmann, München 1975
Strehl, R.: Wahrscheinlichkeitsrechnung und elementare statistische Anwendungen, Herder, Freiburg 1974
Engel/Varga/Walser: Zufall oder Strategie? Klett, Stuttgart 1974
Glaymann/Varga: Zwischen Unmöglich und Sicher, Herder, Freiburg 1975
Kinder/Schmitz: Bibliographie »Stochastik in der Schule«,
I: DdM 1975/4,
II: DdM 1976/1
Dörfler/Fischer (Hrsg.): Stochastik im Schulunterricht, Teubner, Stuttgart 1981
Engel, A. (Hrsg.): Neue Ideen in der Statistik, MU 1982/1
Heitele, D.: Didaktische Ansätze zum Stochastikunterricht, Dissertation, Dortmund 1975
Heitele, D.: Fragmente zu einer Geschichte der Wahrscheinlichkeitsdidaktik (insbesondere des Primarbereichs), in: DdM 1977/4, S. 296–306

9.3 Literaturverzeichnis

Bauer, L.: Mathematische Fähigkeiten, Schöningh, Paderborn 1978
Beck, U.: Mathematikunterricht zwischen Anwendung und Reiner Mathematik, Diesterweg, Frankfurt 1982
Becker, G.; u. a.: Anwendungsorientierter Mathematikunterricht in der Sekundarstufe I, Klinkhardt, Bad Heilbrunn 1979
Becker, G.; u. a.: Neue Beispiele zum Anwendungsorientierten Mathematikunterricht in der Sekundarstufe I (Band 2), Klinkhardt, Bad Heilbrunn 1983
Becker, G.: Geometrieunterricht, Klinkhardt, Bad Heilbrunn 1980
Benden, M. (Hrsg.): Ziele der Erziehung und Bildung, Klinkhardt, Bad Heilbrunn 1982
Bergius, R.: Psychologie des Lernens, Kohlhammer, Stuttgart 1972
Bergius, R.: Analyse der »Begabung«: Die Bedingungen des intelligenten Verhaltens, in: Bildungsrat, 1974, S. 229ff.
Bernfeld, S.: Sisyphos oder die Grenzen der Erziehung, Suhrkamp, Frankfurt 1973
Biermann, N.; u. a.: Schöpferisches Problemlösen im Mathematikunterricht, Urban & Schwarzenberg, München 1977
Bigalke, H.-G.: Zur »gesellschaftlichen Relevanz« der Mathematik im Schulunterricht – Aufgaben und Ziele des Mathematikunterrichts, in: ZDM 1976/1, S. 25–34
Deutscher Bildungsrat: Strukturplan für das Bildungswesen, Empfehlungen der Bildungskommission, Klett, Stuttgart 1973
Deutscher Bildungsrat: Begabung und Lernen, Gutachten und Studien der Bildungskommission, Bd. 4, Klett, Stuttgart 1974

Blankertz, H.: Theorien und Modelle der Didaktik, Juventa, München 1974[8]
Bloom, B. S.: Taxonomy of educational objectives, Handbook I: Cognitive Domain, Longmans/Green, New York 1956
Bölts, H.: Kritik einer Fachdidaktik, Beltz, Weinheim 1978
Bruner, J. S.: Der Prozeß der Erziehung, Schwann, Düsseldorf 1970
Bruner, J. S.: Entwurf einer Unterrichtstheorie, Schwann, Düsseldorf 1974
Brunnhuber, P.: Prinzipien effektiver Unterrichtsgestaltung, Auer, Donauwörth 1977
Bussmann, H.: Mathematische Fähigkeiten im didaktischen Prozeß, Schöningh, Paderborn 1981
Damerow, P.; u. a.: Elementarmathematik: Lernen für die Praxis? Klett, Stuttgart 1974
Damerow, P.: Die Reform des Mathematikunterrichts in der Sekundarstufe I, Klett-Cotta, Stuttgart 1977
Dave, R. H.: Eine Taxonomie pädagogischer Ziele und ihre Beziehung zur Leistungsmessung, in: Ingenkamp/Marsolek: Möglichkeiten und Grenzen der Testanwendung in der Schule, Beltz, Weinheim 1968, S. 225–237
Denis-Prinzhorn/Grize: Entwicklung der geistigen Strukturen und Mathematikunterricht, in: MU, 1964/4, S. 5–30
Dörfler/Fischer (Hrsg.): Beweisen im Mathematikunterricht, Teubner, Stuttgart 1979
Dolch, J.: Lehrplan des Abendlandes, Wissenschaftliche Buchgesellschaft, Darmstadt 1982
Drögemüller, H.-P.: Handbuch für Studienreferendare, Klett, Stuttgart 1977
Ellrott/Schindler: Reform des Mathematikunterrichts, Klinkhardt, Bad Heilbrunn 1975
Engel, A.: Wahrscheinlichkeitsrechnung und Statistik, Band 1 und Band 2, Klett, Stuttgart 1973 und 1976
Fischer, R.: Die Rolle des Exaktifizierens im Analysisunterricht, in: DdM 1978/3, S. 212–226
Freudenthal, H.: Mathematik als pädagogische Aufgabe, Band 1 und Band 2, Klett, Stuttgart 1973
Freudenthal, H.: Lernzielfindung im Mathematikunterricht, in: Zeitschrift für Pädagogik 1974/5
Freudenthal, H.: Vorrede zu einer Wissenschaft vom Mathematikunterricht, Oldenbourg, München 1978
Frey, K.: Curriculum-Handbuch, Band 2, Piper, München 1975
Fricke/Besuden: Mathematik – Elemente einer Didaktik und Methodik, Klett, Stuttgart 1970
Geisler, W.; u. a.: Projektorientierter Unterricht, Beltz, Weinheim 1976
Gerner, B. (Hrsg.): Das exemplarische Prinzip, Wissenschaftliche Buchgesellschaft, Darmstadt 1972
Glatfeld, M. (Hrsg.): Mathematik Lernen, Vieweg, Braunschweig 1977
Glatfeld, M.: Anwendungsprobleme im Mathematikunterricht der Sekundarstufe I, Vieweg, Braunschweig 1983
Griesel, H.: Zu den unterschiedlichen Arten von Termini und ihrer Verwendung im Mathematikunterricht, in: IDM 18/78, S. 160–170
Halbfas, H.; u. a. (Hrsg.): Entwicklung der Lernfähigkeit, Klett, Stuttgart 1972
Heiland, H.: Motivieren und Interessieren, Klinkhardt, Bad Heilbrunn 1979
Heimann/Otto/Schulz: Unterricht – Analyse und Planung, Schroedel, Hannover 1969[4]
von Hentig, H.: Allgemeine Lernziele, in: Deutscher Bildungsrat: Lernziele der Gesamtschule, Gutachten und Studien der Bildungskommission, Bd. 12, Klett, Stuttgart 1969

von Hentig, H.: Curriculumreform als Gegenstand der Schule, in: Wirtschaft und Wissenschaft 16/1970, S. 23–28
von Hentig, H.: Ein selbstkritisches Nachwort, in: Beiträge zum Lernzielproblem, Henn, Ratingen 1972
Herder: Wörterbuch der Schulpädagogik, Herder, Freiburg 1974[3]
Hilton, P. J.: Die Ausbildung von Mathematikern heute, in: Otte, 1974, S. 427–449
ICME III: Proceedings of the Third International Congress on Mathematical Education, Karlsruhe 1977
Jahner, H.: Methodik des mathematischen Unterrichts, Quelle & Meyer, Heidelberg 1978
Kaiser, G.; u. a.: Dokumentation ausgewählter Literatur zum anwendungsorientierten Mathematikunterricht, Fachinformationszentrum Energie, Physik, Mathematik, Karlsruhe 1982
Kirsch, A.: Über Ziele der »neuen Mathematik« in der Schule, in: WPB 1974/3, S. 155–164
Kirsch, A.: Zur Mathematik-Ausbildung der zukünftigen Lehrer – im Hinblick auf die spätere Praxis des Geometrieunterrichts, Vortrag, DMV-Tagung, Hamburg 1979
Kochan, D. (Hrsg.): Allgemeine Didaktik, Fachdidaktik, Fachwissenschaft, Wissenschaftliche Buchgesellschaft, Darmstadt 1972
Krathwohl/Bloom/Masia: Taxonomy of educational objectives, Handbook II: Affective Domain, David McKay, New York 1964
Lauter/Röhrl: Kummer mit der Neuen Mathematik, Herder, Freiburg 1974
Lenné, H.: Analyse der Mathematikdidaktik in Deutschland, Klett, Stuttgart 1969
Lindenau/Schindler: Neuorientierung des Mathematikunterrichts, Klinkhardt, Bad Heilbrunn 1978
Lompscher, J.: Psychologie des Lernens in der Unterstufe, Berlin 1972
Maier/Pfistner: Grundlagen der Unterrichtstheorie und Unterrichtspraxis, Quelle & Meyer, Heidelberg 1976
Montada, L.: Struktureller Transfer durch Analogiebildung, in: Halbfas, 1972
Müller/Wittmann: Der Mathematikunterricht in der Primarstufe, Vieweg, Braunschweig 1977
Münzinger, W.: Projektorientierter Mathematikunterricht, Urban & Schwarzenberg, München 1977
Neander, J.: Mathematik und Ideologie, Raith, Starnberg 1974
Nikitin, B. und L.: Die Nikitinkinder, Kiepenheuer & Witsch, Köln 1978
Novak, F.; u. a.: Pädagogik, Band 1 und Band 2, Hueber – Holzmann, Münschen 1976
Otte, M. (Hrsg.): Mathematiker über die Mathematik, Springer, Berlin 1974
Peterßen, W. H.: Handbuch Unterrichtsplanung, Ehrenwirth, München 1982
Pfeiffer, H.: Zur sozialen Organisation von Wissen im Mathematikunterricht, Materialien und Studien Band 21, IDM Bielefeld 1981
Piaget, J.: Einführung in die genetische Erkenntnistheorie, Suhrkamp, Frankfurt 1973
Pippig, G.: Zur Entwicklung mathematischer Fähigkeiten, Volk und Wissen, Berlin 1971
Polya, G.: Schule des Denkens, Francke, Bern 1967[2]
Preibusch, W.: Unterrichtsbezogene Differenzierung, Pädagogisches Zentrum, Berlin 1969
Rauh, H.: Entwicklung des Denkens, in: Weinert, 1974, Band 1
Robinsohn/Thomas: Differenzierung im Sekundarschulwesen, Klett, Stuttgart 1969
Rolff, H.-G.; u. a.: Strategisches Lernen in der Gesamtschule, rororo, Hamburg 1974
Roth/Blumenthal (Hrsg.): Exemplarisches Lehren, Schroedel, Hannover 1965[3]
Schaefer, G.; u. a.: Denken in Modellen, Westermann, Braunschweig 1977

Schmid, R. (Hrsg.): Intelligenzforschung und pädagogische Praxis, Urban & Schwarzenberg, München 1978
Schubring, G.: Das genetische Prinzip in der Mathematik-Didaktik, Klett-Cotta, Stuttgart 1978
Skowronek, H. (Hrsg.): Umwelt und Begabung, Klett, Stuttgart 1973
Stachowiak, H. (Hrsg.): Modelle und Modelldenken im Unterricht, Klinkhardt, Bad Heilbrunn 1980
Steiner, H.-G. (Hrsg.): Didaktik der Mathematik, Wissenschaftliche Buchgesellschaft, Darmstadt 1978
Steiner, H.-G.: Mathematisch-naturwissenschaftliche Bildung, Kritisch-konstruktive Fragen und Bemerkungen zum Aufruf einiger Fachverbände, Occasional Paper 22, IDM Bielefeld 1982
Strehl, R.: Grundprobleme des Sachrechnens, Herder, Freiburg 1979
Tausch, A.-M. und R.: Erziehungspsychologie, Göttingen 1973
Tietze, U.-P.; u. a.: Didaktik des Mathematikunterrichts in der Sekundarstufe II, Vieweg, Braunschweig 1982
Schulz von Thun/Götz: Mathematik verständlich erklären, Urben & Schwarzenberg, München 1976
Volk, D. (Hrsg.): Kritische Stichwörter zum Mathematikunterricht, Fink, München 1979
Volk, D. (Hrsg.): Didaktik und Mathematikunterricht, Beltz, Weinheim 1980
Wagenschein, M.: Ursprüngliches Verstehen und exaktes Denken, Band 1 und Band 2, Klett, Stuttgart 1965 und 1970
Wagenschein, M.: Naturphänomene sehen und verstehen – Genetische Lehrgänge, Klett, Stuttgart 1980
Weber, H.: Grundlagen einer Didaktik des Mathematisierens, Lang, Frankfurt 1980
Weinert, F.; u. a.: Pädagogische Psychologie, Band 1 und Band 2, Grundlagentexte (Graumann/Heckhausen/Hofer/Weinert), Fischer, Frankfurt 1973
Weinert, F.; u.a.: Pädagogische Psychologie, Band 1 und Band 2, Fischer, Frankfurt 1974
von Weizsäcker, C. F.: Voraussetzungen des naturwissenschaftlichen Denkens, Herder, Freiburg 1972
Winter, H.: Vorstellungen zur Entwicklung von Curricula für den Mathematikunterricht in der Gesamtschule, in: Beiträge zum Lernzielproblem, Henn, Ratingen 1972
Winter, H.: Umgangssprache – Fachsprache im Mathematikunterricht, in: IDM 18/78, S. 5–56
Wittmann, E.: Grundfragen des Mathematikunterrichts, Vieweg, Braunschweig 1974 bis 1981[6]
Wittmann, E.: Mathematisches Denken bei Vor- und Grundschulkindern, Vieweg, Braunschweig 1982
Wittoch, M.: Neue Methoden im Mathematikunterricht, Schroedel, Hannover 1973
Wöhler, K. (Hrsg.): Didaktische Prinzipien, Ehrenwirth, München 1979

10. Stichwortverzeichnis